LES OEUVRES

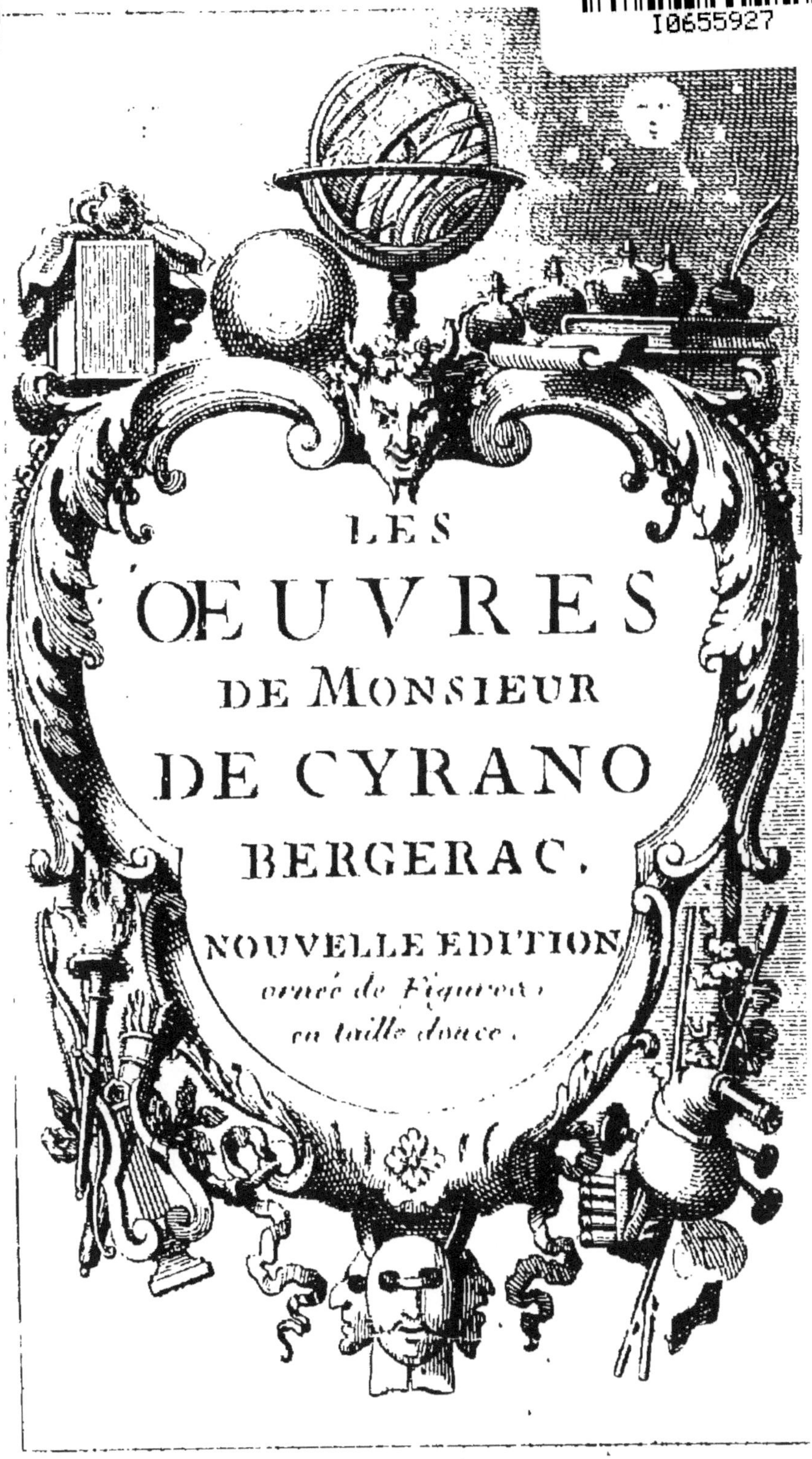

DE MONSIEUR

DE CYRANO

BERGERAC.

NOUVELLE EDITION
ornée de Figures
en taille douce.

Bibliothèque nationale de France – Paris

Direction des Collections

Dans l'intérêt de la recherche les utilisateurs de la présente microforme sont priés de signaler au département de la Bibliothèque nationale de France qu'ils entreprendraient et publieraient à l'aide de ce document.

Bibliothèque nationale de France

Direction des collections

Département Littérature et Art

Z. 2203.
+A.-2.

(C.)

20098

LES
ŒUVRES
DE MONSIEUR
DE CYRANO
BERGERAC.

NOUVELLE EDITION,
ornée de Figures en Taille-douce

SECONDE PARTIE

A AMSTERDAM,
Chez Jacques Desbordes, Libraire
vis-à-vis la grande porte de la Bourse.

M. DCCIX.

HISTOIRE
COMIQUE
DES
ETAT ET EMPIRE
DE
LA LUNE.

A Lune étoit en son plein,
le Ciel étoit découvert, &
neuf heures du soir étoient
sonnées, lorsque revenant
de Clamard prés Paris (où
Monsieur de Guigy le fils, qui en est Seigneur, nous avoit regalez plusieurs de
mes amis & moy,) les diverses pensées
que nous donna cette boule de safran,
nous défrayerent sur le chemin : de sorte
que les yeux noyez dans ce grand Astre,
tantôt l'un le prenoit pour une lucarne du
Ciel ; tantôt un autre assûroit que c'étoit
la platine où Diane dresse les rabats d'A-
pollon ; un autre, que ce pouvoit bien

Tome II. A

être le Soleil lui-même, qui s'étant au
soir dépoüillé de ses rayons, regardoit
par un trou ce qu'on faisoit au Monde
quand il n'y étoit pas. Et moi, leur dis-
je, qui souhaite mêler mes entousiasmes
aux vôtres, je croi, sans m'amuser aux
imaginations pointuës dont vous cha-
toüillez le temps pour le faire marcher
plus vîte, que la Lune est un Monde comme celui-ci, à qui le nôtre sert de Lune.
Quelques-uns de la compagnie me rega-
lerent d'un grand éclat de rire. Ainsi peut-
être, leur dis-je, se moque-t-on maintenant dans la Lune de quelque autre, qui
soûtient que ce globe-ci est un Monde.
Mais j'eus beau leur alleguer que plusieurs grands hommes avoient été de cette
opinion, je ne les obligeai qu'à rire de
plus belle.

Cette pensée cependant, dont la hardiesse biaisoit à mon humeur, affermie
par la contradiction, se plongea si pro-
fondement chez moi, que pendant tout
le reste du chemin je demeurai gros de
mille définitions de Lune, dont je ne pouvois accoucher : de sorte qu'à force d'appuyer cette croyance burlesque par des
raisonnemens presque serieux, il s'en falloit peu que je n'y déferasse déja ; quand
le miracle, ou l'accident, la Providence,
la Fortune, ou peut-être ce qu'on nommera vision, fiction, chimere, ou folie,
si l'on veut, me fournit l'occasion qui
m'engagea à ce discours. Etant arrivé
chez moi, je montai dans mon Cabinet,

où je trouvai fur la table un livre ouvert,
que je n'y avois point mis. C'étoit celui
de Cardan ; & quoique je n'euffe pas deffein d'y lire, je tombai de la vûë, comme
par force fur une hiftoire de ce Philofophe, qui dit, qu'étudiant un foir à la
chandelle, il apperçut entrer au travers
des portes fermées, deux grands Vieillards, lefquels après beaucoup d'inter-
rogations qu'il leur fit, répondirent qu'ils
étoient habitans de la Lune, & en même
temps difparurent. Je demeurai fi furpris,
tant de voir un livre qui s'étoit apporté là
tout feul, que de l'endroit où il s'étoit
rencontré ouvert, que je pris toute cette
enchaînure d'incidens, pour une infpira-
tion de faire connoître aux hommes que
la Lune eft un Monde. Quoy, difois-je
en moi-même, après avoir tout aujour-
d'hui parlé d'une chofe, un livre, qui
peut-être eft le feul au monde où cette
matiere fe traite fi particulierement, voler
de ma bibliotheque fur ma table ; devenir
capable de raifon, pour s'ouvrir justement à l'endroit d'une avanture fi mer-
veilleufe ; entraîner mes yeux deffus,
comme par force, & fournir enfuite à ma
fantaifie les reflexions, & à ma volonté
les deffeins que je fais ! Sans doute, con-
tinuois-je, les deux vieillards qui appa-
rurent à ce grand homme, font ceux-là
mêmes qui ont dérangé mon livre, & qui
l'ont ouvert fur cette page, pour s'épar-
gner la peine de me faire la harangue qu'-
ils ont fait à Cardan. Mais, ajoûtois-je,

je ne sçaurois m'éclaircir de ce doute, si
je ne monte jusques-là. Et pourquoi non?
me répondois-je aussi-tost. Prométhée fut
bien autrefois au Ciel y dérober du feu.
Suis-je moins hardi que lui? & ai-je lieu
de n'en pas esperer un succés aussi favorable?

A ces boutades, qu'on nommera peut-
être des accés de fiévre chaude, succeda
l'esperance de faire réüssir un si beau
voyage : de sorte que je m'enfermai,
pour en venir à bout, dans une maison
de campagne assez écartée, où aprés a-
voir flatté mes rêveries de quelques
moyens proportionnez à mon sujet, voici
comme je donnai au Ciel.

J'avois attaché tout autour de moy
quantité de fioles pleines de rosée, sur lesquelles le Soleil dardoit ses rayons si violemment, que la chaleur qui les attiroit,
comme elle fait les plus grosses nuées,
m'éleva si haut, qu'enfin je me trouvai
au dessus de la moyenne region. Mais
comme cette attraction me faisoit monter avec tant de rapidité, qu'au lieu de
m'approcher de la Lune, comme je prétendois, elle me paroissoit plus éloignée
qu'à mon départ, je cassai plusieurs de
mes fioles, jusqu'à ce que je sentis que
ma pesanteur surmontoit l'attraction, &
que je redescendois vers la terre. Mon
opinion ne fut point faussé, car j'y retom-
bai quelque temps aprés; & à compter
de l'heure que j'en étois parti, il devoit
estre minuit. Cependant je reconnus que

le Soleil étoit alors au plus haut de l'horifon, & qu'il étoit là midy. Je vous laiſſe
à penſer combien je fus étonné. Certes,
je le fus de ſi bonne ſorte, que ne ſçachant
à quoy attribuer ce miracle, j'eus l'inſo-
lence de m'imaginer qu'en faveur de ma
hardieſſe, Dieu avoit encore une fois re-
cloüé le Soleil aux Cieux, afin d'éclairer
une ſi genereuſe entrepriſe. Ce qui accrut
mon étonnement, ce fut de ne point connoître le païs où j'étois, veu qu'il me
ſembloit qu'étant monté droit, je devois
eſtre deſcendu au même lieu d'où j'étois
parti. Equipé pourtant comme j'étois, je
m'acheminai vers une eſpece de chau-
miere, où j'apperçus de la fumée; & j'en
étois à peine à une portée de piſtolet, que
je me vis entouré d'un grand nombre
d'hommes tout nuds. Ils parurent fort
ſurpris de ma rencontre; car j'étois le premier, à ce que je penſe, qu'ils euſſent jamais vû habillé de bouteilles. Et pour
renverſer encore toutes les interpreta-
tions qu'ils auroient pû donner à cet équipage, ils voyoient qu'en marchant je ne
touchois preſque point à la terre : Auſſi
ne ſçavoient-ils pas qu'au moindre branle
que je donnois à mon corps, l'ardeur des
rayons de Midy me ſoulevoit avec ma
roſée; & que ſans que mes fioles n'étoient
plus en aſſez grand nombre, j'euſſe été
poſſible à leur vûë enlevé dans les airs. Je
les voulus aborder : mais comme ſi la
frayeur les eût changeز en oiſeaux, un
moment les vit perdre dans la foreſt pro-

chaine. J'en attrapai un toutefois, dont les jambes fans doute avoient trahi le cœur. Je lui demandai avec bien de la peine, (car j'étois tout effoufflé) combien l'on comptoit de là à Paris, & depuis quand en France le monde alloit tout nud, & pourquoi ils me fuyoient avec tant d'épouvante? Cet homme à qui je parlois, étoit un vieillard olivâtre, qui d'abord fe jetta â mes genoux; & joignant les mains en haut derriere la tefte, ouvrit la bouche, & ferma les yeux. Il marmotta long-temps entre fes dents, mais je ne difcernai point qu'il articulât rien : de façon que je pris fon langage pour le gazoüillement enroüé d'un muet.

A quelque temps de là je vis arriver une compagnie de foldats tambour-battant, & j'en remarquai deux fe feparer du gros pour me reconnoître. Quand ils furent affez proches pour être entendus, je leur demandai où j'étois. Vous eftes en France, me répondirent-ils : mais quel diable vous a mis en cet état? & d'où vient que nous ne vous connoiffons point? Eft-ce que les vaiffeaux font arrivez? En allez-vous donner avis à Monfieur le Gouverneur? & pourquoi avez-vous divifé votre eau de vie en tant de bouteilles? A tout cela je leur repartis, que le Diable ne m'avoit point mis en cet état; qu'ils ne me connoiffoient pas, à caufe qu'ils ne pouvoient pas connoîftre tous les hommes; que je ne fçavois point que la Seine portât de navires à Paris : que je n'avois point

d'avis à donner à Monsieur le Maréchal
de l'Hospital, & que je n'étois point chargé d'eau de vie. Oh, oh, me dirent-ils,
me prenant les bras, vous faites le gail-
lard! Monsieur le Gouverneur vous con-
noîtra bien, lui. Ils me menerent vers leur
gros, où j'appris que j'étois veritablement
en France, mais en la Nouvelle : de sorte
qu'à quelque temps de là je fus presenté
au Vice-Roi, qui me demanda mon païs,
mon nom, & ma qualité ; & après que je
l'eus satisfait, lui contant l'agreable succès de mon voyage, soit qu'il le crût, soit
qu'il feignît de le croire, il eut la bonté
de me faire donner une chambre dans son
appartement. Mon bonheur fut grand,
de rencontrer un homme capable de hautes opinions, & qui ne s'étonna point,
quand je lui dis qu'il falloit que la Terre
eût tourné pendant mon élevation ; puis
qu'ayant commencé de monter à deux
lieuës de Paris, j'étois tombé par une ligne quasi perpendiculaire en Canada.

Le soir, comme je m'allois coucher, il
entra dans ma chambre, & me dit : Je ne
serois pas venu interrompre votre repos,
si je n'avois crû qu'une personne qui a pû
trouver le secret de faire tant de chemin
en un demi jour, n'ait pas eu aussi celui
de ne se point lasser. Mais vous ne sçavez
pas, ajoûta-t-il, la plaisante querelle que
je viens d'avoir pour vous avec nos Peres?
Ils veulent absolument que vous soyez
Magicien ; & la plus grande grace que
vous puissiez obtenir d'eux, est de ne

A 4

paſſer que pour impoſteur. Et en effet, ce mouvement que vous attribuez à la Terre, eſt un paradoxe aſſez délicat ; & pour moi, je vous dirai franchement, que ce qui fait que je ne ſuis pas de votre opinion, c'eſt qu'encore qu'hier vous ſoyez parti de Paris, vous pouvez être arrivé aujourd'hui en cette contrée, ſans que la Terre ait tourné : Car le Soleil vous ayant enlevé par le moyen de vos bou-teilles, ne doit-il pas vous avoir amené ici, puiſque ſelon Ptolomée, & les Phi-loſophes modernes, il chemine du biais que vous faites marcher la Terre? Et puis, quelle grande vrai-ſemblance avez-vous, pour vous figurer que le Soleil ſoit im-mobile, quand nous le voyons marcher? & quelle apparence que la Terre tourne avec tant de rapidité, quand nous la ſen-tons ferme deſſous nous? Monſieur, lui repliquai-je, voici les raiſons à peu prés qui nous obligent à le préjuger. Premiè-rement, il eſt du ſens commun, de croire que le Soleil a pris place au centre de l'U-nivers, puiſque tous les corps qui ſont dans la Nature, ont beſoin de ce feu ra-dical ; qu'il habite au cœur du Royaume, pour eſtre en état de ſatisfaire prompte-ment à la néceſſité de chaque partie ; & que la cauſe des generations ſoit placée au milieu de tous les corps, pour y agir éga-lement, & plus aiſément : de même que la ſage Nature a placé les parties genita-les dans l'homme, les pepins dans le cen-tre des pommes, les noyaux au milieu

de leur fruit : & de même que l'oignon
conserve à l'abri de cent écorces qui l'environnent, le precieux germe, où dix mil-
lions d'autres ont à puiser leur essence :
car cette pomme est un petit Univers à
soi-même, dont le pepin plus chaud que
les autres parties, est le soleil, qui répand autour de soi la chaleur conserva-
trice de son globe : & ce germe, dans
cette opinion, est le petit soleil de ce petit monde, qui réchauffe & nourrit le sel
vegetatif de cette petite masse. Cela donc
supposé, je dis que la Terre ayant besoin
de la lumiere, de la chaleur, & de l'influence de ce grand feu, elle se tourne autour de lui pour recevoir également en
toutes ses parties cette vertu qui la conserve. Car il seroit aussi ridicule de croire
que ce grand corps lumineux tourne autour d'un point dont il n'a que faire, que
de s'imaginer, quand nous voyons une
Alloüette rôtie, qu'on a pour la cuire
tourné la cheminée à l'entour. Autrement, si c'étoit au Soleil à faire cette cor-
vée, il sembleroit que la medecine eût besoin du malade ; que le fort dût plier sous
le foible, le grand servît au petit ; & qu'au
lieu qu'un vaisseau cingle le long des cô-
tes d'une province, la province tourne-
roit autour du vaisseau. Que si vous avez
peine à comprendre comment une masse
si lourde se peut mouvoir ; dites-moi, je
vous prie, les astres & les cieux que vous
faites si solides, sont-ils plus legers ? Encore est-il plus aisé à nous qui sommes

assurez de la rondeur de la Terre, de conclure son mouvement par sa figure : mais
pourquoi supposer le Ciel rond, puisque
vous ne le pouvez sçavoir, & que de toutes les figures, s'il n'a pas celle-ci, il est
certain qu'il ne se peut mouvoir ? Je ne
vous reproche point vos excentriques, ni
vos epicicles, que vous ne sçauriez expliquer que tres-confusément, & dont je
sauve mon systême. Parlons seulement
des causes naturelles de ce mouvement.
Vous estes contraints, vous autres, de recourir aux intelligences, qui remuent &
gouvernent vos globes. Mais moi, sans
interrompre le repos du souverain Etre,
qui sans doute a créé la Nature toute parfaite, & de la sagesse duquel il est de l'a-
voir achevée, de telle sorte que l'ayant
accomplie pour une chose, il ne l'ait pas
renduë défectueuse pour une autre ; je dis
que les rayons du Soleil, avec ses influences, venant à frapper dessus par leur
circulation, la font tourner, comme nous
faisons tourner un globe en le frappant
de la main ; ou de même que les fumées
qui s'évaporent continuellement de son
sein du côté que le Soleil la regarde, re-
percutées par le froid de la moyenne ré-
gion, rejaillissent dessus, & de necessité,
ne la pouvant frapper que de biais, la font
ainsi piroueter.

L'explication des deux autres mouvemens est encore embroüillée. Considerez
un peu, je vous prie .... A ces mots, le
Viceroi m'interrompit. J'aime mieux,

dit-il, vous difpenfer de cette peine (auffi-
bien ay-je lu fur ce fujet quelques Livres
de Gaffendi ;) mais à la charge que vous
écouterez ce que me répondit un jour
un de nos Peres, qui foutenoit votre opinion. En effet, difoit-il, je m'imagine
que la Terre tourne, non point pour les
raifons qu'allegue Copernic, mais parce
que le feu d'Enfer étant enclos au centre
de la Terre, les damnez qui veulent fuir
l'ardeur de fa flâme, graviffent, pour s'en
éloigner, contre la voûte, & font ainfi
tourner la Terre, comme un chien fait
tourner une roue, lors qu'il court enfermé dedans.

Nous loüâmes quelque temps cette
penfée, comme un pur effet du zele de
ce bon Pere : & enfin, le Vice-Roy me
dit qu'il s'étonnoit fort, vû que le fyftê-
me de Ptolomée étoit fi peu probable,
qu'il eût été fi generalement reçu. Monfieur, luy répondis-je, la plûpart des
hommes qui ne jugent que par les fens,
fe font laiffé perfuader à leurs yeux ; &
de même que celuy dont le vaiffeau vogue terre à terre, croit demeurer immobile, & que le rivage chemine ; ainfi
les hommes tournant avec la Terre autour du Ciel, ont crû que c'étoit le Ciel
luy-même qui tournoit autour d'eux.
Ajoutez à cela l'orgueil infupportable des
humains, qui fe perfuadent que la Nature n'a été faite que pour eux : comme s'il
étoit vray-femblable que le Soleil, un
grand corps quatre cens trente-quatre

fois plus vaste que la Terre, n'eût été allumé que pour meurir ses nefles, & pommer ses chous. Quant à moy, bien loin de consentir à leur insolence, je croy que les Planettes sont des Mondes autour du Soleil, & que les Etoiles fixes sont aussi des Soleils qui ont des Planettes autour d'eux, c'est à dire, des Mondes que nous ne voyons pas d'icy, à cause de leur petitesse; & parce que leur lumiere empruntée ne sçauroit venir jusqu'à nous: Car comment en bonne foy, s'imaginer que ces globes si spacieux ne soient que de grandes campagnes desertes, & que le nôtre, à cause que nous y campons, ait été bâti pour une douzaine de petits superbes? Quoy, parce que le Soleil compasse nos jours & nos années, est-ce à dire pour cela qu'il n'ait été construit qu'afin que nous ne frappions pas de la tête contre les murs? Non, non, si ce Dieu visible éclaire l'homme, c'est par accident, comme le flambeau du Roy éclaire par accident un Crocheteur qui passe dans la ruë. Mais, me dit-il, si, comme vous assurez, les Etoiles fixes sont autant de Soleils, on pourroit conclure de là, que le Monde seroit infini, puis qu'il est vray-semblable que les Peuples de ce Monde qui sont autour d'une Etoile fixe, que vous prenez pour un Soleil, découvrent encore au dessus d'eux d'autres Etoiles fixes, que nous ne sçaurions appercevoir d'icy, & qu'il en va de cette sorte à l'infini.

N'en doutez point, luy repliquay-je.

Comme Dieu a pû faire l'ame immortelle, il a pû faire le Monde infini, s'il eft
vray que l'Eternité n'eft rien autre chofe
qu'une durée fans bornes, & l'infini une
étenduë fans limites. Et puis, Dieu feroit
fini luy-même, fuppofé que le Monde ne
fût pas infini, puis qu'il ne pourroit pas
être où il n'y auroit rien, & qu'il ne pourroit accroître la grandeur du Monde,
qu'il n'ajoutât quelque chofe à fa propre étenduë, commençant d'être où il
n'étoit pas auparavant. Il faut donc croire, que comme nous voyons d'icy Saturne & Jupiter, fi nous étions dans l'un ou
dans l'autre, nous découvririons beaucoup de Mondes que nous n'appercevons
pas, & que l'Univers eft à l'infini conf-
truit de cette forte. Ma foy, me repliqua-t-il, vous avez beau dire, je ne fçaurois du tout comprendre cet infini. Et
dites-moy, luy repartis-je, comprenez-
vous le rien qui eft au de-là ? Point du
tout. Car quand vous fongez à ce neant,
vous vous l'imaginez tout au moins comme du vent, ou comme de l'air ; & cela,
c'eft quelque chofe : mais l'infini, fi vous
ne le comprenez en general, vous le concevez au moins par parties, puis qu'il
n'eft pas difficile de fe figurer au de-là de
ce que nous voyons de terre & d'air,
d'autre air, & d'autre terre. Or l'infini
n'eft rien qu'une tiffure fans bornes de
tout cela. Que fi vous me demandez de
quelle façon ces Mondes ont été faits,
vû que la fainte Ecriture parle feulement

d'un que Dieu créa, je réponds que je ne
dispute plus : car si vous voulez m'obliger à vous rendre raison de ce que me
fournit mon imagination, c'est m'ôter la
parole, & m'obliger de vous confesser
que mon raisonnement le cedera toûjours
en ces sortes de choses à la foy. Il me dit
qu'à la verité sa demande étoit blâmable,
mais que je reprisse mon idée. De sorte,
ajoûtay-je, que tous ces autres Mondes
qu'on ne voit point, ou qu'on ne croit
qu'imparfaitement, ne sont rien que l'é-
cume des Soleils qui se purgent. Car comment ces grands feux pourroient-ils sub-
sister, s'ils n'étoient attachez à quelque
matiere qui les nourrit? Or de même que
le feu pousse loin de soy la cendre dont il
est étouffé; de même que l'or dans le creu-
set se détache en s'affinant du marcas-
site qui affoiblit son carat, & de même
encore que notre cœur se dégage par le
vomissement, des humeurs indigestes qui
l'attaquent; ainsi ces Soleils dégorgent
tous les jours, & se purgent des restes de
la matiere qui noüoit leur feu : mais lors
qu'ils auront tout à fait consommé cette
matiere qui les entretient, vous ne devez
point douter qu'ils ne se répandent de tous
côtez, pour chercher une autre pâture,&
qu'ils ne s'attachent à tous les Mondes
qu'ils auront construits autrefois, à ceux
particuliérement qu'ils rencontreront les
plus proches; alors ces grands feux re-
broüillans tous les corps, les rechasseront
pêle-mêle de toutes parts comme aupara-

vant ; & s'étant peu à peu purifiez , ils
commenceront de fervir de Soleils à d'autres petits Mondes qu'ils engendreront,
en les pouſſant hors de leurs Spheres : Et
c'eſt ce qui a fait ſans doute prédire aux
Pytagoriciens, l'embraſement univerſel.
Cecy n'eſt pas une imagination ridicule,
la Nouvelle France où nous ſommes en
produit un exemple bien convaincant.
Ce vaſte Continent de l'Amérique eſt une
moitié de la Terre, laquelle en dépit de
nos Prédeceſſeurs, qui avoient mille fois
cinglé l'Ocean, n'avoit point encore été
découverte : auſſi n'y étoit-elle pas encore, non plus que beaucoup d'iſles, de
peninſules, & de montagnes, qui ſe ſont
ſoulevez ſur le globe, quand les roüillu-
res du Soleil qui ſe nettoyoit, ont été
pouſſées aſſez loin, & condenſées en pelotons aſſez peſans pour être attirez par
le centre de notre Monde, poſſible peu
aprés en particules menuës, poſſible peut-
être auſſi tout à coup en une maſſe. Cela
n'eſt pas ſi déraiſonnable, que ſaint Au-
guſtin ne l'eût applaudi, ſi la découverte
de ce Pays eût été faite de ſon âge : puis
que ce grand Perſonnage, dont le genie
étoit fort éclairé, aſſure que de ſon temps
la Terre étoit plate comme un four, &
qu'elle nageoit ſur l'eau comme la moitié d'une orange coupée : mais ſi j'ay jamais l'honneur de vous voir en France, je
vous feray obſerver par une lunette excellente, que certaines obſcuritez, qui d'i-
cy paroiſſent des taches, ſont des Mondes qui ſe conſtruiſent.

Mes yeux qui se fermoient en achevant
ce discours, obligerent le Vice-roy de
sortir. Nous eûmes le lendemain, & les
jours suivans, des entretiens de pareille
nature: mais comme quelque temps après
l'embaras des affaires de la Province ac-
crocha notre Philosophe, je retombay de
plus belle au dessein de monter à la Lune.

Je m'en allois, dés qu'elle étoit levée,
rêvant parmy les bois à la conduite & à
la réussite de mon entreprise; & enfin une
veille de saint Jean, qu'on tenoit conseil
dans le Fort pour déterminer si l'on donneroit secours aux Sauvages du Pays contre les Iroquois, je m'en allay tout seul
derriere notre habitation, au coupeau d'u-
ne petite montagne, où voicy ce que j'e-
xecutay. J'avois fait une machine, que je
m'imaginois capable de m'élever autant
que je voudrois; en sorte que rien de tout
ce que j'y croyois necessaire n'y man-
quant, je m'assis dedans, & me précipi-
tay en l'air du haut d'une roche: mais
parce que je n'avois pas bien pris mes mesures, je culbutay rudement dans la vallée.
Tout froissé neanmoins que j'étois, je
m'en retournay à ma chambre, sans perdre courage, & je pris de la moüelle de
bœuf, dont je m'oignis tout le corps, car
j'étois tout meurtri depuis la tête jusqu'-
aux pieds; & après m'être fortifié le cœur
d'une bouteille d'essence cordiale, je m'en
retournay chercher ma machine; mais je
ne la trouvay point, car des soldats qu'on
avoit envoyez dans la forest couper du
bois

bois pour faire le feu de la faint Jean,
l'ayant rencontrée par hazard, l'avoient
apportée au Fort, où aprés plufieurs ex-
plications de ce que ce pouvoit être;
quand on eut découvert l'invention du
reſſort, quelques-uns dirent qu'il y falloit attacher quantité de fuſées volantes,
d'autant que leur rapidité les ayant enle-
vées bien-haut, & le reſſort agitant ſes
grandes aîles, il n'y auroit perſonne qui
ne prît cette machine pour un Dragon de
feu. Je la cherchay long-temps cependant, mais enfin je la trouvay au milieu
de la Place deKebec,comme on y mettoit
le feu. La douleur de rencontrer l'œuvre
de mes mains en un ſi grand peril, me
tranſporta tellement, que je courus ſaiſir
le bras du ſoldat qui y allumoit le feu, je
luy arrachay ſa méche & me jettay tout
furieux dans ma machine pour briſer l'artifice dont elle étoit environnée; mais j'arrivay trop tard, car à peine y eus-je les
deux pieds, que me voila enlevé dans la
nuë. L'horreur dont je fus conſterné ne
renverſa point tellement les facultez de
mon ame, que je ne me ſois ſouvenu depuis, de tout ce qui m'arriva en cet inſtant. Car dés que la flâme eut devoré un
rang de fuſées, qu'on avoit diſpoſées ſix à
ſix, par le moyen d'une amorce qui bor-
doit chaque demie douzaine, un autre
étage s'embraſoit, puis un autre; en ſorte
que le ſalpêtre prenant feu, éloignoit le
peril en le croiſſant. La matiere toutefois
étant uſée, fit que l'artifice manqua; &

lors que je ne songeois plus qu'à laisser
ma tête sur celle de quelque montagne, je
sentis, sans que je remuasse aucunement,
mon élevation continuée ; & ma machine prenant congé de moy, je la vis tomber vers la Terre. Cette avanture extraordinaire me gonfla le cœur d'une joye
si peu commune, que ravi de me voir délivré du danger assuré, j'eus l'imprudence
de philosopher là-dessus. Comme donc je
cherchois des yeux & de la pensée, ce qui
en pouvoit être la cause, j'apperçus ma
chair boursouflée, & grasse encore de la
moüelle dont je m'étois enduit à cause des
meurtrissures de mon trébuchement. Je
connus qu'étant alors en décours, & la
Lune pendant ce quartier ayant accoûtumé de sucer la moüelle des animaux, elle
buvoit celle dont je m'étois enduit, avec
d'autant plus de force, que son globle
étoit plus proche de moy, & que l'inter-
position des nuées n'en affoiblissoit point
la vigueur.

Quand j'eus percé, selon le calcul que
j'ay fait depuis, beaucoup plus de trois
quarts du chemin qui separe la Terre d'a-
vec la Lune, je me vis tout d'un coup
cheoir les pieds en haut, sans avoir cul-
buté en aucune façon ; encore ne m'en
füs-je pas apperçû, si je n'eusse senti
ma tête chargée du poids de mon corps. Je
connus bien à la verité, que je ne retom-
bois pas vers notre Monde ; car encore
que je me trouvasse entre deux Lunes, &
que je remarquasse fort bien que je m'é-

loignois de l'une à mesure que je m'approchois de l'autre, j'étois assuré que la plus grande étoit notre globe; parce qu'au bout d'un jour ou deux de voyage, les refractions éloignées du Soleil venant à confondre la diversité des corps & des climats, il ne m'avoit plus paru que comme une grande plaque d'or. Cela me fit imaginer que je baissois vers la Lune; & je me confirmai dans cette opinion, quand je vins à me souvenir que je n'avois commencé de cheoir qu'après les trois quarts du chemin. Car, disois-je en moy-même, cette masse étant moindre que la nôtre, il faut que la sphére de son activité ait aussi moins d'étenduë, & que par conséquent j'aye senti plus tard la force de son centre.

Enfin, aprés avoir été fort long-temps à tomber, à ce que je préjugeay, car la violence du précipice m'empêcha de le remarquer; le plus loin dont je me souviens, c'est que je me trouvay sous un arbre, embarrassé avec trois ou quatre branches assez grosses, que j'avois éclatées par ma chute, & le visage moüillé d'une pomme qui s'étoit écachée contre.

Par bonheur, ce lieu-là étoit comme vous le sçaurez bien-tôt.... Ainsi vous pouvez bien juger que sans ce hazard je serois mille fois mort. J'ay souvent fait depuis reflexion sur ce que le vulgaire assure, qu'en se précipitant d'un lieu fort haut, on est étouffé auparavant de toucher la terre ; & j'ai conclu de mon avanture, qu'il en avoit menti, ou bien qu'il falloit que le jus energique de ce fruit, qui m'avoit coulé dans la bouche, eût rappellé mon ame, qui n'étoit pas loin de mon cadavre encore tout tiede, & encore disposé aux fonctions de la vie. En effet, si-tôt que je fus à terre, ma douleur s'en alla, avant même que de se peindre en ma memoire ; & la faim dont pendant mon voyage j'avois été beaucoup travaillé, ne me fit trouver en sa place qu'un leger souvenir de l'avoir perduë.

A peine, quand je fus relevé, eus-je observé la plus large de quatre grandes rivieres qui forment un lac en la bouchant, que l'esprit ou l'ame invisible des simples qui s'exhalent sur cette contrée, me vint réjoüir l'odorat ; & je connus que les cailloux n'y étoient ni durs ni raboteux, & qu'ils avoient soin de s'amollir, quand on marchoit dessus. Je rencontrai d'abord une forest de cinq avenuës, dont les arbres par leur excessive hauteur sembloient porter au Ciel un parterre de haute futaye. En promenant mes yeux de la racine au sommet, puis les précipitant du faîte jusqu'au pied, je doutois si la terre les portoit, ou si eux-mêmes ne portoient point la terre penduë à leurs racines ; leur front superbement élevé, sembloit aussi plier comme par force sous la pesanteur des globes celestes, dont on diroit qu'ils ne soûtiennent la charge qu'en gemissant ; leurs bras étendus vers le

Ciel, témoignoient en l'embraſſant demander aux Aſtres la benignité toute pure de leurs influences, & les recevoir auparavant qu'elles ayent rien perdu de
leur innocence, au ſit des Elemens. Là
de tous côtez les fleurs, ſans avoir eu
d'autre Jardinier que la Nature, reſpirent
une haleine ſi douce, quoique ſauvage,
qu'elle réveille & ſatisfait l'odorat; là
l'incarnat d'une roſe ſur l'églantier, &
l'azur éclatant d'une violette ſous des
ronces, ne laiſſant point de liberté pour
le choix, font juger qu'elles ſont toutes
deux plus belles l'une que l'autre; là le
printemps compoſe toutes les ſaiſons; là
ne germe point de plante veneneuſe, que
ſa naiſſance ne trahiſſe ſa conſervation;
là les ruiſſeaux par un agreable murmure
racontent leurs voyages aux cailloux; là
mille petits goſiers emplumez font retentir la foreſt du bruit de leurs melodieuſes
chanſons; & la tremouſſante aſſemblée
de ces divins muſiciens eſt ſi generale,
qu'il ſemble que chaque feüille dans le
bois ait pris la langue & la figure d'un
Roſſignol; & même l'Echo prend tant
de plaiſir à leurs airs, qu'on diroit à les
lui entendre repeter, qu'elle ait envie de
les apprendre: à côté de ce bois ſe voyent
deux prairies, dont le verger continu fait
une émeraude à perte de vûë. Le mélange confus des peintures, que le Printemps
attache à cent petites fleurs, en égare les
nuances l'une dans l'autre avec une ſi a-
greable confuſion, qu'on ne ſçait ſi ces

fleurs agitées par un doux Zephire, courent plutoft après elles-mêmes, qu'elles
ne fuyent pour échapper aux careffes de
ce vent folàtre ; on prendroit même cette
prairie pour un Ocean, à caufe qu'elle eft
comme une mer qui n'offre point de rivage, en forte que mon œil épouvanté
d'avoir couru fi loin fans découvrir le
bord, y envoyoit vîtement ma pensée ;
& ma pensée doutant que ce fût l'extrê-
mité du monde, fe vouloit perfuader que
des lieux fi charmans avoient peut-être
forcé le Ciel de fe joindre à la terre. Au
milieu d'un tapis fi vafte & fi agreable,
court à boüillons d'argent une fontaine
ruftique, qui couronne fes bords d'un
gazon émaillé de baffinets, de violettes,
& de cent autres petites fleurs, qui femblent fe preffer à qui s'y mirera la premiere ; elle eft encore au berceau, car elle
ne vient que de naître ; & fa face jeune &
polie ne montre pas feulement une ride :
les grands cercles qu'elle promene en revenant mille fois fur foi-même, montrent que c'eft bien à regret qu'elle fort
de fon pays natal ; & comme fi elle eût
été honteufe de fe voir careféc auprés de
fa mere, elle repouffa en murmurant ma
main qui la vouloit toucher : les animaux
qui s'y venoient defalterer, plus raifonnables que ceux de notre Monde, témoignoient eftre furpris de voir qu'il faifoit
grand jour vers l'horifon, pendant qu'ils
regardoient le Soleil aux Antipodes, &
n'ofoient fe pancher fur le bord, de crainte de tomber au Firmament.

Il faut que je vous avoüe qu'à la vuë de tant de belles chofes, je me fentis cha-toüillé de ces agreables douleurs qu'on dit que fent l'embrion à l'infufion de fon a-me. Le vieil poil me tomba, pour faire place à d'autres cheveux plus épais & plus déliez : je fentis ma jeuneffe fe rallu-mer, mon vifage devenir vermeil, ma chaleur naturelle fe remêler doucement à mon humide radical : enfin je reculai fur mon âge environ quatorze ans.

J'avois cheminé une demie lieuë à tra-vers une forêt de jafmins & de myrthes, quand j'apperçus couché à l'ombre je ne fçai quoi qui remuoit : c'étoit un jeune adolefcent, dont la majeftueufe beauté me força prefque à l'adoration. Il fe leva pour m'en empêcher. Ce n'eft pas à moi, s'écria-t-il, c'eft à Dieu que tu dois ces humilitez. Vous voyez une perfonne, lui répondis-je, confternée de tant de miracles, que je ne fçai par lequel débu-ter mes admirations ; car venant d'un Monde que vous prenez fans doute ici pour une Lune, je penfois eftre abordé dans une autre, que ceux de mon païs appellent la Lune auffi ; & voila que je me trouve en Paradis, aux pieds d'un Dieu qui ne veut pas eftre adoré. Horfmis la qualité de Dieu, me repliqua-t-il, dont je ne fuis que la creature, ce que vous dites eft veritable : cette terre-ci eft la Lu-ne, que vous voyez de votre globe ; & ce lieu-ci où vous marchez eft.... Or en ce temps-là l'imagination chez l'homme é-

toit si forte, pour n'avoir point encore
été corrompuë, ni par les débauches, ni
par la crudité des alimens, ni par l'alteration des maladies, qu'étant alors excité
du violent desir d'aborder cet azile, &
sa masse étant devenuë legere par le
feu de cet entousiasme, il y fut enlevé de
la même sorte qu'il s'est vu des Philosophes, leur imagination fortement ten-
duë à quelque chose, estre emportez en
l'air par des ravissèmens que vous appellez extatiques.... que l'infirmité de son
sexe rendoit plus foible & moins chaude, n'auroit pas eu sans doute l'imagina-
tive assez vigoureuse pour vaincre par la
contention de sa volonté le poids de la
matiere, mais parce qu'il y avoit tres-
peu...... La sympathie dont cette moitié étoit encore liée à son tout, la porta
vers lui à mesure qu'il montoit, comme
l'ambre se fait suivre de la paille, comme
l'aimant se tourne au Septentrion d'où il
a été arraché, & attira cette partie de lui-
même, comme la mer attire les fleuves
qui sont sortis d'elle. Arrivez qu'ils furent en votre terre, ils s'habituerent entre
la Mesopotamie & l'Arabie: certains peuples l'ont connu sous le nom.... & d'autres sous celui de Promethée, que les
Poëtes feignirent avoir dérobé le feu du
Ciel, à cause de ses descendans qu'il engendra pourveus d'une ame aussi parfaite
que celle dont il étoit rempli : ainsi pour
habiter votre Monde cet homme laissa
celui-ci desert, mais le Tout-sage ne
voulut

voulut pas qu'une demeure si heureuse
restât sans Habitans, il permit peu de siécles aprés... Ennuyé de la compagnie des
hommes, dont l'innocence se corrompoit,
il eut envie de les abandonner. Ce Personnage toutefois ne jugea point de retraite
assurée contre l'ambition de ses parens,
qui s'égorgeoient déja pour le partage de
votre Monde, sinon la Terre bienheureuse,
dont son ayeul luy avoit tant parlé, &
dont personne n'avoit encore observé le
chemin : mais son imagination y suppléa;
car comme il eut observé.... il remplit
deux grands vases, qu'il luta hermeti-
quement, & se les attacha sous les aîles :
la fumée, aussi-tôt qu'il tendoit à s'e-
lever, & qui ne pouvoit penetrer le mé-
tail, poussa les vases en haut, & de la sorte
ces vases enleverent avec eux ce grand
Homme. Quand il fut monté jusques à
la Lune, & qu'il eût jetté les yeux sur ce
beau jardin, un épanoüissement de joye
presque surnaturelle, luy fit connoître
que c'étoit le lieu où son ayeul avoit autrefois demeuré. Il délia promptement
les vaisseaux qu'il avoit ceints comme des
aîles autour de ses épaules, & le fit avec
tant de bonheur, qu'à peine étoit-il en
l'air quatre toises au dessus de la Lune,
qu'il prit congé de ses nageoires : L'ele-
vation cependant étoit assez grande pour
le beaucoup blesser, sans le grand tour de
sa robe, où le vent s'engouffra, & le soû-
tint doucement, jusques à ce qu'il eût mis
pied à terre. Pour les deux vases, ils mon-

terent jusques à un certain espace où ils
sont demeurez : & c'est ce qu'aujourd'hui
vous appellez les Balances. . . . .

Il faut maintenant que je vous raconte
la façon dont j'y suis venu. Je croy que
vous n'aurez pas oublié mon nom ; car je
vous l'ay dit n'agueres. Vous sçaurez donc
que j'habitois sur les agréables bords d'un
des plus renommez fleuves de votre Monde, où je menois parmi les Livres une vie
assez douce pour ne la pas regretter, encore qu'elle s'écoulât : cependant plus les
lumieres de mon esprit croissoient, plus
croissoit aussi la connoissance de celles
que je n'avois point. Jamais nos Sçavans
ne me rementevoient l'illustre Mada, que
le souvenir de sa Philosophie parfaite ne
me fist soupirer. Je desesperois de la pouvoir acquerir, quand un jour, aprés avoir
long-temps rêvé, je pris de l'aimant environ deux pieds en carré, que je mis dans
un fourneau ; puis lors qu'il fut bien purgé, précipité, & dissout, j'en tiray l'attractif calciné, & le reduisis à la grosseur
d'environ une balle mediocre.

Ensuite de ces préparations, je fis construire une machine de fer fort legere,
dans laquelle j'entray. . . . . & lors que je
fus bien ferme & bien appuyé sur le siége,
je ruay fort haut en l'air cette boule d'aimant. Or la machine de fer que j'avois
forgée tout exprés, plus massive au milieu
qu'aux extrémitez, fut enlevée aussi-tôt,
& dans un parfait équilibre, à cause qu'elle
se poussoit toujours plus vîte par cet en-

droit. Ainfi donc, à mefure que j'arrivois
où l'aimant m'avoit attiré, je rejettois
auſſi-tôt ma boule en l'air au deſſus de
moy. Mais, l'interrompis-je, comment
lanciez-vous votre bale ſi droit au deſſus
de votre chariot, qu'il ne ſe trouvât jamais à côté ? Je ne voy point de merveille
en cette avanture, me dit-il : car l'aimant
pouſſé qu'il étoit en l'air, attiroit le fer
droit à ſoy ; & par conſequent il étoit
impoſſible que je montaſſe jamais à côté.
Je vous diray même que tenant ma boule
en ma main, je ne laiſſois pas de monter,
parce que le chariot couroit toujours à
l'aimant que je tenois au deſſus de luy :
Mais la ſaillie de ce fer pour s'unir à ma
boule, étoit ſi violente, qu'elle me faiſoit
plier le corps en double, de ſorte que je
n'oſay tenter qu'une fois cette nouvelle
experience. A la verité c'étoit un ſpectacle à voir bien étonnant ; car l'acier de
cette maiſon volante, que j'avois poli avec
beaucoup de ſoin, reflechiſſoit de tous
côtez la lumiere du Soleil, ſi vive & ſi
brillante, que je croyois moy-même être
tout en feu. Enfin aprés avoir beaucoup
rué & volé aprés mon coup, j'arrivay,
comme vous avez fait, en un terme où
je tombois vers ce Monde-ci ; & parce
qu'en cet inſtant je tenois ma boule bien
ſerrée entre mes mains, ma machine, dont
le ſiege me preſſoit pour approcher de ſon
attractif, ne me quitta point. Tout ce qui
me reſtoit à craindre, c'étoit de me rompre le col : mais pour m'en garantir, je

rejettois ma boule de temps en temps,
afin que la violence de la machine retenuë
par son attractif, se rallemït, & qu'ainsi
ma chute fût moins rude, comme en effet
il arriva ; car quand je me vis à deux ou
trois cens toises prés de terre, je lançay
ma bale de tous côtez à fleur du chariot,
tantôt deça, tantôt delà, jusques à ce
que je m'en visse à une certaine distance ;
& aussi-tôt je la jettay au dessus de moy,
& ma machine l'ayant suivie, je la quit-
tay, & me laissay tomber d'un autre côté
le plus doucement que je pûs sur le sable :
de sorte que ma chute ne fut pas plus violente, que si je fusse tombé de ma hauteur.
Je ne vous representeray point l'étonnement qui me saisit à la vûë des merveilles
qui sont ceans, parce qu'il fut à peu prés
semblable à celuy dont je viens de vous
voir consterné.....

J'en avois à peine goûté, qu'une épaisse
nuée tomba sur mon ame : je ne vis plus
personne auprés de moy, & mes yeux ne
reconnurent en toute l'hémisphere une
seule trace du chemin que j'avois fait ; &
avec tout cela je ne laissois pas de me souvenir de tout ce qui m'etoit arrivé. Quand
depuis j'ay fait refléxion sur ce miracle, je
me suis figuré que l'écorce du fruit où j'a-
vois mordu, ne m'avoit pas tout à fait
abruti, à cause que mes dents la traversant,
se sentirent un peu du jus qu'elle couvroit,
dont l'énergie avoit dissipé les malignitez
de l'écorce. Je restay bien surpris de me
voir tout seul au milieu d'un Païs que je

ne connoissois point. J'avois beau promener mes yeux, & les jetter par la campagne, aucune créature ne s'offroit pour les consoler. Enfin je resolus de marcher, jusques à ce que la fortune me fist rencontrer la compagnie de quelques bêtes, ou de la mort.

Elle m'exauça, car au bout d'un demi quart de lieuë, je rencontray deux fort grands animaux, dont l'un s'arrêta devant moy, l'autre s'enfuit legerement au gîte (au moins je le pensay ainsi,) à cause qu'à quelque temps de là je le vis revenir accompagné de plus de sept ou huit cent de même espece, qui m'environnerent. Quand je les pus discerner de prés, je connus qu'ils avoient la taille & la figure comme nous. Cette avanture me fit souvenir de ce que jadis j'avois ouï conter à ma nourrice, des Syrenes, des Faunes, & des Satyres : de temps en temps ils élevoient des huées si furieuses, causées sans doute par l'admiration de me voir, que je croyois quasi être devenu monstre. Enfin une de ces bêtes-hommes m'ayant pris par le col, de même que font les loups quand ils enlevent des brebis, me jetta sur son dos, & me mena dans leur Ville, où je fus plus étonné que devant, quand je reconnus en effet que c'étoit des hommes, de n'en rencontrer pas un qui ne marchât à quatre pattes.

Lors que ce peuple me vit si petit (car la plupart d'entre eux ont douze coudées de longueur) & mon corps soutenu de deux

pieds seulement, ils ne pûrent croire que
je fusse un homme : car ils tenoient que la
Nature ayant donné aux hommes comme
aux bêtes, deux jambes & deux bras, elles
s'en devoient servir comme eux. Et en effet, rêvant depuis là-dessus, j'ai songé que
cette situation de corps n'étoit point trop
extravagante, quand je me suis souvenu
que les enfans, lors qu'ils ne sont encore
instruits que de nature, marchent à quatre
pieds, & qu'ils ne se levent sur deux que
par le soin de leurs nourrices, qui les dres-
sent dans de petits chariots, & leur attachent des lânieres, pour les empêcher de
cheoir sur les quatre, comme la seule assiette où la figure de notre masse encline
de se reposer.

Ils disoient donc (à ce que je me suis fait
depuis interpreter) qu'infailliblement j'é-
tois la femelle du petit animal de laReine.
Ainsi je fus, en qualité de telle ou d'autre
chose, mené droit à l'Hôtel de Ville, où
je remarquay, selon le bourdonnement &
les postures que faisoient & le Peuple &
les Magistrats, qu'ils consultoient ensemble ce que je pouvois être. Quand ils eurent long-temps conferé, un certainBour-
geois qui gardoit les bêtes rares, supplia
les Echevins de me commettre à sa garde,
en attendant que la Reine m'envoyât querir, pour vivre avec mon mâle. On n'en
fit aucune difficulté, & ce Bâteleur me
porta à son logis, où il m'instruisit à faire
le godenot, à faire des culebutes, à figurer des grimaces ; & les apresdinées il fai-

foit prendre à la porte un certain prix de ceux qui me vouloient voir. Mais le Ciel fléchi de mes douleurs, & fâché de voir prophaner le temple de fon maître, voulut qu'un jour, comme j'étois attaché au bout d'une corde, avec laquelle le Charlatan me faifoit fauter pour divertir le monde, j'entendis la voix d'un homme, qui me demanda en Grec qui j'étois? Je fus bien étonné d'entendre parler en ce Païs-là comme en notre Monde. Il m'interrogea quelque temps : je luy répondis, & luy contay enfuite generalement toute l'entreprife & le fuccés de mon voyage. Il me confola, & je me fouviens qu'il me dit : Hé bien, mon fils, vous portez enfin la peine des foibleffes de votre Monde. Il y a du vulgaire ici comme là, qui ne peut fouffrir la pensée des chofes où il n'eft point accoutumé : mais fçachez qu'on ne vous traite qu'à la pareille ; & que fi quelqu'un de cette terre avoit monté dans la vôtre, avec la hardieffe de fe dire homme, vos Sçavans le feroient étouffer comme un monftre. Il me promit enfuite qu'il avertiroit la Cour de mon défaftre ; & il ajoûta qu'auffi-tôt qu'il avoit fçu la nouvelle qui couroit de moy, il étoit venu pour me voir, & m'avoit reconnu pour un homme du Monde dont je me difois, parce qu'il y avoit autrefois voyagé, & qu'il avoit demeuré en Grece, où on l'appelloit le Démon de Socrate ; qu'il avoit, depuis la mort de ce Philofophe, gouverné & inftruit à Thebes Epaminondas ; qu'en-

C 4

suite étant passé chez les Romains, la Justice l'avoit attaché au parti du jeune Caton ; qu'après sa mort il s'étoit donné à Brutus. Que tous ces grands Personnages n'ayant laissé en ce Monde à leurs places que le phantôme de leurs vertus, il s'étoit retiré avec ses compagnons dans les Temples & dans les Solitudes. Enfin, ajoûta-t-il, le Peuple de votre Terre devint si stupide & si grossier, que mes compagnons & moy perdîmes tout le plaisir que nous avions autrefois pris à l'instruire. Il n'est pas que vous n'ayez entendu parler de nous; car on nous appelloit Oracles, Nymphes, Genies, Fées, Dieux Foyers, Lemures, Larves, Lamiers, Farfadets, Naïades, Incubes, Ombres, Mânes, Spectres, & Phantômes; & nous abandonnâmes votre Monde sous le Regne d'Auguste, un peu après que je me fus apparu à Drusus, fils de Livia, qui portoit la guerre en Allemagne, & que je luy eus défendu de passer outre. Il n'y a pas long-temps que j'en suis arrivé pour la seconde fois ; depuis cent ans en ça j'ay eu commission d'y faire un voyage, j'ay rodé beaucoup en Europe, & conversé avec des personnes que possible vous aurez connus. Un jour entr'autres, j'apparus à Cardan comme il étudioit, je l'instruisis de quantité de choses ; & en recompense il me promit qu'il témoigneroit à la posterité, de qui il tenoit les miracles qu'il s'attendoit d'écrire. J'y vis Agrippa, l'Abbé Tritéme, le Docteur Fauste, la Brosse, César, & une certaine Caballe de

jeunes gens, que le vulgaire a connus sous
le nom de Chevaliers de la Rose-Croix, à
qui j'ay enseigné quantité de souplesses &
de secrets naturels, qui sans doute les auront fait passer pour de grands Magiciens.
Je connus aussi Campanelle ; ce fut moy
qui luy conseillay, pendant qu'il étoit à
l'Inquisition dans Rome, de styler son visage & son corps aux postures ordinaires
de ceux dont il avoit besoin de connoître
l'interieur, afin d'exciter chez soy, par une
même assiette, les pensées que cette même
situation avoit appellées dans les adver-
saires, parce qu'ainsi il menageroit mieux
leur ame quand il la connoîtroit ; & il
commença, à ma priere, un Livre, que
nous intitulâmes, *de Sensu rerum.* J'ay fré-
quenté pareillement en France la Mothe
le Vayer & Gassendi ; ce second est un
homme qui écrit autant en Philosophe
que ce premier y vit. J'y ay connu quantité d'autres gens, que votre siécle traite
de divins, mais je n'ay trouvé en eux que
beaucoup de babil & beaucoup d'orgueil.
Enfin comme je traversois de votre Païs
en Angleterre, pour étudier les mœurs de
ses Habitans, je rencontray un homme,
la honte de son Païs ; car certes c'est une
honte aux Grands de votre Etat de reconnoître en luy, sans l'adorer, la vertu dont
il est le trône. Pour abreger son Panegy-
rique, il est tout esprit, il est tout cœur,
& il a toutes ces qualitez, dont une jadis
suffisoit à marquer un Héros. C'étoit Tris-
tan l'Hermite. Veritablement, il faut que

je vous avoüe, que quand je vis une vertu
si haute, j'apprehenday qu'elle ne fût pas
reconnuë ; c'est pourquoy je tâchay de
luy faire accepter trois phioles ; la premiere étoit pleine d'huile de Talk ; l'autre, de poudre de projection ; & la derniere, d'or potable: mais il les refusa avec
un dédain plus genereux, que Diogene ne
reçut les complimens d'Alexandre. Enfin
je ne puis rien ajoûter à l'éloge de ce grand
Homme, sinon que c'est le seul Poëte, le
seul Philosophe, & le seul homme libre
que vous ayez. Voilà les Personnes consi-
derables que j'ay conversées ; tous les autres, au moins ceux que j'ay connus, sont
si fort au dessous de l'homme, que j'ay vu
des bêtes un peu au dessus.

Au reste, je ne suis point originaire de
votre Terre, ni de celle-ci, je suis né dans
le Soleil : mais parce que quelquefois notre Monde se trouve trop peuplé, à cause
de la longue vie de ses Habitans, & qu'il
est presque exempts de guerres & de maladies ; de temps en temps nos Magistrats
envoyent des Colonies dans les Mondes
des environs : quant à moy, je fus commandé pour aller au vôtre, & declaré
Chef de la Peuplade qu'on y envoyoit
avec moy. J'ay passé depuis en celui-ci,
pour les raisons que je vous ay dites ; &
ce qui fait que j'y demeure actuellement,
c'est que les hommes y sont amateurs de
la verité, qu'on n'y voit point de Pédans,
que les Philosophes ne se laissent persuader qu'à la raison, & que l'autorité d'un

Sçavant, ni le plus grand nombre, ne l'emportent point sur l'opinion d'un Batteur en grange, quand il raisonne aussi fortement. Bref en ce Païs, on ne compte pour insensez que les Sophistes & les Orateurs. Je lui demandai combien de temps ils vivoient, il me répondit, trois ou quatre mille ans, & continua de cette sorte.

Encore que les habitans du Soleil ne soient pas en aussi grand nombre que ceux de ce Monde, le Soleil en regorge bien souvent, à cause que le Peuple, pour être d'un temperament fort chaud, est remuant & ambitieux, & digere beaucoup.

Ce que je vous dis ne vous doit pas sembler une chose étonnante ; car quoique notre Globe soit tres-vaste, & le vôtre petit ; quoique nous ne mourions qu'aprés quatre mille ans, & vous aprés un demi siecle ; apprenez que tout de même qu'il n'y a pas tant de cailloux que de terre, ni tant de plantes que de cailloux, ni tant d'animaux que de plantes, ni tant d'hommes que d'animaux : ainsi il n'y doit pas avoir tant de démons que d'hommes, à cause des difficultez qui se rencontrent à la generation d'un composé parfait.

Je luy demanday s'ils étoient des corps comme nous. Il me répondit qu'ouï ; qu'ils étoient des corps, mais non pas comme nous, ni comme aucune chose que nous estimions telle : parce que nous n'appellons vulgairement corps, que ce que nous pouvons toucher : qu'au reste il n'y avoit rien en la nature, qui ne fût ma-

teriel, & que quoy qu'ils le fuſſent eux-
mêmes, ils étoient contraints, quand ils
vouloient ſe faire voir à nous, de prendre
des corps proportionnez à ce que nos ſens
ſont capables de connoître, & que c'étoit
ſans doute ce qui avoit fait penſer à beaucoup de monde, que les Hiſtoires qui ſe
contoient d'eux, n'étoient qu'un effet de
la rêverie des foibles, à cauſe qu'ils n'ap-
paroiſſent que de nuit : & il ajoûta, que
comme ils étoient contraints de bâtir eux-
mêmes à la hâte le corps dont il falloit
qu'ils ſe ſerviſſent, ils n'avoient le temps
bien ſouvent de les rendre propres qu'à
choiſir ſeulement deſſous un ſens, tantôt
l'oüie, comme les voix des Oracles, tantôt
la vuë, comme les Ardans & les Spectres,
tantôt le toucher, comme les Incubes; &
que cette maſſe n'étant qu'un air épaiſſi
de telle ou telle façon, la lumiere par ſa
chaleur les détruiſoit, ainſi qu'on voit
qu'elle diſſipe un broüillard en le dilatant.

Tant de belles choſes qu'il m'expliquoit
me donnerent la curioſité de l'interroger
ſur ſa naiſſance, & ſur ſa mort; ſi au Païs
du Soleil l'individu venoit au jour par les
voyes de generation, & s'il mouroit par
le deſordre de ſon temperament, ou la
rupture de ſes organes. Il y a trop peu de
rapport, dit-il, entre vos ſens & l'explication de ces Myſteres. Vous vous imaginez
vous autres, que ce que vous ne ſçauriez
comprendre eſt ſpirituel, ou qu'il n'eſt
point; mais cette conſequence eſt tres-
fauſſe, & c'eſt un témoignage qu'il y a

dans l'Univers un million peut-être de choses, qui pour estre connuës, demanderoient en vous un million d'organes tous differens. Moi, par exemple, je connois par mes sens la cause de la sympathie de l'aimant avec le pôle, celle du reflux de la mer, & ce que l'animal devient aprés sa mort; vous autres ne sçauriez donner jusques à ces hautes conceptions que par la foy, à cause que les proportions à ces miracles vous manquent, non plus qu'un aveugle ne sçauroit s'imaginer ce que c'est que la beauté d'un païsage, le coloris d'un tableau, & les nuances de l'iris; ou bien il se les figurera tantôt comme quelque chose de palpable, comme le manger, comme un son, ou comme une odeur : tout de même si je voulois vous expliquer ce que j'apperçois par les sens qui vous manquent, vous vous le representeriez comme quelque chose qui peut estre oüi, vû, touché, fleuré, ou savouré, & ce n'est rien cependant de tout cela.

Il en étoit là de son discours, quand mon bâteleur s'apperçut que la chambrée commençoit à s'ennuyer de mon jargon qu'ils n'entendoient point, & qu'ils prenoient pour un grognement non articulé : il se remit de plus belle à tirer ma corde pour me faire sauter, jusqu'à ce que les spectateurs étant saouls de rire, & d'assurer que j'avois presque autant d'esprit que les bêtes de leur pays, ils se retirerent chacun chez soy.

J'adouciſſois ainſi la dureté des mauvais traitemens de mon maiſtre par les viſites que me rendoit cet officieux Démon ; car de m'entretenir avec ceux qui me venoient voir, outre qu'ils me prenoient pour un animal des mieux enracinez dans la categorie des Brutes, ni je ne ſçavois leur langue, ni eux n'entendoient pas la mienne ; & jugez ainſi quelle proportion : car vous ſçaurez que deux Idiomes ſeulement ſont uſitez en ce païs, l'un qui ſert aux grands, & l'autre qui eſt particulier pour le peuple.

Celui des grands n'eſt autre choſe qu'une difference de tons non articulez, à peu prés ſemblables à notre muſique, quand on n'a pas ajoûté les paroles à l'air ; & certes c'eſt une invention tout enſemble & bien utile & bien agreable ; car quand ils ſont las de parler, ou quand ils dédaignent de proſtituer leur gorge à cet uſage, ils prennent ou un Luth, ou un autre inſtrument, dont ils ſe ſervent, auſſi-bien que de la voix, à ſe communiquer leurs penſées : de ſorte que quelquefois ils ſe rencontreront juſqu'à quinze ou vingt de compagnie, qui agiteront un point de Theologie, ou les difficultez d'un procés, par un concert le plus harmonieux dont on puiſſe chatoüiller l'oreille.

Le ſecond qui eſt en uſage chez le peuple, s'execute par le tremouſſement des membres, mais non pas peut-être comme on ſe le figure ; car certaines parties du corps ſignifient un diſcours tout entier :

l'agitation, par exemple, d'un doigt, d'u-
ne main, d'une oreille, d'une lévre, d'un
bras, d'un œil, d'une joüe, feront chacun
en particulier une oraison, ou une periode, avec tous ses membres : d'autres ne
servent qu'à designer des mots, comme
un plis sur le front, les divers frissonne-
mens des muscles, les renversemens des
mains, les battemens de pied, les con-
torsions de bras; de sorte que quand ils
parlent, avec la coûtume qu'ils ont prise
d'aller tout nuds, leurs membres accoû-
tumez à gesticuler leurs conceptions, se
remuent si dru, qu'il ne semble pas d'un
homme qui parle, mais d'un corps qui
tremble.

Presque tous les jours le Démon me venoit visiter, & ses merveilleux entretiens
me faisoient passer sans ennuy les violences de ma captivité. Enfin un matin je vis
entrer dans ma logette un homme que je
ne connoissois point, & qui m'ayant fort
long-temps léché, me gueula doucement
par l'esselle; & de l'une des pattes dont il
me soûtenoit, de peur que je ne me bles-
sasse, me jetta sur son dos, où je me trouvai si mollement & si à mon aise, qu'avec
l'affliction que me faisoit sentir un traite-
ment de bête, il ne me prit aucune envie
de me sauver; & puis, ces hommes qui
marchent à quatre pieds, vont bien d'une
autre vîtesse que nous, puisque les plus
pesans attrapent les Cerfs à la course.

Je m'affligeois cependant outre mesure,
de n'avoir point de nouvelle de mon cour-

rois Démon ; & le soir de la premiere traite, arrivé que je fus au giste, je me promenois dans la cour de l'hôtellerie, attendant que le manger fût prest, lors qu'un homme fort jeune & assez beau, me vint rire au nez, & jetter à mon col ses deux pieds de devant. Aprés que je l'eus quelque temps consideré : Quoy, me dit-il en François, vous ne connoissez plus votre ami ? Je vous laisse à penser ce que je devins alors ; certes ma surprise fut si grande, que deslors je m'imaginai que tout le globe de la Lune, tout ce qui m'y étoit arrivé, & tout ce que j'y voyois, n'e-toit qu'enchantement, & cet homme-bête étant le même qui m'avoit servi de mon-ture, continua de me parler ainsi : Vous m'aviez promis que les bons offices que je vous rendrois, ne vous sortiroient ja-mais de la memoire ; & cependant il sem-ble que vous ne m'ayez jamais vu. Mais voyant que je demeurois dans mon éton-nement ; enfin, ajoûta-t-il, je suis ce Dé-mon de Socrate. Ce discours augmenta mon étonnement. Mais pour m'en ti-rer, il me dit. Je suis le Démon de So-crate, qui vous ai diverti pendant votre prison, & qui pour vous continuer mes services, me suis revêtu du corps avec lequel je vous portai hier. Mais, l'interrompis-je, comment tout cela se peut-il faire, vu qu'hier vous étiez d'une taille extrêmement longue, & qu'aujour-d'huy vous estes tres-court ; qu'hier vous

aviez

aviez une voix foible & cassée, & qu'aujourd'huy vous en avez une claire & vigoureuse ; qu'hier enfin vous étiez un vieillard tout chenu, & que vous n'estes aujourd'huy qu'un jeune homme ? Quoy donc, au lieu qu'en mon pays on chemine de la naissance à la mort, les animaux de celui-ci vont de la mort à la naissance, & rajeunissent à force de vieillir ?

Si-tôt que j'eus parlé au Prince, me dit-il ; aprés avoir reçu l'ordre de vous conduire à la Cour, je vous allay trouver où vous étiez, & vous ayant apporté ici, j'ai senti le corps que j'informois si fort atténué de lassitude, que tous les organes me refusoient leurs fonctions ordinaires ; en sorte que je me suis enquis du chemin de l'hôpital, où entrant j'ai trouvé le corps d'un jeune homme qui venoit d'expirer par un accident fort bizarre, & pourtant fort commun en ce païs . . . . . Je m'en suis approché, feignant d'y connoistre encore du mouvement, & protestant à ceux qui étoient presens, qu'il n'étoit point mort, & que ce qu'on croyoit lui avoir fait perdre la vie, n'étoit qu'une simple létargie ; de sorte que sans être apperçû, j'ai approché ma bouche de la sienne, où je suis entré comme par un souffle : lors mon vieil cadavre est tombé ; & comme si j'eusse été ce jeune homme, je me suis levé, & m'en suis venu vous chercher, laissant là les assistans crier miracle. On nous vint querir là-dessus pour nous met-

tre à table, & je suivis mon conducteur
dans une salle magnifiquement meublée,
mais où je ne vis rien de preparé pour
manger. Une si grande solitude de viande, lorsque je perissois de faim, m'obligea de lui demander où l'on avoit mis le
couvert? Je n'ecoutai point ce qu'il me
répondit, car trois ou quatre jeunes garçons enfans de l'Hôte, s'approcherent de
moy dans cet instant, & avec beaucoup
de civilité me dépoüillerent jusqu'à la
chemise. Cette nouvelle ceremonie m'é-
tonna si fort, que je n'en osai pas seulement demander la cause à mes beaux va-
lets de chambre, & je ne sçai comment
mon guide, qui me demanda par où je
voulois commencer, put tirer de moi ces
deux mots, *un potage*. Mais je les eus à
peine proferez, que je sentis l'odeur du
plus succulent mitonné, qui frappât le nez
du mauvais Riche : je voulus me lever de
ma place pour chercher à la piste la source de cette agreable fumée ; mais mon
porteur m'en empêcha : Où voulez-vous
aller, me dit-il ? nous irons tantôt à la
promenade, mais maintenant il est saison
de manger ; achevez votre potage; &
puis, nous ferons venir autre chose. Et
où diable est ce potage, lui répondis-je
presque en colere? Avez-vous fait gageure
de vous moquer de moi tout aujourd'hui?
Je pensois, me repliqua-t-il, que vous
eussiez vû à la ville d'où nous venons,
votre maistre, ou quelqu'autre prendre

ſes repas ; c'eſt pourquoi je ne vous avois
point dit de quelle façon on ſe nourrit ici.
Puis donc que vous l'ignorez encore,
ſçachez que l'on n'y vit que de fumée.
L'art de cuiſinerie eſt de renfermer dans
de grands vaiſſeaux moulez exprés, l'exhalaiſon qui ſort des viandes en les cui-
ſant ; & quand on en a ramaſſe de pluſieurs ſortes & de differens goûts, ſelon
l'appetit de ceux que l'on traite, on débou-
che le vaiſſeau où cette odeur eſt aſſemblée, on en découvre apres cela un autre ;
& ainſi juſqu'à ce que toute la compagnie
ſoit repuë.

A moins que vous n'ayez déja vécs de
cette ſorte, vous ne croitez jamais que
le nez, ſans dents & ſans goſier, faſſe
pour nourit l'homme, l'office de la bouche ; mais je vous le veux faire par experience. Il n'eut pas plûtôt achevé, que je
ſentis entrer ſucceſſivement dans la ſalle
tant d'agreables vapeurs, & ſi nourriſſan-
tes, qu'en moins de demi quart d'heure
je me ſentis tout à fait raſſaſié, quand
nous fûmes levez. Ceci n'eſt pas, dit-il,
choſe qui doive cauſer beaucoup d'admiration, puiſque vous ne pouvez pas avoir
tant vécu, ſans avoir obſervé qu'en votre
Monde les Cuiſiniers, les Patiſſiers, &
les Rotiſſeurs, qui mangent moins que
les perſonnes d'une autre vacation, ſont
pourtant beaucoup plus gras. D'où procede leur embonpoint, à votre avis, ſi
ce n'eſt de la fumée dont ils ſont ſans
ceſſe environnez, & laquelle penetre

leurs corps & les nourrit ? Aussi les personnes de ce Monde joüissent d'une santé
bien moins interrompuë & plus vigoureuse, à cause que la nourriture n'engendre presque point d'excremens, qui sont
l'origine de presque toutes les maladies.
Vous avez, possible, été surpris, lors
qu'avant le repas on vous a deshabillé,
parce que cette coûtume n'est pas usitée
en votre pays ; mais c'est la mode de celui-ci, & l'on en use ainsi, afin que l'animal soit plus transpirable à la fumée.
Monsieur, luy repartis-je, il y a tres-
grande apparence à ce que vous dites, &
je viens moi-même d'en experimenter
quelque chose ; mais je vous avoüerai
que ne pouvant me débrutaliser si promptement, je serois bien-aise de sentir un
morceau palpable sous mes dents : il me
le promit, & toutefois ce fut pour le
lendemain, à cause, dit-il, que de manger si-tôt après le repas, cela me produi-
roit une indigestion. Nous discourûmes
encore quelque temps, puis nous montâ-
mes à la chambre pour nous coucher. Un
homme au haut de l'escalier se presenta à
nous, & nous ayant envisagez attentivement, me mena dans un cabinet, dont
le plancher étoit couvert de fleurs d'O-
range à la hauteur de trois pieds ; & mon
Démon dans un autre rempli d'œillets &
de jasîemin. Il me dit, voyant que je paroissois étonné de cette magnificence, que
c'étoient les lits du pays. Enfin nous nous
couchâmes chacun dans notre cellule ; &

dés que je fus étendu fur mes fleurs, j'apperçus, à la lueur d'une trentaine de gros
vers luifans enfermez dans un criftal, (car
on ne fe fert point d'autres chandelles)
ces trois ou quatre jeunes garçons qui
m'avoient deshabillé à fouper, dont l'un
fe mit à me chatoüiller les pieds, l'autre
les cuiffes, l'autre les flancs, l'autre les
bras, & tous avec tant de mignoteries &
de délicateffe, qu'en moins d'un moment
je me fentis affoupi.

Je vis entrer le lendemain mon Démon
avec le Soleil. Je vous veux tenir ma parole, me dit-il; vous déjeunerez plus fo-
lidement que vous ne foupâtes hier. A ces
mots, je me levai, & il me conduifit par
la main derriere le jardin du logis, où
l'un des enfans de l'Hôte nous attendoit
avec une arme à la main prefque femblable à nos fufils. Il demanda à mon
guide, fi je voulois une douzaine d'alloüettes, parce que les Magots (il croyoit
que j'en fuffe un) fe nourriffoient de cette
viande. A peine eus-je répondu qu'ouy,
que le Chaffeur déchargea un coup de
feu, & vingt ou trente alloüettes tomberent à nos pieds toutes rôties. Voila, m'i-
maginai-je auffi-tôt, ce qu'on dit par
proverbe en notre Monde, d'un pays où
les alloüettes tombent toutes rôties ; fans
doute que quelqu'un étoit revenu d'ici.
Vous n'avez qu'à manger, me dit mon
Démon. Ils ont l'induftrie de mêler parmi leur poudre & leur plomb une certaine compofition qui tuë, plume, rôtit, &

affaisonne le gibier. J'en ramassai quelques-
unes, dont je mangeai sur sa parole, &
en vérité je n'ai jamais en ma vie rien
goûté de si delicieux. Après ce déjeuné,
nous nous mîmes en état de partir ; &
avec mille grimaces dont ils se servent
quand ils veulent témoigner de l'affection, l'Hôte reçut un papier de mon Démon. Je lui demandai si c'étoit une obli-
gation pour la valeur de l'écot. Il me repartit que non, qu'il ne lui devoit plus
rien, & que c'étoit des Vers. Comment
des Vers, lui repliquai-je ? les Taverniers
sont donc ici curieux de rimes ? C'est, me
dit-il, la monnoye du pays ; & la dépense
que nous venons de faire céans, s'est
trouvé monter à un Sixain, que je viens
de lui donner. Je ne craignois pas de demeurer court ; car quand nous ferions ici
ripaille pendant huit jours, nous ne sçaurions depenser un Sonnet, & j'en ai quatre sur moi, avec deux Epigrammes, deux
Odes, & une Eglogue. Et plût à Dieu,
lui dis-je, que cela fût de même en notre
Monde ! J'y connois beaucoup d'honnê-
tes Poëtes qui meurent de faim, & qui
feroient bonne chere, si on payoit les
traiteurs en cette monnoye. Je lui demandai si ces Vers servoient toûjours,
pourvû qu'on les transcrivît : il me répondit que non, & continua ainsi. Quand on
en a composé, l'Auteur les porte à la Cour
des Monnoyes, où les Poëtes Jurez du
Royaume tiennent leur seance : Là ces
verificateurs Officiers mettent les pieces

à l'epreuve ; & si elles sont jugées de bon aloy, on les taxe non pas selon leur prix, c'est-à-dire qu'un Sonnet ne vaut pas toûjours un Sonnet, mais selon le merite de la piece ; & ainsi quand quelqu'un meurt de faim, ce n'est jamais qu'un buf-fle, & les personnes d'esprit font toûjours grande chere. J'admirois tout extasié la police judicieuse de ce pays-là; & il pour-suivit de cette façon. Il y a encore d'au-tres personnes qui tiennent cabaret d'une maniere bien differente. Lorsqu'on sort de chez eux, ils demandent, à proportion des frais, un acquit pour l'autre Monde ; & dés qu'on le leur a donné, ils écrivent dans un grand Registre, qu'ils appellent, les comptes du grand Jour, à peu prés en ces termes. Item, la valeur de tant de Vers delivrez un tel jour, à un tel, qu'on m'y doit rembourser aussi-tôt l'acquit re-çu du premier fond qui s'y trouvera ; & lorsqu'ils se sentent en danger de mourir, ils font hacher ces registres en morceaux, & les avalent, parce qu'ils croyent que s'ils n'étoient ainsi digerez, cela ne leur profiteroit de rien.

Cet enttetien n'empêchoit pas que nous ne continuassions de marcher, c'est à dire mon porteur à quatre pattes sous moy, & moy à califourchon sur lui. Je ne par-ticuliserai point davantage les avantures qui nous arrêterent sur le chemin, qu'en-fin nous terminâmes à la Ville où le Roy fait sa residence. Je n'y fus pas plûtôt ar-rivé, qu'on me conduisit au Palais, où les

Grands me reçurent avec des admirations
plus moderées que n'avoit fait le peuple,
quand j'étois pafsé dans les ruës : mais la
conclufion que j'étois fans doute la femelle du petit animal de la Reine, fut
celle des Grands comme du peuple. Mon
guide me l'interpretoit ainfi ; & cependant lui-même n'entendoit point cette
Enigme, & ne fçavoit qui étoit ce petit
animal de la Reine : mais nous en fûmes
bien-tôt éclaircis. Le Roy quelque tems
aprés m'avoir confideré, commanda qu'-
on l'amenât ; & à une demie-heure de là,
je vis entrer au milieu d'une troupe de
finges qui portoient la fraize & le haut de
chauffe, un petit homme bâti prefque
tout comme moi, car il marchoit à deux
pieds. Si-tôt qu'il m'apperçut, il m'a-
borda par un *Criado de vou eſtra merced.*
Je lui ripoftai fa reverence à peu prés en
mêmes termes. Mais helas ! ils ne nous
eurent pas plûtôt vû parler enfemble,
qu'ils crurent tous le préjugé veritable ;
& cette conjecture n'avoit garde de produire un autre fuccés ; car celui des affi-
ftans qui opinoit pour nous avec plus de
faveur, proteftoit que notre entretien é-
toit un grognement, que la joye d'être
rejoints par un inftinct naturel, nous faifoit bourdonner. Ce petit homme me
conta qu'il étoit European, natif de la
vieille Caftille ; qu'il avoit trouvé moyen
avec des oifeaux, de fe faire porter jufques au monde de la Lune où nous étions
alors ; qu'étant tombé entre les mains de

la

la Reine, elle l'avoit pris pour un Singe,
à cause qu'ils habillent par hazard en ce
pays-là les Singes à l'Espagnole ; & que
l'ayant à son arrivée trouvé vêtu de cette
façon, elle n'avoit point douté qu'il ne
fût de l'espece. Il faut bien dire, lui repliquai-je, qu'aprés leur avoir essayé toutes sortes d'habits, ils n'en ayent point
rencontré de plus ridicules, & que ce
n'est qu'à cause de cela qu'ils les équipent
de la sorte, n'entretenant ces animaux
que pour s'en donner du plaisir. Ce n'est
pas connoître, reprit-il, la dignité de
notre nation, en faveur de qui l'Univers
ne produit des hommes que pour nous
donner des esclaves, & pour qui la Nature ne sçauroit engendrer que des matieres de rire. Il me supplia ensuite de lui
apprendre comme je m'étois osé hazar-
der de gravir à la Lune avec la machine
dont je lui parlai : je lui répondis que c'é-
toit parce qu'il avoit emmené les oiseaux
sur lesquels j'y pensois aller : il soûrit de
cette raillerie, & environ un quart-d'heure aprés, le Roy commanda aux gardeurs
de Singes de nous ramener, avec ordre
exprés de nous faire coucher ensemble
l'Espagnol & moy, pour faire en son
Royaume multiplier notre espece. On
executa de point en point la volonté du
Prince, de quoy je fus tres-aise, pour le
plaisir que je recevois d'avoir quelqu'un
qui m'entretînt pendant la solitude de ma
brutification. Un jour, mon mâle (car
on me tenoit pour sa femelle) me conta

que ce qui l'avoit veritablement obligé
de courir toute la terre, & enfin de l'abandonner pour la Lune, étoit qu'il n'avoit
pû trouver un seul pays, où l'imagination
même fût en liberté. Voyez-vous, me
dit-il, à moins de porter un bonnet,
quoy que vous puissiez dire de beau, s'il
est contre les principes des Docteurs de
drap, vous êtes un idiot, un fou, &
quelque chose de pis. On m'a voulu mettre en mon pays à l'Inquisition, pour avoir
soutenu à la barbe des Pedans qu'il y avoit
du vuide, & que je ne connoissois point
de matiere au monde plus pesante l'une
que l'autre. Je lui demandai de quelles
probabilitez il appuyoit une opinion si
peu reçuë. Il faut, me répondit-il, pour
en venir à bout, supposer qu'il n'y a qu'-
un Element : car encore que nous voyions
de l'eau, de la terre, de l'air & du feu
separez, on ne les trouve jamais pourtant
si parfaitement purs, qu'ils ne soient encore engagez les uns avec les autres.
Quand, par exemple, vous voyez du feu,
ce n'est pas du feu, ce n'est que de l'air
beaucoup étendu ; l'air n'est que de l'eau
fort dilatée, l'eau n'est que de la terre qui
se fond, & la terre elle-même n'est autre
chose que de l'eau beaucoup resserrée ; &
ainsi, à penetrer serieusement la matiere,
vous connoîtrez qu'elle n'est qu'une, qui
comme excellente Comedienne, jouë ici-
bas toutes sortes de personnages, sous differens habits : autrement il faudroit admettre autant d'elemens qu'il y a de sortes

de corps. Et si vous me demandez pourquoi le feu brûle, & que l'eau refroidit,
vû que ce n'est qu'une seule matiere ; je
vous réponds que cette matiere agit par
sympathie, selon la disposition où elle se
trouve dans le temps qu'elle agit. Le feu
qui n'est rien que de la terre encore plus
répanduë qu'elle ne l'est pour constituer
l'air, tâche de changer en elle par sympathie ce qu'elle rencontre : ainsi la chaleur
dû charbon étant le feu le plus subtil &
le plus propre à penetrer un corps, se glisse
entre les pores de notre masse au commencement, parce que c'est une nouvelle
matiere qui nous remplit, & nous fait
exhaler en sueur ; cette sueur étenduë par
le feu, se convertit en fumée, & devient air;
encore davantage fondu par la chaleur de
l'antiperistase, ou des astres qui l'avoisi-
nent, s'appelle feu ; & la terre abandonnée par le froid, tombe en terre ; l'eau
d'autre-part, quoy qu'elle ne differe de
la matiere du feu qu'en ce qu'elle est plus
serrée, ne nous brûle pas, à cause qu'é-
tant serrée, elle demande par sympathie
à resserrer les corps qu'elle rencontre ; &
le froid que nous sentons, n'est autre chose que l'effet de notre chair, qui se replie
sur elle-même par le voisinage de la terre
ou de l'eau, qui la contraint de lui res-
sembler. De là vient que les hydropiques
remplis d'eau, changent en eau toute la
nourriture qu'ils prennent ; de là vient
que les bilieux changent en bile tout le
sang que forme leur foye. Supposé donc

E 2

qu'il n'y ait qu'un seul élement, il est très certain que tous les corps, chacun selon sa qualité, inclinent également au centre de la terre.

Mais vous me demanderez pourquoi donc le fer, les métaux, la terre, le bois, descendent plus vîte à ce centre qu'une éponge, si ce n'est à cause qu'elle est pleine d'air, qui tend naturellement en haut. Ce n'en est point du tout là la raison, & voici comme je vous répons. Quoi qu'une roche tombe avec plus de rapidité qu'une plume, l'un & l'autre ont même inclination pour ce voyage ; mais un boulet de canon, par exemple, s'il trouvoit la terre percée à jour, se precipiteroit plus vîte à son centre, qu'une vessie grosse de vent ; & la raison est que cette masse de metail est beaucoup de terre recognée en un petit canton, & que ce vent est fort peu de terre en beaucoup d'espace : car toutes les parties de la matiere qui loge dans ce fer, jointes qu'elles sont les unes aux autres, augmentent leur force par l'union ; à cause que s'étant resserrées, elles se trouvent à la fin beaucoup à combattre contre peu, vû qu'une parcelle d'air, egale en grosseur au boulet, n'est pas egale en quantité.

Sans prouver ceci par une enfilade de raisons, comment par votre foi une pique, une épée, un poignard, nous blessent-ils, si ce n'est à cause que l'acier étant une matiere où les parties sont plus proches & plus enfoncées les unes dans les

autres, que non pas votre chair, dont les
pores & la molesse montrent qu'elle contient fort peu de matiere répanduë en un
grand lieu, & que la pointe de fer qui
nous pique étant une quantité presque
innombrable de matiere contre fort peu
de chair, il la contraint de ceder au plus
fort, de même qu'un escadron bien
pressé entame aisément un bataillon
moins serré & plus étendu ? Car pourquoi
une loupe d'acier embrasée est-elle plus
chaude qu'un tronc de bois allumé, si ce
n'est qu'il y a plus de feu dans la loupe en
peu d'espace, y en ayant d'attaché à toutes les parties du metail, que dans le bâton, qui pour estre fort spongieux, en-
ferme beaucoup de vuide, & que le vuide n'étant qu'une privation de l'être, ne
peut être susceptible de la forme du feu ?
Mais, m'objecterez-vous, vous supposez
du vuide comme si vous l'aviez prouvé,
& c'est cela dont nous sommes en dispute. Et bien, je vais vous le prouver ; &
quoy que cette difficulté soit la sœur du
nœud gordien, j'ai les bras assez forts
pour en devenir l'Alexandre.

Qu'elle me réponde donc, je l'en supplie, cette bête vulgaire, qui ne croit être
homme que parce qu'on le lui a dit. Supposé qu'il n'y ait qu'une matiere, comme je pense l'avoir assez prouvé ; d'où
vient qu'elle se relâche & se restraint selon son appetit ? d'où vient qu'un morceau de terre, à force de se condenser,
s'est fait caillou ? Est-ce que les parties

E 3

de ce caillou se sont placées les unes dans
les autres, en telle sorte que là où s'est
fiché ce grain de sablon, là même, ou
dans le même point loge un autre grain
de sablon? Tout cela ne se peut, & selon
leur principe même, puisque les corps ne
se penetrent point : mais il faut que cette
matiere se soit rapprochée, & si vous
voulez, se soit racourcie, en sorte qu'elle
ait rempli quelque lieu qui ne l'étoit
pas.

De dire que cela n'est point comprehen-
sible, qu'il y eût du rien dans le Monde;
que nous fussions en partie composez de
rien : hé pourquoi non? le Monde entier
n'est-il pas envelopé de rien? Puisque
vous m'avoüez cet article, confessez donc
qu'il est aussi aisé, que le Monde ait du
rien dedans soi, qu'autour de soi.

Je vois fort bien que vous me demanderez pourquoi donc l'eau restrainte par
la gelée dans un vase, le fait crever, si ce
n'est pour empêcher qu'il ne se fasse du
vuide? Mais je réponds que cela n'arrive
qu'à cause que l'air de dessus, qui tend
aussi-bien que la terre & l'eau au centre,
rencontrant sur le droit chemin de ce
pays une hôtellerie vacante, y va loger,
s'il trouve les pores de ce vaisseau, c'est
à dire, les chemins qui conduisent à cette
chambre de vuide, trop étroits, trop
longs & trop tortus ; il satisfait en le bri-
sant à son impatience, pour arriver plûtôt
au giste.

Mais sans m'amuser à répondre à tou-

tes leurs objections, j'ose bien dire que
s'il n'y avoit point de vuide, il n'y auroit
point de mouvement; ou il faut admettre la penetration des corps : car il seroit
ridicule de croire que quand une mouche poussé de l'aîle une parcelle de l'air,
cette parcelle en fasse reculer devant elle
une autre, cette autre encore une aute,
& qu'ainsi l'agitation du petit orteil d'u-
ne puce aille faire une bosse derriere le
Monde. Quand ils n'en peuvent plus, ils
ont recours à la rarefaction : mais en bonne foi, comment se peut-il faire, quand
un corps se rarefie, qu'une particule de la
masse s'éloigne d'une autre particule,
sans laisser ce milieu vuide ? N'auroit-il
pas fallu que ces deux corps qui viennent
de se separer, eussent été en même temps
au même lieu où étoit celui-ci, & que de
la sorte ils se fussent penetrez tous trois ?
Je m'attends bien que vous me demanderez pourquoi donc par un chalumeau, une
seringue ou une pompe, on fait monter
l'eau contre son inclination? à quoi je vous
répondrai qu'elle est violentée, & que ce
n'est pas la peur qu'elle a du vuide qui l'o-
blige à se détourner de son chemin ; mais
qu'étant jointe avec l'air, d'une nuance
imperceptible, elle s'éleve, quand on
éleve en haut l'air qui la tient emba-
rassée.

Cela n'est pas fort épineux à comprendre, quand on connoît le cercle parfait
& la délicate enchaînure des Elemens :
car si vous considerez attentivement ce

E 4

limon qui fait le mariage de la terre & de l'eau, vous trouverez qu'il n'est plus terre, qu'il n'est plus eau, mais qu'il est l'entremetteur du contract de ces deux ennemis ; l'eau tout de même avec l'air s'envoyent reciproquement un broüillard qui penetre aux humeurs de l'un & de l'autre, pour moyenner leur paix ; & l'air se reconcilie avec le feu, par le moyen d'une exhalaison mediatrice qui les unit.

Je pense qu'il vouloit encore parler, mais on nous apporta notre mangeaille ; & parce que nous avions faim, je fermai les oreilles à ses discours, pour ouvrir l'estomach aux viandes qu'on nous donna.

Il me souvient qu'une autre fois comme nous philosophions, car nous n'aimions gueres ni l'un ni l'autre à nous entretenir de choses basses : Je suis bien fâché, dit-il, de voir un esprit de la trempe du vôtre, infecté des erreurs du vulgaire. Il faut donc que vous sçachiez, malgré le pedantisme d'Aristote, dont retentissent aujourd'huy toutes les Classes de votre France, que tout est en tout : c'est à dire que dans l'eau, par exemple, il y a du feu, dedans le feu de l'eau, dedans l'air de la terre, & dedans la terre de l'air. Quoi que cette opinion fasse ouvrir aux Scolares les yeux grands comme des salieres, elle est plus aisée à prouver qu'à persuader. Car je leur veux demander premierement, si l'eau n'engendre pas du poisson ; & quand ils me le nieront, creuser un fossé, & le remplir du sirop de l'é-

guiere ; qu'ils paſſent encore s'ils veulent
à travers un bluteau , pour échapper aux
objections des aveugles , je veux , en cas
qu'ils n'y trouvent du poiſſon dans quelque temps , avaler toute l'eau qu'ils y
auront versée : mais s'ils y en trouvent ,
comme je n'en doute point , c'eſt une
preuve convaincante qu'il y a du ſel & du
feu. Par conſequent , de trouver enſuite
de l'eau dans le feu , ce n'eſt pas une entrepriſe fort difficile. Car qu'ils choiſiſ-
ſent le feu même le plus détaché de la
matiere , comme les Cometes ; il y en a
toûjours beaucoup , puiſque ſi cette humeur onétueuſe dont ils ſont engendrez ,
reduite en ſoufle par la chaleur de l'anti-
periſtaſe qui les allume , ne trouvoit un
obſtacle à ſa violence dans l'humide froideur qui la tempere & la combat , elle ſe
conſommeroit bruſquement comme un
éclair. Qu'il y ait maintenant de l'air
dans la terre , ils ne le nieront pas , ou bien
ils n'ont jamais entendu parler des friſſons
effroyables dont les montagnes de la Si-
cile ont été ſi ſouvent agitées. Outre cela
nous voyons la terre toute poreuſe , juſqu'aux grains de ſablon qui la compoſent. Cependant perſonne n'a dit encore ,
que ces creux fuſſent remplis de vuide :
on ne trouvera donc pas mauvais que l'air
y faſſe ſon domicile. Il me reſte à prouver que dans l'air il y a de la terre ; mais
je ne daigne preſque pas en prendre la
peine , puiſque vous en êtes convaincu
autant de fois que vous voyez tomber ſur

vos têtes ces legions d'atomes si nombreuses, qu'elles étouffent l'Arithme-
tique.

Mais passons des corps simples aux composez, ils me fourniront de sujets beaucoup plus frequens ; & pour montrer que
toutes choses sont en toutes choses, non
point qu'elles se changent les unes aux
autres, comme le gazouillent vos Peripa-
teticiens ; car je veux soûtenir à leur barbe, que les principes se mêlent, se sepa-
rent, & se remêlent derechef, en telle
sorte que ce qui a été fait par le sage Createur du monde, le sera toujours : je ne
suppose point à leur mode de maxime
que je ne prouve.

C'est pourquoi prenez, je vous prie,
une bûche, ou quelqu'autre matiere combustible, & y mettez le feu ; ils diront,
quand elle sera embrasée, que ce qui étoit
bois est devenu feu : mais je leur soûtiens
que non, & qu'il n'y a pas plus de feu
quand elle est toute enflammée, qu'auparavant qu'on en eût approché l'allu-
mette ; mais celui qui étoit caché dans la
bûche, que le froid & l'humide empê-
choient de s'étendre & d'agir, secouru
par l'étranger, a rallié ses forces contre le
flegme qui l'étouffoit, & s'est emparé du
champ qu'occupoit son ennemi : aussi le
montre-t-il sans obstacles, en triomphant
de son geolier : ne voyez-vous pas comme l'eau s'enfuit par les deux bouts du
tronçon : chaude & fumante encore du
combat qu'elle a rendu. Cette flâme que

vous voyez en haut , est le feu le plus subtil, le plus degagé de la matiere , & le
plutôt prêt par conſequent à retourner
chez ſoi : il s'unit pourtant en pyramide
juſqu'à certaine hauteur , pour enfoncer
l'épaiſſe humidité de l'air qui lui reſiſte :
mais comme il vient en montant à ſe dé-
gager peu à peu de la violente compagnie
de ſes hôtes , alors il prend le large, parce
qu'il ne rencontre plus rien d'antipathique
à ſon paſſage ; & cette negligence eſt bien
ſouvent cauſe d'une ſeconde priſon : car
cheminant ſeparé , il s'égarera quelquefois dans un nuage , s'il s'y rencontre :
d'autres fois en aſſez grande quantité
pour faire tête à la vapeur, ils ſe joignent,
ils grondent , ils tonnent, ils foudroyent,
& la mort des innocens eſt bien ſouvent
l'effet de la colere animée de ces choſes
mortes. Si quand il ſe trouve embaraſſé
dans ces cruditez importunes de la
moyenne region, il n'eſt pas aſſez fort
pour ſe défendre , il s'abandonne à la diſ-
cretion de ſon ennemi, qui le contraint
par ſa peſanteur de retomber en terre ; &
ce malheureux , enfermé dans une goutte
d'eau , ſe rencontrera peut-être au pied
d'un chêne , de qui le feu animal invitera
ce pauvre égaré de ſe loger avec lui ; ainſi
le voila qui revient au même état dont
il étoit ſorti quelques jours auparavant.

Mais voyons la fortune des autres Elemens qui compoſoient cette bûche. L'air
ſe retire à ſon quartier , encore pourtant mêlé de vapeurs , à cauſe que le feu

tout en colere les a brusquement chassez pêle-mêle. Le voila donc qui sert de ba-lon aux vents, fournit les animaux de respiration, remplit le vuide que la Na-ture fait; & possible encore que s'étant envelopé dans une goutte de rosée, il sera sucé & digeré par les feüilles alte-rées de cet arbre, où s'est retiré notre feu: l'eau que la flâme avoit chassée de ce trône, élevée par la chaleur jusques au berceau des Meteores, retombera en pluye sur notre chêne aussi-tôt que sur un au-tre; & la terre devenuë cendre, & puis guérie de sa sterilité, ou par la chaleur nourrissante d'un fumier où on l'aura jet-tée, ou par le sel vegetatif de quelques plantes voisines, ou par l'eau fecon-de des rivieres, se rencontrera peut-être prés de ce chêne, qui par la chaleur de son germe l'attirera, & en fera une partie de son tout.

De cette façon voila ces quatre Ele-mens qui reçoivent le même sort, & ren-trent au même état d'où ils étoient sortis quelques jours auparavant: ainsi on peut dire que dans un homme il y a tout ce qui est necessaire pour composer un ar-bre, & dans un arbre tout ce qui est ne-cessaire pour composer un homme. Enfin de cette façon toutes choses se rencon-treront en toutes choses. Mais il nous manque un Promethée, qui nous tire du sein de la Nature, & nous rende sensible ce que je veux bien appeller matiere pre-miere.

Voila les choses à peu prés dont nous amusions le temps : car ce petit Espagnol avoit l'esprit joli. Notre entretien toutefois n'étoit que de nuit, à cause que depuis six heures du matin jusques au soir, la grande foule du monde qui nous venoit contempler à notre logis, nous eût détournez; car quelques-uns nous jettoient des pierres, d'autres des noix, d'autres de l'herbe : il n'étoit bruit que des bêtes du Roi; on nous servoit tous les jours à manger à nos heures, & la Reine & le Roy prenoient eux-mêmes assez souvent la peine de me tâter le ventre, pour connoître si je n'emplissois point; car ils bruloient d'une envie extraordinaire d'avoir de la race de ces petits animaux. Je ne sçai si ce fut pour avoir été plus attentif que mon mâle à leurs simagrées & à leurs tons : mais j'appris plûtôt que luy à entendre leur langue, & à l'écorcher un peu, ce qui fit qu'on nous considera d'une autre façon qu'on n'avoit fait, & les nouvelles coururent aussi-tôt par tout le Royaume, qu'on avoit trouvé deux hommes sauvages plus petits que les autres, à cause des mauvaises nourritures que la solitude nous avoit fournies, & qui par un défaut de la semence de leurs peres, n'avoient pas eu les jambes de devant assez fortes pour s'appuyer dessus.

Cette créance alloit prendre racine à force de cheminer, sans les doctes du pays qui s'y opposerent, disant que c'é-

toit une impieté épouvantable de croire
que non-feulement des bêtes , mais des
monftres , fuffent de leur efpece. Il y auroit bien plus d'apparence, ajoûtoient
les moins paffionnez , que nos animaux
domeftiques participaffent au privilege
de l'humanité & de l'immortalité , à caufe qu'ils font nez dans notre pays , qu'u-
ne bête monftrueufe , qui fe dit née je
ne fçay où dans la Lune ; & puis , confiderez la difference qui fe remarque entre nous & eux. Nous autres marchons
à quatre pieds , parce que Dieu ne fe voulut pas fier d'une chofe fi precieufe , à une
moins ferme affiette, & il eut peur qu'allant autrement , il n'arrivât fortune de
l'homme; c'eft pourquoi il prit la peine de
l'affeoir fur quatre pilliers , afin qu'il ne
pût tomber : mais dédaignant de fe mêler
de la conftruction de ces deux brutes , il
les abandonna au caprice de la Nature, laquelle ne craignant pas la perte de fi peu
de chofe , ne les appuya que fur deux pattes.

Les oifeaux mêmes , difoient-ils, n'ont
pas été fi maltraitez qu'elles, car au moins
ils ont reçu des plumes pour fubvenir à la
foibleffe de leurs pieds, & fe jetter en l'air,
quand nous les éconduirons de chez nous;
au lieu que la Nature , en ôtant les deux
pieds à ces monftres, les a mis en état de
ne pouvoir échaper à notre Juftice.

Voyez un peu outre cela, comme ils ont
la tête tournée vers le Ciel : c'eft la difette
où Dieu les a mis de toutes chofes, qui les

a situez de la sorte ; car cette posture sup-
pliante témoigne qu'ils se plaignent au
Ciel de celui qui les a créez , & qu'ils luy
demandent permission de s'accommoder
de nos restes. Mais nous autres nous avons
la tête panchée en bas , pour contempler
les biens dont nous sommes seigneurs , &
comme n'y ayant rien au Ciel à qui notre
heureuse condition puisse porter envie.

J'entendois tous les jours à ma loge faire
ces contes, ou d'autres semblables ; & enfin ils briderent si bien l'esprit des peuples
sur cet article , qu'il fut arrêté que je ne
passerois tout au plus que pour un Perroquet sans plumes ; car ils confirmoient les
persuadez, sur ce que non plus qu'un oiseau je n'avois que deux pieds : Cela fit
qu'on me mit en cage , par ordre exprés
du Conseil d'enhaut.

Là tous les jours l'Oiseleur de la Reine
prenoit le soin de me venir siffler la langue , comme on fait ici aux Sansonnets.
J'étois heureux à la verité , en ce que je ne
manquois point de mangeaille : cependant
parmi les sornettes dont les regardans me
rompoient les oreilles , j'appris à parler
comme eux ; en sorte que quand je fus assez rompu dans l'Idiome , pour exprimer
la plûpart de mes conceptions, j'en contai
des plus belles ; déja les compagnies ne
s'entretenoient plus que de la gentillesse
de mes bons mots, & de l'estime que l'on
faisoit de mon esprit : on vint jusques-là ,
que le Conseil fut contraint de faire publier un Arrest, par lequel on défendoit de

croire que j'eusse de la raison ; avec un commandement tres-exprés à toutes personnes, de quelque qualité ou condition qu'elles fussent, de s'imaginer, quoi que je pusse faire de spirituel, que c'étoit l'instinct qui me le faisoit faire.

Cependant la définition de ce que j'étois, partagea la ville en deux factions. Le parti qui soûtenoit en ma faveur, grossissoit de jour en jour ; & enfin, en dépit de l'anathême par lequel on tâchoit d'épouvanter le peuple, ceux qui tenoient pour moi, demanderent une assemblée des Etats, pour resoudre cette controverse. On fut long-temps à s'accorder sur le choix de ceux qui opineroient ; mais les arbitres pacifiérent l'animosité, par le nombre des interessez qu'ils égalerent, & qui ordonnerent qu'on me porteroit dans l'assemblée, comme on fit : mais j'y fus traité autant severement qu'on se le peut imaginer. Les Examinateurs m'interrogerent, entr'autres choses, de Philosophie ; je leur exposai tout à la bonne foi, ce que jadis mon Regent m'en avoit appris : mais ils ne mirent gueres à me le refuter par beaucoup de raisons convaincantes : de sorte que n'y pouvant répondre, j'alleguai pour dernier refuge les principes d'Aristote, qui ne me servirent pas davantage que les Sophismes ; car en deux mots ils m'en découvrirent la fausseté. Cet Aristote, me dirent-ils, dont vous vantez si fort la science, accómodoit sans doute les principes à sa Philosophie, au lieu d'accommoder sa Philosophie aux
principes ;

principes; & encore, devoit-il les prouver au moins plus raisonnables que ceux
des autres Sectes dont vous nous avez
parlé; c'est pourquoy le bon Seigneur ne
trouvera pas mauvais si nous luy baisons
les mains. Enfin comme ils virent que je
ne leur clabaudois autre chose, sinon qu'ils
n'étoient pas plus sçavans qu'Aristote, &
qu'on m'avoit défendu de disputer contre
ceux qui nioient les principes; ils conclu-
rent tous d'une commune voix, que je
n'étois pas un homme, mais possible quelque espece d'autruche, vû que je portois
comme elle la tête droite, que je marchois
sur deux pieds; & qu'enfin, hormis un
peu de duvet, je luy étois tout semblable;
si bien qu'on ordonna à l'Oiseleur de me
reporter en cage. J'y passois mon temps
avec assez de plaisir, car à cause de leur
Langue, que je possedois correctement,
toute la Cour se divertissoit à me faire ja-
ser. Les Filles de la Reine entr'autres,
fouroient toujours quelque bribe dans
mon panier; & la plus gentille de toutes
ayant conçu quelque amitié pour moy,
elle étoit si transportée de joye, lors qu'é-
tant en secret, je l'entretenois des mœurs
& des divertissemens de gens de notre
Monde, & principalement de nos cloches, & de nos autres instrumens de musique, qu'elle me protestoit les larmes aux
yeux, que si jamais je me trouvois en état
de revoler en notre Monde, elle me suivroit de bon cœur.

Un jour de grand matin, m'étant éveillé

en surfaut, je la vis qui tambourinoit
contre les bâtons de ma cage : Réjoüissez-
vous, me dit-elle ; hier dans le Conseil
on conclud la guerre contre le Roy.
J'espere parmi l'embarras
des preparatifs, pendant
que notre Monarque & ses sujets seront
éloignez, faire naître l'occasion de vous
sauver. Comment la guerre, l'interrompis-je ? Arrive-t-il des querelles entre
les Princes de ce Monde-ci, comme entre ceux du nôtre ? Hé je vous prie, par-
lez-moy de leur façon de combattre.

Quand les Arbitres, reprit-elle, élûs
au gré des deux Partis, ont designé le
temps accordé pour l'armement, celuy
de la marche, le nombre des combattans,
le jour & le lieu de la bataille, & tout
cela avec tant d'égalité, qu'il n'y a pas
dans une armée un seul homme plus que
dans l'autre ; les soldats estropiez d'un
côté sont tous enrollez dans une compagnie : & lors qu'on en vient aux mains,
les Maréchaux de Camp ont soin de les
exposer aux estropiez : de l'autre côté,
les Geans ont en tête les Colosses ; les es-
crimeurs, les adroits ; les vaillans, les
courageux ; les debiles, les foibles ; les
indisposez, les malades ; les robustes, les
forts ; & si quelqu'un entreprenoit de
frapper un autre que son ennemi designé,
à moins qu'il pût justifier que c'étoit par
méprise, il seroit condamné comme un
coüard. Aprés la bataille donnée, on
compte les blessez, les morts, les pri-

fonniers ; car pour les fuyards il ne s'en
trouve point ; fi les pertes fe trouvent
égales de part & d'autre , ils tirent à la
courte paille à qui fe proclamera victo-
rieux.

Mais encore qu'un Royaume eût dé-
fait fon ennemi de bonne guerre, ce n'eft
prefque rien avancé , car il y a d'autres
armées peu nombreufes de Sçavans &
d'hommes d'efprit , des difputes defquelles dépend entierement le triomphe
ou la fervitude d'un Etat.

Un Sçavant eft oppofé à un autre Sçavant , un efprité à un autre efprité, & un
judicieux à un autre judicieux : au refte
le triomphe que remporte un Etat en cette façon , eft compté pour trois victoires
à force ouverte. Après la proclamation de
la victoire , on rompt l'affemblée, & le
Peuple vainqueur choifit , pour être fon
Roy, ou celuy des ennemis , ou le
fien.

Je ne pûs m'empêcher de rire de cette
façon fcrupuleufe de donner des batailles;
& j'alleguois pour exemple d'une bien
plus forte Politique, les coûtumes de notre Europe, où le Monarque n'avoit garde
d'obmettre aucun de fes avantages pour
vaincre; & voici comme elle me parla.

Apprenez-moy, me dit-elle, fi vos Princes ne pretextent pas leurs armemens du
droit. Si font-ils, luy repliquay-je, & de
la juftice de leur caufe. Pourquoy donc ,
continua-t-elle , ne choififfent-ils des Arbitres non fufpects pour être accordez ?

& s'il fe trouve qu'ils ayent autant de
droit l'un que l'autre, qu'ils demeurent
comme ils étoient, ou qu'ils joüent en un
coup de piquet la Ville ou la Province
dont ils font en difpute.

Mais vous, luy repartis-je, pourquoy
toutes ces circonftances en votre façon de
combattre ? Ne fuffit-il pas que les armées
foient en pareil nombre d'hommes ? Vous
n'avez gueres de jugement, me répondit-
elle. Croiriez-vous, par votre foy, ayant
vaincu fur le pré votre ennemi feul à feul,
l'avoir vaincu de bonne guerre, fi vous
étiez maillé, & lui non; s'il n'avoit qu'un
poignard, & vous une eftocade; enfin s'il
étoit manchot, & que vous euffiez deux
bras ? Cependant avec toute l'égalité que
vous recommandez tant à vos gladiateurs,
ils ne fe battent jamais pareils; car l'un
fera de grande, l'autre de petite taille : l'un
fera adroit, l'autre n'aura jamais manié
d'epée : l'un fera robufte, l'autre foible :
& quand même ces difproportions feroient égales, qu'ils feroient auffi adroits
& auffi forts l'un que l'autre, encore ne
feroient-ils pas pareils, car l'un des deux
aura peut-être plus de courage que l'autre; & fous ombre que cet emporté ne
confiderera pas le peril, qu'il fera bilieux,
qu'il aura plus de fang, qu'il aura le cœur
plus ferré, avec toutes ces qualitez qui
font le courage; comme fi ce n'étoit pas,
auffi-bien qu'une épée, une arme que fon
ennemi n'a point, il s'ingerera de fe ruer
éperduement fur luy, de l'effrayer, & d'ô-

ter la vie à ce pauvre homme qui prévoit
le danger, dont la chaleur est étouffée dans
la pituite, & duquel le cœur est trop vaste
pour unir les esprits necessaires à dissiper
cette glace, qu'on appelle poltronnerie.
Ainsi vous loüez cet homme, d'avoir tué
son ennemi avec avantage ; & le loüant
de hardiesse, vous le loüez d'un peché
contre nature, puis que sa hardiesse tend
à la destruction. Et à propos de cela, je
vous dirai qu'il y a quelques années qu'on
fit une Remontrance au Conseil de guerre, pour apporter un Reglement plus cir-
conspect & plus conscientieux dans les
combats. Et le Philosophe qui donnoit
l'avis, parla ainsi.

Vous vous imaginez, Messieurs, avoir
bien égalé les avantages de deux ennemis,
quand vous les avez choisis tous deux
grands, tous deux adroits, tous deux
pleins de courage : mais ce n'est pas encore assez, puis qu'il faut qu'enfin le
vainqueur surmonte par adresse, par force, & par fortune. Si ç'a été par adresse,
il a frappé sans doute son Adversaire par
un endroit où il ne s'attendoit pas, ou
plus vîte qu'il n'étoit vrai-semblable ; ou
feignant de l'attraper d'un côté, il l'a as-
sailli de l'autre : cependant tout cela c'est
raffiner, c'est tromper, c'est trahir ; & la
tromperie & la trahison, ne doivent pas
faire l'estime d'un veritable genereux. S'il
a triomphé par force, estimerez-vous son
ennemi vaincu, puis qu'il a été violenté ?
Non sans doute ; non plus que vous ne

diriez pas qu'un homme ait perdu la victoire, encore qu'il foit accablé de la chute
d'une montagne ; parce qu'il n'a pas été
en puiffance de la gagner. Tout de même,
celui-là n'a point été furmonté, à caufe
qu'il a terraffé fon ennemi, c'eft la Fortune qu'on doit couronner, il n'y a rien con-
tribué ; & enfin le vaincu n'eft non plus
blâmable que le joüeur de dez, qui, fur
dix-fept points, en voit faire dix-huit.

On luy confeffa qu'il avoit raifon, mais
qu'il étoit impoffible, felon les apparences humaines, d'y mettre ordre, & qu'il
valoit mieux fubir un petit inconvenient,
que de s'abandonner à cent autres de plus
grande importance.

Elle ne m'entretint pas cette fois davantage, parce qu'elle craignoit d'être
trouvée feule avec moy fi matin. Ce n'eft
pas qu'en ce Pays-là l'impudicité foit un
crime : au contraire, hors les coupables
convaincus, tout homme a pouvoir fur
toute femme ; & une femme, tout de même, pourroit appeller un homme en Juftice, qui l'auroit refufée : mais elle ne
m'ofoit pas frequenter publiquement, à
caufe que les gens du Confel avoient dit
dans la derniere affemblée, que c'étoit
les femmes principalement qui publioient
que j'étois homme, afin de couvrir, fous
ce prétexte, le defir qui les brûloit de fe
mêler aux bêtes, & de commettre avec
moy fans vergogne des pechez contre nature : cela fut caufe que je demeuray
long-temps fans la voir, ni pas ufé du
fexe.

Cependant il falloit bien que quelqu'un eût réchauffé les querelles de la définition de mon être : car comme je ne fongeois plus qu'à mourir en ma cage, on me vint querir encore une fois pour me donner audience. Je fus donc interrogé en prefence d'un grand nombre de Courtifans, fur quelque point de Phyfique ; & mes réponfes, à ce que je croy, fatisfirent aucunement : car celuy qui prefidoit, m'expofa fort au long fes opinions fur la ftruc-ture du Monde ; elles me femblerent ingenieufes, & fans qu'il paffa jufqu'à fon origine, qu'il foutenoit éternelle, j'euffe trouvé fa Philofophie beaucoup plus raifonnable que la nôtre : mais fi-tôt que je l'entendis foutenir une rêverie fi contraire à ce que la foy nous apprend, je brifay avec luy, dont il ne fit que rire ; ce qui m'obligea de luy dire, que puis qu'ils en venoient là, je recommençois à croire que leur Monde n'étoit qu'une Lune. Mais, me dirent-ils tous, vous y voyez de la terre, des rivieres, des mers ; que feroit-ce donc tout cela ? N'importe, repartis-je, Ariftote affûre que ne n'eft que la Lune ; & fi vous aviez dit le contraire dans les Claffes où j'ay fait mes études, on vous auroit fifflé. Il fe fit fur cela un grand éclat de rire ; il ne faut pas demander fi ce fut de leur ignorance ; mais cependant on me conduifit dans ma cage.

Mais d'autres Sçavans plus emportez que les premiers, avertis que j'avois ofé dire que la Lune d'où je venois étoit un

Monde, & que leur Monde n'étoit qu'une Lune, crurent que cela leur fournissoit un prétexte assez juste pour me faire condamner à l'eau : c'est la façon d'exterminer les Impies. Pour cet effet, ils furent en corps faire leur plainte au Roy, qui leur promit justice, & ordonna que je serois remis sur la sellette.

Me voilà donc décagé pour la troisiéme fois ; & lors le plus ancien prit la parole, & plaida contre moy. Je ne me souviens pas de sa harangue, à cause que j'étois trop épouvanté, pour recevoir les especes de sa voix sans desordre, & parce aussi qu'il s'étoit servi, pour déclamer, d'un instrument dont le bruit m'étourdissoit ; c'étoit une trompette qu'il avoit tout exprés choisie, afin que la violence de ce son martial échauffât leurs esprits à ma mort, & afin d'empêcher par cette émotion que le raisonnement ne pût faire son office, comme il arrive dans nos armées, où le tintamarre des trompettes & des tambours empêche le soldat de reflechir sur l'importance de sa vie. Quand il eut dit, je me levay pour défendre ma cause, mais j'en fus délivré par une avanture qui vous va surprendre. Comme j'avois la bouche ouverte, un homme qui avoit eu grande difficulté à traverser la foule, vint cheoir aux pieds du Roy, & se traîna longtemps sur le dos en sa presence. Cette façon de faire ne me surprit pas, car je sçavois que c'étoit la posture où ils se mettoient quand ils vouloient discourir

en

en public. Je rengainay seulement ma
harangue, & voici celle que nous eûmes
de luy.

Justes, écoutez-moy. Vous ne sçauriez
condamner cet homme, ce singe, ou ce
perroquet, pour avoir dit que la Lune est
un Monde d'où il venoit; car s'il est homme, quand même il ne seroit pas venu de
la Lune, puis que tout homme est libre,
ne luy est-il pas libre aussi de s'imaginer
ce qu'il voudra? Quoy, pouvez-vous le
contraindre à n'avoir pas vos visions?
Vous le forcerez bien à dire que la Lune
n'est pas un Monde, mais il ne le croira
pas pourtant; car pour croire quelque
chose, il faut qu'il se presente à son imagination certaines possibilitez plus grandes au oui qu'au non : à moins que vous
ne luy fournissiez ce vrai-semblable, ou
qu'il ne vienne de soy-même s'offrir à
son esprit, il vous dira bien qu'il croit,
mais il ne croira pas pour cela.

J'ay maintenant à vous prouver qu'il
ne doit pas être condamné, si vous le
posez dans la cathegorie des bêtes.

Car supposé qu'il soit animal sans raison, en auriez-vous vous-même de l'ac-
cuser d'avoir peché contre elle? Il a dit
que la Lune étoit un Monde. Or les bêtes
n'agissent que par instinct de Nature :
donc c'est la Nature qui le dit, & non
pas luy. De croire que cette sçavante
Nature, qui a fait le Monde & la Lune,
ne sçache ce que c'est elle-même, & que
vous autres qui n'avez de connoissance

que ce que vous en tenez d'elle, le sçachiez plus certainement, cela seroit bien
ridicule : mais quand même la passion
vous feroit renoncer à vos principes, &
que vous supposeriez que la Nature ne
guidât pas les bêtes, rougissez à tout le
moins des inquiétudes que vous causent
les caprices d'une bête. En verité, Messieurs, si vous rencontriez un homme
d'âge meur, qui veillât à la police d'une
fourmiliere, pour tantôt donner un souf-
flet à la fourmy qui auroit fait cheoir sa
compagne, tantôt en emprisonner une
qui auroit dérobé à sa voisine un grain de
bled, tantôt mettre en justice une autre
qui auroit abandonné ses œufs, ne l'esti-
meriez-vous pas insensé, de vaquer à des
choses trop au dessous de luy, & de pré-
tendre assujettir à la raison des animaux
qui n'en ont pas l'usage? Comment donc,
venerable assemblée, défendrez-vous l'interest que vous prenez aux caprices de ce
petit animal? Justes, j'ay dit.

Dés qu'il eût achevée, une sorte de musique d'applaudissèmens fit retentir toute
la salle ; & aprés que toutes les opinions
eurent été debattuës un gros quart-d'heure, le Roy prononça :

Que dorênavant je serois censé homme;
comme tel, mis en liberté ; & que la punition d'être noyé, seroit modifiée en une
amende honteuse, car il n'en est point en
ce Pays-là d'honorable ; dans laquelle
amende je me dédirois publiquement,
d'avoir soutenu que la Lune étoit un

Monde, à caufe du fcandale que la nouveauté de cette opinion auroit pû apporter dans l'ame des foibles.

Cet Arreſt prononcé, on m'enleve hors
du Palais, on m'habille par ignominie
fort magnifiquement, on me porte ſur la
tribune d'un magnifique chariot ; & traîné que je fus par quatre Princes qu'on
avoit attachez au joug, voici ce qu'ils
m'obligerent de prononcer aux carre-
fours de la Ville.

Peuple, je vous declare que cette Lu-
ne-cy n'eſt pas une Lune, mais un Monde;
& que ce Monde de là-bas n'eſt pas un
Monde, mais une Lune. Tel eſt ce que
le Conſeil trouve bon que vous croyiez.

Après que j'eus crié la même choſe aux
cinq grandes places de la Cité, j'apperçus
mon Avocat qui me tendoit la main pour
m'aider à deſcendre. Je fus bien étonné de
reconnoître, quand je l'eus enviſagé, que
c'étoit mon Démon. Nous fûmes une
heure à nous embraſſer. Venez-vous-en
chez moy, me dit-il ; car de retourner en
Cour après une amende honteuſe, vous
n'y ſeriez pas vû de bon œil. Au reſte, il
faut que je vous diſe que vous ſeriez encore parmi les ſinges, auſſi-bien que l'Eſ-
pagnol votre compagnon, ſi je n'euſſe publié dans les compagnies, la vigueur & la
force de votre eſprit, & brigué contre
vos ennemis en votre faveur la protection
des Grands. La fin de mes remercimens
nous vit entrer chez luy ; il m'entretint
juſques au repas, des reſſorts qu'il avoit

fait joüer pour obliger mes ennemis, malgré tous les plus specieux scrupules dont ils avoient embaboüiné le peuple, à se déporter d'une poursuite si injuste. Mais comme on nous eut avertis qu'on avoit servi, il me dit qu'il avoit, pour me tenir compagnie ce soir-là, prié deux Professeurs d'Academie de cette Ville, de venir manger avec nous. Je les feray tomber, ajoûta-t-il, sur la Philosophie qu'ils enseignent en ce Monde-ci, & par même moyen vous verrez le fils de mon hoste. C'est un jeune homme autant plein d'esprit que j'en aye jamais rencontré; ce seroit un second Socrate, s'il pouvoit regler ses lumieres, & ne point étouffer dans le vice les graces dontDieu continuellement le visite, & ne plus affecter le libertinage comme il fait, par une chimerique ostentation & une affectation de s'acquerir la reputation d'homme d'esprit. Je me suis logé ceans, pour épier les occasions de l'instruire. Il se tut, comme pour me laisser à mon tour la liberté de discourir; puis il fit signe qu'on me dévêtît des honteux ornemens dont j'étois encore tout brillant.

Les deux Professeurs que nous attendions, entrerent presque aussi - tôt, & nous allâmes nous mettre à table, où elle étoit dressée, & où nous trouvâmes le jeune garçon dont il m'avoit parlé, qui mangeoit déja : ils luy firent grande saluade, & le traiterent d'un respect aussi profond que d'esclave à Seigneur. J'en

demanday la caufe à mon Démon, qui
me répondit que c'etoit à caufe de fon
âge, parce qu'en ce Monde-là les vieux
rendoient toute forte de refpect & de dé-
ference aux jeunes : bien plus, que les
peres obéïffent à leurs enfans, auffi-tôt
que par l'avis du Senat des Philofophes,
ils avoient atteint l'âge de raifon. Vous
vous étonnez, continua-t-il, d'une coûtume fi contraire à celle de votre Pays ;
mais elle ne repugne point à la droite
raifon. Car, en confcience, dites-moy,
quand un homme jeune & chaud eft en
force d'imaginer, de juger & d'executer,
n'eft-il pas plus capable de gouverner
une famille, qu'un infirme fexagenaire,
pauvre hebêté, dont la neige de foixante
hyvers a glacé l'imagination ; qui ne fe
conduit que par ce que vous appellez experience des heureux fuccés, qui ne font
cependant que de fimples effets du hazard contre toutes les régles de l'œconomie de la prudence humaine ? Pour du
jugement, il en a auffi peu, quoy que le
vulgaire de votre Monde en faffe un ap-
panage de la vieilleffe : mais, pour le dé-
fabufer, il faut qu'il fçache que ce qu'on
appelle prudence en un vieillard, n'eft
autre chofe qu'une apprehenfion panique,
une peur enragée de rien entreprendre, qui
l'obfede : ainfi quand il n'a pas rifqué un
danger où un jeune homme s'eft perdu ;
ce n'eft pas qu'il en préjugeât la cataftrophe, mais il n'avoit pas affez de feu pour
allumer ces nobles élans qui nous font

oſer : au lieu que l'audace en ce jeune
homme, étoit comme un gage de la reuſ-
ſite de ſon deſſein, parce que cette ardeur
qui fait la promptitude & la facilité d'u-
ne execution, étoit celle qui le pouſſoit à
l'entreprendre. Pour ce qui eſt d'executer,
je ferois tort à votre eſprit de m'efforcer
à l'en convaincre par des preuves. Vous
ſçavez que la jeuneſſe ſeule eſt propre à
l'action ; & ſi vous n'en étiez pas tout à
fait perſuadé, dites-moy, je vous prie,
quand vous reſpectez un homme courageux, n'eſt-ce pas à cauſe qu'il vous peut
vanger de vos ennemis, ou de vos op-
preſſeurs ? & eſt-ce par autre conſidera-
tion, ou par pure habitude, que vous le
conſiderez, lors qu'un bataillon de ſoixante & dix Janviers a gelé ſon ſang, &
tué de froid tous les nobles entouſiaſmes,
dont les jeunes perſonnes ſont échauffées?
Lors que vous déferez au plus fort, n'eſt-
ce pas afin qu'il vous ſoit obligé d'une
victoire que vous ne luy ſçauriez diſpu-
ter? Pourquoy donc vous ſoumettre à lui,
quand la pareſſe a fondu ſes muſcles, de-
bilité ſes artéres, évaporé ſes eſprits, &
ſucé la moëlle de ſes os ? Si vous adoriez
une femme, n'étoit-ce pas à cauſe de ſa
beauté ? Pourquoy donc continuer vos
genuflexions, aprés que la vieilleſſe en a
fait un fantôme, qui ne repreſente plus
qu'une hideuſe image de la mort ? Enfin
lors que vous aimiez un homme ſpirituel,
c'étoit à cauſe que par la vivacité de ſon
genie il penetroit une affaire mêlée, & la

débroüilloit, qu'il défrayoit par son bien-
dire l'assemblée du plus haut carat ; qu'il
digeroit les sciences d'une seule pensée :
& cependant vous lui continuez vos honneurs, quand ses organes usez rendent sa
tête imbecile, pesante, & importune aux
compagnies, & lors qu'il ressemble plûtôt à la figure d'un Dieu Foyer, qu'à un
homme de raison. Concluez donc par-là,
mon fils, qu'il vaut mieux que les jeunes
gens soient pourvus du gouvernement des
familles, que les vieillards. D'autant plus
même que, selon vos maximes, Hercule,
Achille, Epaminondas, Alexandre, & Cesar, qui sont presque tous morts au deçà
de quarante ans, n'auroient merité aucuns
honneurs, parce qu'à votre compte ils auroient été trop jeunes, bien que leur seule
jeunesse fût la cause de leurs belles actions,
qu'un âge plus avancé eût renduës sans
effet, parce qu'il eût manqué de l'ardeur
& de la promptitude qui leur ont donné
ces grands succès. Mais, direz-vous, toutes les Loix de notre Monde font retentir
avec soin ce respect qu'on doit aux vieillards. Il est vray ; mais aussi tous ceux qui
ont introduit des Loix, ont été des vieillards, qui craignoient que les jeunes ne
ne les dépossedassent justement de l'auto-
torité qu'ils avoient extorquée..... Vous
ne tenez de votre Architecte mortel que
votre corps seulement ; votre ame vient
des Cieux ; il n'a tenu qu'au hazard que
votre pere n'ait été votre fils, comme vous
êtes le sien. Sçavez-vous même s'il ne

G 4

vous a point empêché d'heriter d'un Dia-
dême ? Votre esprit peut-être étoit parti
du Ciel à dessein d'animer le Roi des Romains au ventre de l'Imperatrice ; en chemin par hazard il rencontra votre embrion, & peut-être que pour abreger sa
course il s'y logea. Non, non, Dieu ne
vous eût point rayé du calcul qu'il avoit
des hommes, quand votre pere fut mort
petit garçon. Mais qui sçait si vous ne seriez point aujourd'hui l'ouvrage de quelque vaillant Capitaine, qui vous auroit
associé à sa gloire comme à ses biens. Ainsi
peut-être vous n'êtes non plus redevable
à votre Pere, de la vie qu'il vous a donnée, que vous le feriez au Pirate qui vous
auroit mis à la chaîne, parce qu'il vous
nourriroit. Et je veux même qu'il vous
eût engendré Prince, qu'il vous eût engendré Roi : un present perd son merite,
lorsqu'il est fait sans le choix de celui qui
le reçoit. On donna la mort à Cesar, on
la donna à Cassius : cependant Cassius en
est obligé à l'esclave dont il l'impetra, &
non pas Cesar à des meurtriers, parce
qu'ils le forcerent de la prendre. Votre
pere consulta-t-il votre volonté, lorsqu'il
embrassa votre mere ? vous demanda-t-il
si vous trouviez bon de voir ce siecle-là,
ou d'en attendre un autre ? si vous vous
contenteriez d'être fils d'un sot, ou si vous
auriez l'ambition de sortir d'un brave
homme ? Helas ! vous que l'affaire concernoit tout seul, vous étiez le seul dont
on ne prenoit point l'avis. Peut-être qu'-

alors , fi vous euffiez été enfermé autre-
part que dans la matrice des idées de la
Nature, & que votre naiffance eût été à
votre opinion, vous auriez dit à la Parque : Ma chere Demoifelle , prens le fu-
feau d'un autre: il y a fort long-temps que
je fuis dans le rien, & j'aime encore mieux
demeurer cent ans à n'être pas , que d'être
aujourd'huy, pour m'en repentir demain :
cependant il vous fallut paffer par-là ;
vous eûtes beau piailler pour retourner à
la longue & noire maifon dont on vous
arrachoit, on faifoit femblant de croire
que vous demandiez à têter.

Voila, ô mon fils, les raifons à peu prés,
qui font caufe du refpect que les peres
portent à leurs enfans. Je fçai bien que
j'ai panché du côté des enfans plus que la
juftice ne le demande, & que j'ai en leur
faveur un peu parlé contre ma confcience : mais voulant corriger cet orgueil dont
certains peres bravent la foibleffe de leurs
petits, j'ai été obligé de faire comme
ceux qui pour redreffer un arbre tortu,
le tirent de l'autre côté , afin qu'il rede-
vienne également droit entre les deux
contorfions : ainfi j'ai fait reftituer aux
peres ce qu'ils ôtent à leurs enfans , leur
en ôtant beaucoup qui leur appartenoit,
afin qu'une autre fois ils fe contentaffent
du leur. Je fçay bien encore , que j'ay
choqué par cette apologie tous les vieillards : mais qu'ils fe fouviennent qu'ils
ont été enfans avant que d'être peres , &
qu'il eft impoffible que je n'aye parlé fort

à leur avantage, puisqu'ils n'ont pas été trouvez fous une pomme de choux. Mais enfin, quoi qu'il en puiffe arriver, quand mes ennemis fe mettroient en bataille contre mes amis, je n'aurai que du bon, car j'ai fervi tous les hommes, & je n'en ai deffervi que la moitié.

A ces mots il fe tût, & le fils de notre Hôte prit ainfi la parole. Promettez-moi, lui dit-il, puifque je fuis informé par vo-tre foin de l'Origine, de l'Hiftoire, des Coûtumes, & de la Philofophie du Monde de ce petit homme, que j'ajoûte quelque chofe à ce que vous avez dit, & que je prouve que les enfans ne font point obli-gez à leurs peres de leur generation, par-ce que leurs peres étoient obligez en conf-cience de les engendrer.

La Philofophie de leur Monde la plus étroite, conffe qu'il eft plus avantageux de mourir, à caufe que pour mourir il faut avoir vécu, que de n'être point. Or puifqu'en ne donnant pas l'être a ce rien, je le mets en un état pire que la mort, je fuis plus coupable de ne le pas produire, que de le tuer. Tu croirois cependant, ô mon petit homme, avoir fait un parrici-de indigne de pardon, fi tu avois égorgé ton fils. Il feroit énorme à la verité, mais il eft bien plus execrable de ne pas donner l'être à qui le peut recevoir : car cet enfant à qui tu ôtes la lumiere pour toujours, eût eu la fatisfaction d'en joüir quelque temps. Encore nous fçavons qu'il n'en eft privé que pour quelque fiecle ; mais ces

pauvres quarante petits riens, dont tu
pouvois faire quarante bons Soldats à ton
Roy, tu les empêches malicieusement de
venir au jour, & les laisses corrompre
dans les reins, au hazard d'une apoplexie
qui t'étouffera....

Cette réponse ne satisfit pas, à ce que je
crois, le petit hôte, car il en hocha trois
ou quatre fois la tête: mais notre commun
Precepteur se tût, parce que le repas étoit
en impatience de s'envoler.

Nous nous étendîmes donc sur des matelas fort molets, couverts de grands tapis; & un jeune serviteur ayant pris le
plus vieil de nos Philosophes, le conduifit dans une petite salle separée, d'où mon
Démon lui cria de nous venir retrouver
si-tôt qu'il auroit mangé.

Cette fantaisie de manger à part, me
donna la curiosité d'en demander la cause. Il ne goûte point, me dit-il, d'odeur
de viande, ni même des herbes, si elles
ne sont mortes d'elles-mêmes, à cause
qu'il les pense capables de douleur. Je ne
m'étonne pas tant, repliquai-je, qu'il
s'abstienne de la chair, & de toutes choses qui ont eu vie sensitive; car en notre
Monde les Pytagoriciens, & même quelques saints Anacorettes, ont usé de ce regime; mais de n'oser, par exemple, couper
un chou, de peur de le blesser, cela me
semble tout à fait ridicule. Et moy, répondit mon Démon, je trouve beaucoup
d'apparence en son opinion.

Car, dites-moi, ce chou dont vous par-

lez, n'est-il pas, comme vous, un être exi-
stant de la Nature ? Ne l'avez-vous pas
tous deux pour mere également ? Encore
semble-t-il qu'elle ait pourvû plus necessairement à celle du vegetant que du
raisonnable, puisqu'elle a remis la generation d'un homme aux caprices de son
pere, qui peut selon son plaisir l'engendrer ou ne l'engendrer pas : rigueur dont
cependant elle n'a pas voulu traiter avec
le chou : car au lieu de remettre à la discretion du pere de germer le fils ; comme
si elle eût apprehendé davantage que la
race du chou perît, que celle des hommes, elle les contraint bongré malgré de
se donner l'être les uns aux autres, & non
pas ainsi que les hommes, qui ne les
engendrent que selon leurs caprices, &
qui en leur vie n'en peuvent engendrer
au plus qu'une vingtaine ; au lieu que les
chous en peuvent produire quatre cent
mille par tête. De dire que la Nature a
pourtant plus aimé l'homme que le chou,
c'est que nous nous chatoüillons pour
nous faire rire. Etant incapable de passion, elle ne sçauroit ni haïr, ni aimer
personne ; & si elle étoit susceptible d'a-
mour, elle auroit plûtôt des tendresses
pour ce chou que vous tenez, qui ne
sçauroit l'offenser, que pour cet homme
qui voudroit la détruire s'il le pouvoit.
Ajoûtez à cela, que l'homme ne sçauroit
naître sans crime, étant une partie du
premier criminel : mais nous sçavons fort
bien que le premier chou n'offensa pas

son Createur. Si on dit que nous sommes faits à l'image du premier Etre,
& non pas le chou ; quand il seroit vray,
nous avons, en souillant notre ame par
où nous luy ressemblons, effacé cette
ressemblance, puisqu'il n'y a rien de plus
contraire à Dieu, que le peché. Si donc
notre ame n'est plus son portrait, nous
ne luy ressemblons pas plus par les pieds,
par les mains, par la bouche, par le front,
& par les oreilles, que le chou par ses
feüilles, par ses fleurs, par sa tige, par
son trognon, & par sa tête. Ne croyez-
vous pas en verité, si cette pauvre plante
pouvoit parler quand on la couppe, qu'-
elle ne dît : Homme, mon cher frere,
que t'ay-je fait qui merite la mort ? Je
ne crois que dans les jardins, & l'on ne
me trouve jamais en lieu sauvage, où
je vivrois en sureté : je dédaigne toutes
les autres societez, horsmis la tienne ;
& à peine suis-je semé dans ton jardin,
que pour te témoigner ma complaisance, je m'épanoüis, je te tends les bras,
je t'offre mes enfans en graine, & pour
récompense de ma courtoisie, tu me
fais trancher la tête. Voila le discours
que tiendroit ce chou, s'il pouvoit s'exprimer. Hé quoy ? à cause qu'il ne sçauroit se plaindre, est-ce à dire que nous
pouvons justement luy faire tout le mal
qu'il ne sçauroit empêcher ? Si je trouve
un miserable lié, puis-je sans crime le
tuer, à cause qu'il ne peut se défendre ?
Au contraire, sa foiblesse agraveroit ma

cruauté : car bien que cette miſerable
creature ſoit pauvre, & dénuée de tous
nos avantages, elle ne merite pas la mort.
Quoy ? de tous les biens de l'être, elle
n'a que celuy de rejetter, & nous le luy
arrachons ? Le peché de maſſacrer un
homme n'eſt pas ſi grand, parce qu'un
jour il revivra, que de couper un chou
& luy ôter la vie, à luy qui n'en a point
d'autre à eſperer. Vous aneantiſſez le
chou en le faiſant mourir : mais en tuant
un homme, vous ne faites que changer
ſon domicile. Et je dis, bien plus, puiſque Dieu cherit également ſes ouvrages,
& qu'il a partagé ſes bienfaits également
entre nous & les plantes, qu'il eſt tres-
juſte de les conſiderer également comme
nous. Il eſt vray que nous naquîmes les
premiers ; mais dans la famille de Dieu,
il n'y a point de droit d'aîneſſe. Si donc
les chous n'eurent point de part avec
nous au fief de l'immortalité, ils furent
ſans doute avantagez de quelque autre,
qui par ſa grandeur recompenſa ſa brieveté. C'eſt peut-être un intellect univerſel, une connoiſſance parfaite de toutes
les choſes dans leurs cauſes ; & c'eſt auſſi
pour cela que ce ſage Moteur ne leur a
point taillé d'organes ſemblables aux nôtres, qui n'ont qu'un ſimple raiſonnement foible, & ſouvent trompeur ; mais
d'autres plus ingenieuſement travaillez,
plus forts, & plus nombreux, qui ſervent à l'operation de leurs ſpeculatifs entretiens. Vous me demanderez peut-être

ce qu'ils nous ont jamais communiqué
de ces grandes pensées. Mais , dites-moy,
que nous ont jamais enseigné certains
étres que nous admettons au deflus de
nous , avec lesquels nous n'avons aucun
rapport ni proportion, & dont nous com-
prenons l'exiftence aufli difficilement que
l'intelligence & les façons avec lesquelles un chou elt capable de s'exprimer à
fes femblables , & non pas à nous , à caufe
que nos fens font trop foibles pour penetrer jufques-là.

Moïfe , le plus grand de tous les Philofophes , & qui puifoit la connoiffance
de la Nature dans la fource de la Nature
même , fignifioit cette verité , lorfqu'il
parloit de l'arbre de fcience ; & il vouloit
fans doute nous enfeigner fous cette énig-
me , que les plantes poffèdent privative-
ment à nous la Philofophie parfaite. Sou-
venez-vous donc , ô de tous les animaux
le plus fuperbe , qu'encore qu'un chou
que vous coupez ne dife mot , il n'en
penfe pas moins : mais le pauvre vegetant n'a pas des organes propres à hurler
comme vous, il n'en a pas pour fretiller ni
pour pleurer; il en a toutefois par lefquels
il fe plaint du tort que vous luy faites , &
par lefquels il attire fur vous la vengeance
du Ciel. Que fi enfin vous infiltez à me
demander comment je fçai que les chous
ont ces belles pensées , je vous demande
comme vous fçavezqu'ils ne les ont point,
& que tel d'entre eux , à votre imitation,
ne dife pas le foit en s'enfermant : Je fuis ,

Monſieur le Chou friſé, votre tres-hum-
ble ſerviteur, Chou cabus.

Il en étoit là de ſon diſcours, quand ce
jeune garçon qui avoit emmené notre
Philoſophe, le ramena. Hé quoi, déja
dîné, luy cria mon Démon? Il repondit
qu'ouy, à l'iſſuë prés, d'autant que le Phi-
ſionome luy avoit permis de tâter de la
nôtre. Le jeune hôte n'attendit pas que je
lui demandaſſe l'explication de ce myſte-
re. Je voi bien, dit-il, que cette façon de
vivre vous étonne. Sçachez donc, quoy
qu'en votre Monde on gouverne la ſanté
plus negligemment, que le regime de celui-ci n'eſt pas à mépriſer.

Dans toutes les maiſons il y a un Phi-
ſionome entretenu du public, qui eſt à
peu prés ce qu'on appelleroit chez vous
un Medecin, horſmis qu'il n'y gouverne
que les ſains, & qu'il ne juge des diver-
ſes façons dont il nous fait traiter, que
par la proportion, figure & ſymetrie de
nos membres, par les lineamens du viſage, le coloris de la chair, la delicateſſe du
cuir, l'agilité de la maſſe, le ſon de la
voix, la teinture, la force & la dureté
du poil. N'avez-vous pas tantôt pris garde à un homme de taille aſſez courte, qui
vous a conſideré? C'étoit le Philoſophe de
ceans : aſſurez-vous que ſelon qu'il a reconnu votre complexion, il a diverſifié
l'exhalaiſon de votre dîné : regardez combien le matelas où l'on vous a fait coucher, eſt éloigné de nos lits; ſans doute
qu'il vous a jugé d'un temperament bien
éloigné

éloigné du nôtre, puisqu'il a craint que
l'odeur qui s'évapore de ces petits robi-
nets fous notre nez, ne s'épandît jufqu'à
vous, ou que la vôtre ne fumât jufqu'à
nous. Vous le verrez ce foir, qui choifira
les fleurs pour votre lit, avec la même cir-
confpection.

Pendant tout ce difcours je faifois figne
à mon hôte, qu'il tâchât d'obliger les
Philofophes à tomber fur quelque chapitre de la fcience qu'ils profefloient. Il
m'étoit trop ami, pour n'en pas faire naître auffi-tôt l'occafion. C'eft pourquoy
je ne vous dirai point ni les difcours ni
les prieres qui firent l'ambaffade de ce
traitté; auffi-bien la nuance du ridicule
au ferieux fut trop imperceptible, pour
pouvoir être imitée. Tant y a, Lecteur,
que le dernier venu de ces Docteurs,
après plufieurs autres chofes, continua
ainfi :

Il me refte à prouver qu'il y a des Mondes infinis dans un Monde infini Re-
prefentez-vous donc l'Univers, comme
un grand animal; que les étoiles qui font
des Mondes, font dans ce grand animal
comme d'autres grans animaux qui fervent reciproquement de Mondes à d'autres peuples tels que nous, nos chevaux,
&c. & que nous, à notre tour, fommes
auffi des Mondes à l'égard de cert.ns a-
nimaux encore plus petits fans comparaifon, que nous : comme font certains
vers, des poux, des cirons : que ceux-
cy font la terre, d'autres plus impercep-

tibles : qu'ainſi , de même que nous pa-
roiſſons chacun en particulier un grand
Monde à ce petit peuple, peut-être que
notre chair, notre ſang, nos eſprits, ne
ſont autre choſe qu'une tiſſure de petits
animaux qui s'entretiennent , nous prê-
tent mouvement par le leur , & ſe laiſſent
aveuglément conduire à notre volonté,
qui leur ſert de cocher , nous conduiſent
nous-mêmes , & produiſent tout enſemble cette action que nous appellons la
vie. Car, dites-moy, je vous prie , eſt-
il mal-aiſé à croire qu'un poux pren-
ne votre corps pour un Monde , & que
quand quelqu'un d'eux voyage depuis
l'une de vos oreilles juſques à l'autre,
ſes compagnons diſent qu'il a voyagé
aux deux bouts de la terre, ou qu'il a couru
de l'un à l'autre Pôle ? Ouy ſans doute,
ce petit peuple prend votre poil pour les
foreſts de ſon pays , les pores pleins de
pituite, pour des fontaines, les bubes
pour des lacs & des eſtangs, les apo-
ſtumes pour des mers, les défluxions
pour des deluges; & quand vous vous pei-
gnez en devant & en arriere , ils prennent cette agitation pour le flux & le reflux de l'Ocean. La demangeaiſon ne
prouve-t-elle pas mon dire ? Le ciron,
qui la produit, eſt-ce autre choſe qu'un
de ces petits animaux qui s'eſt dépris de la
ſocieté civile, pour s'établir tyran de ſon
pays ? Si vous me demandez d'où vient
qu'ils ſont plus grands que ces autres
imperceptibles ? je vous demande pour-

quoy les Elephans font plus grands que
nous, & les Hibernois que les Efpa-
gnols ? Quant à cette ampoule & cette
croûte dont vous ignorez la caufe, il faut
qu'elles arrivent, ou par la corruption de
leurs ennemis, que ces petits geans ont
maffacrez ; ou par la pefte produite par
la neceffité des alimens dont les feditieux
fe font gorgez, & ont laiffé pourrir dans
la campagne des monceaux de cadavres ;
ou que ce tyran, aprés avoir tout autour
de foi chaffé fes compagnons qui de leurs
corps bouchoient les pores du nôtre, ait
donné paffage à la pituite, laquelle étant
extravafée hors la fphere de la circulation de notre fang, s'eft corrompuë. On
me demandera peut-être pourquoi un ciron en produit tant d'autres ? Ce n'eft pas
chofe mal-aifée à concevoir ; car de même qu'une revolte en produit une autre,
auffi ces petits peuples pouffez du mauvais exemple de leurs compagnons feditieux, afpirent chacun au commandement, allumant par-tout la guerre, le maf-
facre & la faim. Mais, me direz vous,
certaines perfonnes font bien moins fujet-
tes à la demangeaifon que d'autres : cependant chacun eft rempli également de
ces petits animaux, puifque ce font eux,
dites-vous, qui font la vie. Il eft vray,
auffi le remarquons-nous, que les fleg-
matiques font moins en proye à la gra-
telle que les bilieux, à caufe que le peuple fympatifant au climat qu'il habite, eft
plus lent en un corps froid, qu'un autre

échauffé par la temperature de sa region,
qui petille, se remuë, & ne sçauroit demeurer en une place : ainsi le bilieux est
bien plus délicat que le flegmatique,
parce qu'étant animé de bien plus de parties, & l'ame étant l'action de ces petites bestes, il est capable de sentir en tous
les endroits où ce bestail se remuë : là où
le phlegmatique n'étant pas assez chaud
pour faire agir qu'en peu d'endroits cette
remuante populace, il n'est sensible qu'en
peu d'endroits. Et pour prouver encore
cette cironalité universelle, vous n'avez
qu'à considerer, quand vous étes blessé,
comme le sang accourt à la playe. Vos
Docteurs disent qu'il est guidé par la pré-
voyante nature, qui veut secourir les parties débilitées : ce qui feroit conclure qu'-
outre l'ame & l'esprit il y auroit encore
en nous une troisiéme substance intellectuelle, qui auroit ses fonctions & ses organes à part ; c'est pourquoy je trouve
bien plus probable de dire que ces petits
animaux se sentant attaquez, envoyent
chez leurs voisins demander du secours,
& qu'étant arrivez de tous côtez, & le
pays se trouvant incapable de tant de
gens, ils meurent ou de faim, ou étouffent dans la presse. Cette mortalité arrive,
quand l'aposthume est mûre : car pour
témoigner qu'alors ces animaux sont é-
touffez, c'est que la chair pourrie devient insensible ; que si bien souvent la
saignée qu'on ordonne pour divertir la
fluxion, profite, c'est à cause que s'en é-

tant perdu beaucoup par l'ouverture que ces petits animaux tâchoient de boucher, ils refufent d'affifter leurs alliez, n'ayant que mediocrement la puiffance de fe défendre chacun chez foy.

Il acheva ainfi, quand le fecond Philofophe s'apperçut que nos yeux affemblez fur les fiens l'exhortoient de parler à fon tour.

Hommes, dit-il, vous voyant curieux d'apprendre à ce petit animal notre femblable, quelque chofe de la fcience que nous profeffions, je dicte maintenant un traité que je ferois bien-aife de luy produire, à caufe des lumieres qu'il donne à l'intelligence de notrePhyfique.C'eft l'explication de l'origine éternelle du monde : mais comme je fuis emprefsé de faire travailler à mes foufflets, car demain fans remife la Ville part; vous pardonnerez au temps, avec promeffe toutefois qu'auffi-tôt qu'elle fera arrivée où elle doit aller, je vous fatisferay.

A ces mots le fils de l'hôte appella fon pere, pour fçavoir quelle heure il étoit; mais ayant répondu qu'il étoit huit heures fonnées, il luy demanda tout en colere, pourquoy il ne les avoit pas avertis à fept, comme il le luy avoit commandé ? Qu'il fçavoit bien que les maifons partoient le lendemain, & que les murailles de la Ville l'étoient déja. Mon fils, repliqua le bon homme, on a publié, depuis que vous êtes à table, une défenfe expreffe de partir avant aprés-demain.N'im-

porte, repartit le jeune homme, vous devez obéïr aveuglément, ne point pénétrer dans mes ordres,& vous souvenir seulement de ce que je vous ay commandé.
Vîte, allez querir votre effigie. Lors qu'elle fut apportée, il la saisit par le bras, &
la foüetta un gros quart d'heure. Or sus,
vaurien, continua-t-il, en punition de
votre desobéïssance, je veux que vous ser-
viez aujourd'huy de risée à tout le monde, & pour cet effet je vous commande
de ne marcher que sur deux pieds le reste
de la journée. Le pauvre homme sortit
fort éploré, & son fils nous fit des excu-
ses de son emportement.

J'avois bien de la peine, quoy que je
me mordisse les levres, à m'empêcher de
rire d'une si plaisante punition, & cela
fut cause que pour rompre cette burlesque pedagogie, qui m'auroit sans doute
fait éclater, je le supliay de me dire ce
qu'il entendoit par ce voyage de la Ville
dont tantôt il avoit parlé,& si les maisons
& les murailles cheminoient. Il me répondit : Entre nos Villes, cher Etranger,
il y en a de mobiles & de sedentaires : les
mobiles, comme, par exemple, celles où
nous sommes maintenant, sont faites
comme je vais vous dire. L'Architecte
construit chaque Palais, ainsi que vous
voyez, d'un bois fort leger ; il pratique
dessous quatre roües dans l'épaisseur de
l'un des murs, il place dix gros soufflets,
dont les tuyaux passent d'une ligne hori-
sontale à travers le dernier étage de l'un

à l'autre pignon ; en sorte que quand on veut traîner les Villes autre part (car on les change d'air à toutes les saisons) chacun déplie sur l'un des côtez de son logis quantité de larges voiles au devant des soufflets ; puis ayant bandé un ressort pour les faire joüer, leurs maisons en moins de huit jours, avec les bouffees continuelles que vomissent ces monstres à vent, sont emportées si on veut à plus de cent lieües. Quant à celles que nous appellons sedentaires, les logis en sont presque semblables à vos Tours, horsmis qu'ils sont de bois, & qu'ils sont percez au centre d'une grosse & forte visse, qui regne de la cave jusqu'au toict, pour les pouvoir hausser & baisser à discretion. Or la terre est creusée aussi profonde que l'édifice est élevé, & le tout est construit de cette sorte, afin qu'aussi-tôt que les gelées commencent à morfondre le Ciel, ils puissent descendre leurs maisons en terre, où ils se tiennent à l'abri des intemperies de l'air : mais si-tôt que les douces haleines du Printemps viennent à le radoucir, ils remontent au jour, par le moyen de leur grosse visse dont je vous ay parlé. Je le priay, puis qu'il avoit déja eu tant de bonté pour moy, & que la ville ne partoit que le lendemain, de me dire quelque chose de cette origine éternelle du monde, dont il m'avoit parlé quelque temps auparavant ; & je vous promets, luy dis-je, qu'en recompense, si-tôt que je seray de retour dans la Lune, dont mon

Gouverneur (je luy montray mon Démon) vous témoignera que je suis venu,
j'y semeray votre gloire, en y racontant
les belles choses que vous m'aurez dites.
Je vois bien que vous riez de ma promesse , parce que vous ne croyez pas que la
Lune dont je vous parle soit un monde ,
& que j'en sois un habitant ; mais je vous
puis assûrer aussi , que les peuples de ce
monde-là , qui ne prennent celuy-cy que
pour une Lune , se moqueront de moy ,
quand je diray que votre Lune est un
monde, & qu'il y a des campagnes, avec
des habitans. Il ne me répondit que par
un souris, & parla ainsi.

Puis que nous sommes contraints,
quand nous voulons recourir à l'origine
de ce grand Tout, d'encourir trois ou
quatre absurditez, il est bien raisonnable
de prendre le chemin qui nous fait le
moins broncher. Je dis donc que le premier obstacle qui nous arrête, c'est l'éternité du monde ; & l'esprit des hommes
n'étant pas assez fort pour la concevoir,
& ne pouvant non plus s'imaginer que
ce grand Univers, si beau , si bien reglé,
pût être fait soy-même, ils ont eu recours
à la Création. Mais semblables à celuy
qui s'enfonceroit dans la riviere de peur
d'être mouillé de la pluye, ils se sauvent
des bras nains, à la misericorde du geant;
encore ne s'en sauvent-ils pas : car cette
Eternité qu'ils ôtent au monde, pour ne
l'avoir pû comprendre, ils la donnent à
Dieu, comme s'il avoit besoin de ce present,

fent , & comme s'il étoit plus aifé de l'i-
maginer dans l'un que dans l'autre. Car,
dites-moy, a-t-on jamais conçu comme
de rien il fe peut faire quelque chofe ? Helas ! entre rien & un atome, il y a des proportions tellement infinies, que la cervelle
la plus aiguë n'y fçauroit pénétrer. Il faudra, pour échaper à ce labyrinthe inexpli-
quable , que vous admettiez une matiere
éternelle avec Dieu. Mais, me direz-vous,
quand je vous accorderois la matiere éternelle, comment ce chaos s'eft-il arrangé de
foy-même? Ah ! je vous le vais expliquer.

Il faut , ô mon petit Animal , aprés
avoir feparé mentalement chaque petit
corps vifible en une infinité de petits
corps invifibles, s'imaginer que l'Univers
infini n'eft compofé d'autre chofe que
des Atomes infinis tres-folides , tres-in-
corruptibles & tres-fimples , dont les uns
font cubiques , les autres parallelogram-
mes , d'autres angulaires, d'autres ronds,
d'autres pointus, d'autres pyramidaux ,
d'autres exagones, d'autres ovales , qui
tous agiffent diverfement chacun felon
fa figure. Et qu'ainfi ne foit , pofez une
boule d'yvoire fort ronde , fur un lieu
fort uni ; à la moindre impreffion que
vous luy donnerez , elle fera un demi
quart d'heure fans s'arrêter : or j'ajoûte
que fi elle étoit auffi parfaitement ronde,
que le font quelques-uns de ces atomes
dont je parle , & la furface où elle feroit
pofée, parfaitement unie , elle ne s'arrê-
teroit jamais. Si donc l'art eft capable

d'incliner un corps au mouvement perpetuel, pourquoy ne croirons-nous pas que
la nature ne le puisse faire ? Il en est de
même des autres figures, desquelles l'une,
comme quarrée, demande le repos perpetuel ; d'autres, un mouvement de côté ;
d'autres, un demi mouvement, comme
de trépidation ; & la ronde, dont l'être
est de se remuer, venant à se joindre à la
pyramidale, fait peut-être ce que nous
appellons feu, parce que non seulement
le feu s'agite sans se reposer, mais perce
& penetre facilement. Le feu a outre cela
des effets differens, selon l'ouverture & la
qualité des angles où la figure ronde se
joint, comme, par exemple, le feu du poi-
vre est autre chose que le feu du sucre ; le
feu du sucre, que celuy de la canelle ; celuy de la canelle, que celuy du clou de
girofle ; & celui-ci, que le feu d'un fagot.
Or le feu qui est le constructeur des parties & du tout de l'Univers, a poussé &
ramassé dans un chêne, la quantité des figures necessaires à composer ce chêne,
Mais, me direz-vous, comment le hazard
peut-il avoir ramassé en un lieu toutes les
choses necessaires à produire ce chêne ? Je
vous réponds, que ce n'est pas merveille
que la matiere ainsi disposée, ait formé
un chêne ; mais que la merveille eût été
plus grande, si la matiere ainsi disposée,
le chêne n'eût pas été produit : un peu
moins de certaines figures, c'eût été un
orme, un peuplier, un saule ; un peu moins
de certaines figures, c'eût été la Plante sen-

fitive, une huître à l'écaille, un ver, une
mouche, une grenoüille, un moineau,
un finge, un homme. Quand ayant jetté
trois dez fur une table, il arrive rafle de
deux ou bien de trois, quatre & cinq, ou
bien deux fix & un; direz-vous: O le
grand miracle! A chaque dé, il eſt arrivé
le même point, tant d'autres points pouvant arriver: ô le grand miracle! il eſt arrivé trois points qui fe fuivent: ô le grand
miracle! il eſt arrivé juſtement deux fix,
& le deffous de l'autre fix. Je fuis affuré
qu'étant homme d'efprit, vous ne ferez
jamais ces exclamations; car puis qu'il
n'y a fur les dez qu'une certaine quantité
de nombres, il eſt impoffible qu'il n'en
arrive quelqu'un. Et après cela vous vous
étonnez comme cette matiere broüillée
pêle-mêle au gré du hazard, peut avoir
conftitué un homme, vû qu'il y avoit tant
de chofes neceffaires à la conftruction de
fon être. Vous ne fçavez donc pas qu'un
million de fois cette matiere s'achemi-
nant au deffein d'un homme, s'eſt arrêtée à former tantôt une pierre, tantôt du
plomb, tantôt du corail, tantôt une fleur,
tantôt une comete; & tout cela à caufe du
plus ou du moins de certaines figures qu'il
falloit, ou qu'il ne falloit pas à defigner
un homme: fi bien que ce n'eſt pas merveille qu'entre une infinité de matieres,
qui changent & fe remuent inceflamment,
elles ayent rencontré à faire le peu d'animaux, de vegetaux, de mineraux que nous
voyons; non plus que ce n'eſt pas mer-

veille qu'en cent coups de dez il arrive
une rafle ; auſſi-bien eſt-il impoſſible que
de ce remuement il ne ſe faſſe quelque
choſe, & cette choſe ſera toujours admi-
rée d'un étourdi qui ne ſçaura pas combien s'en eſt fallu qu'elle n'ait pas été faite.
Quand la grande riviere de ⸺⸺⸺
fait moudre un moulin, ▬▬▬▬
conduit les reſſorts d'une horloge, & que
le petit ruiſſeau de ▬▬▬▬▬ ne fait
que couler, & ſe dé-▬▬▬▬ rober
quelquefois, vous ne diriez pas que cette
riviere a bien de l'eſprit, parce que vous
ſçavez qu'elle a rencontré les choſes diſpoſées à faire tous ces beaux chefs-d'œuvres ; car ſi ſon moulin ne ſe fût pas trouvé dans ſon cours, elle n'auroit pas pulve-
riſé le froment ; ſi elle n'eût point rencontré l'horloge, elle n'auroit pas marqué les
heures ; & ſi le petit ruiſſeau dont j'ay
parlé, avoit eu la même rencontre, il auroit fait les mêmes miracles. Il en va tout
ainſi de ce feu qui ſe meut de ſoy-même,
car ayant trouvé les organes propres à l'a-
gitation neceſſaire pour raiſonner, il a rai-
ſonné ; quand il en a trouvé de propres
ſeulement à ſentir, il a ſenti ; quand il en
a trouvé de propres à vegeter, il a vegeté.
Et qu'ainſi ne ſoit ; qu'on créve les yeux
de cet homme que le feu de cette ame fait
voir, il ceſſera de voir, de même que notre grande horloge ceſſera de marquer les
heures, ſi l'on en briſe le mouvement.

Enfin, ces premiers & indiviſibles atômes font un cercle ſur qui roulent ſans

difficulté les difficultez les plus embaraſ-
ſantes de la Phyſique ; il n'eſt pas juſques
à l'operation des ſens que perſonne n'a pû
encore bien concevoir, que je n'explique
fort aisément par les petits corps. Com-
mençons par la vûe ; elle merite, comme
la plus incomprehenſible, notre premier
début.

Elle ſe fait donc, à ce que je m'imagine,
quand les tuniques de l'œil dont les pertuis ſont ſemblables à ceux du verre, tranſ-
mettent cette pouſſiere de feu, qu'on appelle rayons viſuels, & qu'elle eſt arrêtée
par quelque matiere opaque qui la fait
réjaillir chez ſoy : car alors rencontrant en
chemin l'image de l'objet qui l'a repouſ-
ſée, & cette image n'étant qu'un nombre
infini de petits corps qui s'exhalent continuellement en égale ſuperficie du ſujet
regardé, elle la pouſſe juſques à notre œil.
Vous ne manquerez pas de m'objecter que
le verre eſt un corps opaque, & fort ſerré,
& que cependant, au lieu de rechaſſer ces
autres petits corps, il s'en laiſſe penetrer.
Mais je vous réponds, que ces pores du
verre ſont taillez de même figure que ces
atômes de feu qui le traverſent ; & que
comme un crible à froment n'eſt pas propre à cribler de l'avoine ; un crible à avoine,
à cribler du froment ; ainſi une boëte de
ſapin, quoy que mince, & qu'elle laiſſe
penetrer les ſons, n'eſt pas penetrable à
la vûe ; & une piece de criſtal, quoy que
tranſparente, qui ſe laiſſe percer à la vûe,
n'eſt pas penetrable au toucher. Je ne pûs

I 3

là m'empêcher de l'interrompre. Un grand
Poëte & Philoſophe de notre Monde, luy
dis-je, a parlé après Epicure, & luy après
Democrite, de ces petits corps preſque
comme vous ; c'eſt pourquoy vous ne me
ſurprenez point par ce diſcours : & je vous
prie, en le continuant, de me dire comment par ces principes vous expliqueriez
la façon de vous peindre dans un miroir.
Il eſt fort aiſé, me repliqua-t-il : car figurez-vous que ces feux de votre œil
ayant traversé la glace, & rencontrant
derriere un corps non diaphane qui les
rejette, ils repaſſent par où ils étoient venus ; & trouvant ces petits corps chemi-
nans en ſuperficie égale ſur le miroir, ils
les rappellent à nos yeux ; & notre imagination plus chaude que les autres facultez de nôtre ame, en attire le plus ſubtil,
dont elle fait chez ſoy un portrait en ra-
courci.

L'operation de l'ouye n'eſt pas plus
mal-aiſée à concevoir ; & pour être plus
ſuccint, conſiderons-la ſeulement dans
l'harmonie d'un luth touché par les mains
d'un Maître de l'art. Vous me demanderez
comment il ſe peut faire que j'apperçoive
ſi loin de moy une choſe que je ne vois
point? Eſt-ce qu'il ſort de mes oreilles une
éponge qui boit cette muſique, pour me
le rapporter ? ou ce joüeur engendre-t-il
dans ma tête un autre petit joüeur, avec
un petit luth, qui ait ordre de me chanter
comme un écho les mêmes airs ? Non :
mais ce miracle procede de ce que la corde

tirée venant à frapper de petits corps, dont
l'air est composé, elle le chasse dans mon
cerveau, le perçant doucement avec ces
petits riens corporels; & selon que la corde
est bandée, le son est haut, à cause qu'elle
pousse les atômes plus vigoureusement;
& l'organe ainsi penetré, en fournit à la
fantaisie de quoy faire son tableau : si trop
peu, il arrive que notre memoire n'ayant
pas encore achevé son image, nous sommes contraints de luy repeter le même
son, afin que des matereaux que luy four-
nissent, par exemple, les mesures d'une
sarabande, elles en prennent assez pour
achever le portrait de cette sarabande;
mais cette operation n'a rien de si merveilleux que les autres, par lesquelles à
l'aide du même organe nous sommes émus
tantôt à la joye, tantôt à la colere.... Et
cela se fait, lors que dans ce mouvement
ces petits corps en rencontrent d'autres en
nous, remuez de même façon, ou que leur
propre figure rend susceptibles du même
ébranlement; car alors les nouveaux venus excitent leurs Hôtes à se remuer comme eux : & de cette façon, lors qu'un air
violent rencontre le feu de notre sang, il
le fait incliner au même branle, & il l'a-
nime à se pousser dehors; c'est ce que
nous appellons ardeur de courage. Si le
son est plus doux, & qu'il n'ait la force
de soulever qu'une moindre flame plus
ébranlée, en la promenant le long des
nerfs, des membranes, & des pertuis de
notre chair, elle excite ce chatoüillement

qu'on appelle joye. Il en arrive ainfi de l'ébullition des autres paffions, felon que ces petits corps font jettez plus ou moins violemment fur nous, felon le mouvement qu'ils reçoivent par la rencontre d'autres branles, & felon qu'ils trouvent à remuer chez nous : c'eft quant à l'ouye.

La démonftration du toucher n'eft pas maintenant plus difficile, en concevant que de toute matiere palpable, il fe fait une émiffion perpetuelle de petits corps ; & qu'à mefure que nous la touchons, il s'en évapore davantage, parce que nous les épraignons du fujet même, comme l'eau d'une éponge, quand nous la preffons. Les durs viennent faire à l'organe le rapport de leur folidité, les fouples de leur molleffe, les raboteux, &c. Et qu'ainfi ne foit, nous ne fommes plus fi fins à difcerner par l'attouchement avec des mains ufées de travail, à caufe de l'épaiffeur du cal, qui pour n'être ni poreux ni animé, ne tranfmet que fort mal-aifément ces fumées de la matiere. Quelqu'un defirera d'apprendre où l'organe de toucher tient fon fiége. Pour moy, je penfe qu'il eft répandu dans toutes les fuperficies de la maffe, vû qu'il fent dans toutes fes parties. Je m'imagine toutefois que plus nous tâtons par un membre proche de la tête, & plus vîte nous diftinguons; ce qui fe peut experimenter, quand les yeux clos nous touchons quelque chofe, car nous la devinons plus facilement ; & fi au conttaire nous la tâtions du pied, nous aurions plus de peine à la connoître: cela provient de ce que notre peau étant par-tout criblée de petits trous, nos nerfs, dont la matiere n'est pas plus ferrée, perdent en chemin beaucoup de ces petits atomes, par les menus pertuis de leur contexture, avant que d'être arrivez jufqu'au cerveau, qui est le terme de leur voyage. Il me reste à parler de l'odorat & du goût.

Dites-moi, lorfque je goûte un fruit, n'est-ce pas à caufe de la chaleur de la bouche qui le fond ? Avoüez-moi donc, qu'y ayant dans une poire, des fels, & que la diffolution les partageant en petits corps d'autre figure que ceux qui compofent la faveur d'une pomme, il faut qu'ils percent notre palais d'une maniere bien differente ; tout ainfi que l'écare enfoncée par le fer d'une pique qui me traverfe, n'est pas femblable à ce que me fait fouffrir en furfaut la bale d'un piftolet, & de même que la balle de ce piftolet m'imprime une autre douleur que celle d'un carreau d'acier.

Je n'ai rien à dire de l'odorat, puifque les Philofophes mêmes confeffent qu'il fe fait par une émiffion continuelle de petits corps.

Je m'en vais fur ce principe vous expliquer la creation, l'harmonie, & l'influence des globes celeftes, avec l'immuable varieté des meteores.

Il alloit continuer ; mais le vieil hôte entra là-deffus, qui fit fonger notre Philofophe à la retraite : il apportoit des cri-

ftaux pleins de verres luifans, pour éclairer la falle : mais comme ces petits feux
infectes perdent beaucoup de leur eclat,
quand ils ne font pas nouvellement amaf-
fez, ceux-ci vieux de dix jours n'éclai-
roient prefque point. Mon Démon n'attendit pas que la Compagnie en fût in-
commodée, il monta dans fon cabinet, &
en redefcendit auffi-tôt avec deux boules
de feu fi brillantes, que chacun s'étonna
comme il ne fe bruloit point les doigts :
ces flambeaux incombuftibles, dit-il, nous
ferviront mieux que vos pelotons de verres. Ce font des rayons du Soleil, que
j'ai purgez de leur chaleur ; autrement les
qualitez corrofives de fon feu auroient
blefsé votre vûë en l'ébloüiffant ; j'en ai
fixé la lumiere, & l'ai renfermée dans ces
boules tranfparentes que je tiens. Cela ne
vous doit pas fournir un grand fujet d'admiration ; car il ne m'eft pas plus difficile,
à moi qui fuis né dans le Soleil, de con-
denfer fes rayons, qui font la pouffiere
de ce Monde-là ; qu'à vous d'amaffer de
la pouffiere ou des atomes, qui font de
la terre pulverifée de celui-ci. Là-deffus
notre Hôte envoya un valet conduire les
Philofophes, parce qu'il étoit nuit, avec
une douzaines de globes à verres pendus
à fes quatre pieds. Pour nous autres, fçavoir mon Precepteur & moy, nous nous
couchâmes par l'ordre du Phifionome. Il
me mit cette fois-là dans une chambre
de violette & de lys, m'envoya chatoüiller à l'ordinaire ; & le lendemain fur les

neuf heures, je vis entrer mon Démon,
qui me dit qu'il venoit du Palais, où....
l'une des Demoiselles de la Reine l'avoit
prié de l'aller trouver, & qu'elle s'étoit
enquise de moi, témoignant qu'elle per-
sistoit toûjours dans le dessein de me tenir
parole, c'est à dire que de bon cœur elle
me suivroit, si je la voulois mener avec
moi dans l'autre monde. Ce qui m'a fort
édifié, continua-t-il, c'est quand j'ai reconnu que le motif principal de son voyage, étoit de se faire Chrétienne : ainsi je
lui ai promis d'aider son dessein de toutes
mes forces, & d'inventer pour cet effet
une machine capable de tenir trois ou
quatre personnes, dans laquelle vous y
pourrez monter ensemble dés aujour-
d'hui. Je vais m'appliquer serieusement
à l'execution de cette entreprise : c'est
pourquoi afin de vous divertir, pendant
que je ne serai point avec vous, voici un
Livre que je vous laisse. Je l'apportai jadis de mon pays natal ; il est intitulé :
Les Etats & Empires de la Lune, avec une
Addittion de l'Histoire de l'Estincelle. Je
vous donne encore celui-ci, que j'estime
beaucoup davantage ; c'est le grand œuvre des Philosophes, qu'un des plus forts
Esprits du Soleil a composé. Il prouve là-
dedans que toutes choses sont vrayes, &
déclare la façon d'unir physiquement les
veritez de chaque contradictoire, comme, par exemple, que le blanc est noir,
& que le noir est blanc ; qu'on peut être
& n'être pas en même temps ; qu'il peut

y avoir une montagne fans vallée ; que le
neant eft quelque chofe ; & que toutes les
chofes qui font, ne font point : mais remarquez qu'il prouve tous ces inouïs pa-
radoxes, fans aucune raifon captieufe ou
fophiftique. Quand vous ferez ennuyé
de lire, vous pourrez vous promener, ou
vous entretenir avec le fils de notre Hôte;
fon efprit a beaucoup de charmes. Ce qui
me déplaît en lui, c'eft qu'il eft impie :
s'il lui arrive de vous fcandalifer, ou de
faire par quelque raifonnement chance-
ler votre foi, ne manquez-pas auffi-tôt
de me le venir propofer : je vous en re-
foudrai les difficultez. Un autre vous or-
donneroit de rompre compagnie : mais
comme il eft extrêmement vain, je fuis
affuré qu'il prendroit cette fuite pour
une défaite, & il fe figureroit que notre
croyance feroit fans raifon, fi vous refu-
fiez d'entendre les fiennes. Il me quitta,
en achevant ce mot ; mais il fut à peine
forti, que je me mis à confiderer attentivement mes Livres, & leurs boëtes, c'eft
à dire leurs couvertures qui me fembloient admirables pour leurs richeffes.
L'une étoit taillée d'un feul diamant, fans
comparaifon plus brillant que les nôtres ;
la feconde ne paroiffoit qu'une monftrueufe perle fenduë en deux. Mon Démon avoit traduit ces Livres en langage
de ce monde; mais, parce que je n'ai point
de leur Imprimerie, je m'en vais expliquer la façon de ces deux Volumes.

A l'ouverture de la boëte, je trouvai

dedans un je ne fçai quoi de metail, prefque femblable à nos Horloges , plein de
je ne fçai quels petits refforts & de ma-
chines imperceptibles : c'eſt un Livre à la
verité , mais c'eſt un Livre miraculeux,
qui n'a ni feüillets ni caracteres : enfin
c'eſt un Livre , où pour apprendre , les
yeux font inutiles ; on n'a befoin que
d'oreilles. Quand quelqu'un donc fouhaite lire , il bande avec grande quantité de
toutes fortes de petits nerfs cette machine , puis il tourne l'éguille fur le chapitre
qu'il defire écouter , & au même temps il
en fort comme de la bouche d'un homme , ou d'un inſtrument de mufique, tous
les fons diſtinéts & differens qui fervent
entre les Grands Lunaires à l'expreſſion du
langage. . . .

Quatre d'entre eux portoient fur leurs
épaules une efpece de cercueil envelopé
de noir : je m'informai d'un regardant ,
ce que vouloit dire ce convoi , femblable
aux pompes funebres de mon pays ; il me
répondit que ce méchant. . . . & nommé
du peuple par une chiquenaude fur le genoüil droit, qui avoit été convaincu d'envie & d'ingratitude , étoit decedé le jour
precedent , & que le Parlement l'avoit
condamné il y avoit plus de vingt ans à
mourir dans fon lit, & puis , d'être en-
terré aprés fa mort. Je me pris à rire de
cette réponfe : & lui m'interrogeant pourquoi ? Vous m'étonnez , dis-je , de dire
que ce qui eſt une marque de benediction
dans notre Monde , comme la longue vie,

une mort paifible, une fepulture honorable, ferve en celui-ci d'une punition
exemplaire. Quoy ? vous prenez la fepulture pour quelque chofe de précieux, me
repartit cet homme ? Et par votre foy,
pouvez-vous concevoir quelque chofe
de plus épouvantable qu'un cadavre marchant fous les vers dont il regorge , à la
merci des crapaux qui lui mangent les
jouës, enfin la pefte revetuë du corps d'un
homme ? Bon Dieu ! la feule imagination
d'avoir, quoy que mort, le vifage em-
baraffé d'un drap, & fur la bouche une
picque de terre, me donne de la peine à
refpirer. Ce miferable que vous voyez
porter, outre l'infamie d'être affifté dans
une foffe, a été condamné d'être affifté
dans fon convoi de cent cinquante de fes
amis ; & commandement à eux, en punition d'avoir aimé un envieux & un ingrat, de paroître à fes funerailles avec un
vifage trifte ; & fans que les Juges en
ont eu pitié, imputans en partie fes crimes à fon peu d'efprit, ils auroient ordonné d'y pleurer. Horfmis les crimi-
nels, on brûle ici tout le monde : auffi eft-
ce une coûtume tres-décente & tres-rai-
fonnable : car nous croyons que le feu
ayant feparé le pur d'avec l'impur, la
chaleur raffemble par fympathie cette
chaleur naturelle qui faifoit l'ame, & lui
donne la force de s'élever toûjours, &
montant jufques à quelque aftre, la terre
de certains peuples plus immateriels que
nous, & plus intellectuels, parce que

leur temperament doit répondre & participer à la pureté du globe qu'ils habitent.

Ce n'est pas encore notre façon d'inhumer la plus belle. Quand un de nos Philosophes vient à un âge où il sent ramollir son esprit, & la glace de ses ans engourdir les mouvemens de son ame, il assemble ses amis par un banquet somptueux ; puis ayant exposé les motifs qui le font resoudre à prendre congé de la Nature, & le peu d'esperance qu'il a d'ajoûter quelque chose à ses belles actions, on luy fait ou grace, c'est à dire qu'on luy permet de mourir ; ou on luy fait un sévere commandement de vivre. Quand donc, à la pluralité des voix, on luy a mis son souffle entre les mains, il avertit ses plus chers & du jour & du lieu : ceux-cy se purgent, & s'abstiennent de manger pendant vingt-quatre heures; puis arrivez qu'ils sont au logis du Sage, & sacrifié qu'ils ont au Soleil, ils entrent dans la chambre, où le genereux les attend sur un lit de parade. Chacun le veut embrasser ; & quand c'est au rang de celui qu'il aime le mieux, après l'avoir baisé tendrement, il l'appuye sur son estomach, & joignant sa bouche sur sa bouche, de la main droite il se plonge un poignard dans le cœur. L'Amant ne détache point ses levres de celles de son Amant, qu'il ne le sente expirer ; & lors il retire le fer de son sang, & fermant de sa bouche la playe, il avale son sang, qu'il suce jusqu'à ce qu'un second lui succede, puis un troisiéme, un quatriéme, & enfin toute la compagnie ; & quatre ou cinq heures aprés, on introduit à chacun une fille de seize ou dix-sept ans ; & pendant trois ou quatre jours qu'ils sont à goûter les plaisirs de l'amour, ils ne sont nourris que de la chair du mort qu'on leur fait manger toute cruë, afin que si de cent embrassemens il peut naître quelque chose, ils soient assurez que c'est leur ami qui revit.

J'interrompis ce discours, en disant à celui qui me le faisoit, que ces façons de faire avoient beaucoup de ressemblance avec celles de quelques peuples de notre Monde ; & continüai ma promenade, qui fut si longue, que quand je revins il y avoit deux heures que le dîné étoit prest. On me demanda pourquoi j'étois arrivé si tard ? Ce n'a pas été ma faute, répondis-je au Cuisinier qui s'en plaignoit : j'ai demandé plusieurs fois parmi les ruës quelle heure il étoit, mais on ne m'a répondu qu'en ouvrant la bouche, serrant les dents, & tournant le visage de travers.

Quoy, s'écria toute la compagnie, vous ne sçavez pas que par là ils vous montroient l'heure ? Par ma foy, repartis-je, ils avoient beau exposer leur grand nez au Soleil, avant que je l'apprisse. C'est une commodité, me dirent-ils, qui leur sert à se passer d'horloge ; car ils font un cadran si juste de leurs dents, que lors qu'ils veulent

lent

lent inftruire quelqu'un de l'heure, ils
ouvrent les levres ; & l'ombre de ce nez
qui vient tomber deffus leurs dents, marque comme un Cadran celle dont le Curieux eft en peine. Maintenant afin que
vous fçachiez pourquoy en ce pays tout
le monde à le nez grand; apprenez qu'auffi-toft que la femme eft accouchée, la
Matrone porte l'enfant au Maiftre du
Seminaire ; & juftement au bout de l'an,
les Experts eftant affemblez, fi fon nez
eft trouvé plus court qu'à une certaine
mefure que tient le Syndic, il eft cenfé
Camus, & mis entre les mains de gens
qui le châtrent. Vous me demanderez la
caufe de cette barbarie, & comme il fe
peut faire que nous, chez qui la virgi-
nité eft un crime, établiffions des conti-
nences par force : mais fçachez que nous
le faifons, après avoir obfervé depuis
trente fiecles, qu'un grand nez eft le figne
d'un homme fpirituel, courtois, affable,
genereux, liberal ; & que le petit eft un
figne du contraire : C'eft pourquoy des
Camus on bâtit les Eunuques, parce que
la Republique aime mieux ne point avoir
d'enfans, que d'en avoir qui leur fuffent
femblables. Il parloit encore, lors que je
vis entrer un homme tout nud : je m'affis
auffi-toft, & me couvris pour luy faire
honneur, car ce font les marques du plus
grand refpect qu'on puiffe en ce païs là
témoigner à quelqu'un. Le Royaume ,
dit-il, fouhaite qu'avant de retourner en
voftre Monde, vous en avertiffiez les

Magistrats, à cause qu'un Mathematicien
vient tout à l'heure de promettre au Conseil, que pourveu qu'estant de retour chez
vous, vous vouliez construire une certaine machine, qu'il vous enseignera, il attirera vostre globe, & le joindra à celuy-cy:
à quoy je promis de ne pas manquer. Hé!
je vous prie, dis-je à mon Hoste, quand
l'autre fut party, de me dire pourquoy
cet envoyé portoit à la ceinture des parties honteuses de bronze ; ce que j'avois
veu plusieurs fois pendant que j'estois en
cage, sans l'avoir osé demander, parce
que j'étois toûjours environné de Filles
de la Reine, que je craignois d'offenser,
si j'eusse en leur presence attiré l'entretien
d'une matiere si grasse : de sorte qu'il me
répondit : Les femelles icy, non plus que
les mâles, ne sont pas assez ingrats, pour
rougir à la veuë de celuy qui les a forgées ; & les Vierges n'ont pas honte d'aimer sur nous, en memoire de leur mere
Nature, la seule chose qui porte son nom.
Sçachez donc que l'echarpe dont cet
homme est honoré, & où pend pour medaille la figure d'un membre viril, est le
symbole du Gentilhomme, & la marque
qui distingue le Noble d'avec le Roturier.
Ce paradoxe me sembla si extravagant,
que je ne pûs m'empêcher de rire. Cette
coûtume me semble bien extraordinaire,
repartis-je, car en nostre Monde, la marque de noblesse est de porter une Epée.
Mais l'Hoste, sans s'émouvoir : O mon
petit homme, s'écria-t-il, quoy? les grands

de votre Monde font enragez de faire
parade d'un inftrument qui défigne un
boureau, & qui n'eft forgé que pour nous
détruire; enfin l'ennemy juré de tout ce
qui vit? & de cacher au contraire un
membre, fans qui nous ferions au rang de
ce qui n'eft pas; le Prométhée de chaque
animal, & le réparateur infatigable des
foibleffes de la Nature? Malheureufe contrée, où les marques de generation font
ignominieufes, & où celles d'aneantiffe-
ment font honorables! Cependant vous
appellez ce membre-là des parties hon-
teufes, comme s'il y avoit quelque chofe
de plus glorieux que de donner la vie, &
rien de plus honteux que de l'ôter. Pendant tout ce difcours nous ne laiffions pas
de dîner; & fi-toft que nous fûmes levez,
nous allâmes au jardin prendre l'air; & là
prenant occafion de parler de la generation & conception des chofes, il me dit:
Vous devez fçavoir que la terre fe faifant
un arbre, d'un arbre un pourceau, & d'un
pourceau un homme, nous devons croire,
puifque tous les eftres dans la nature ten-
dent au plus parfait, qu'ils afpirent à devenir hommes; cette effence eftant l'a-
chevement du plus beau mixte, & le
mieux imaginé qui foit au monde, parce
que c'eft le feul qui faffe le lien de la vie
animale avec la raifonnable. C'eft ce qu'on
ne peut nier fans eftre Pedant, puis que
nous voyons qu'un Prunier, par la chaleur de fon germe, comme par une bouche, fuce & digere le gafon qui l'environ-

ne ; qu'un pourceau devore ce fruit, &
le fait devenir une partie de foy-mefme ;
& qu'un homme mangeant le pourceau,
réchauffé cette chair morte, la joint à
foy, & fait revivre cét animal fous une
plus noble efpece. Ainfi cet homme que
vous voyez, eftoit peut-eftre il y a foixante ans une touffe d'herbe dans mon jardin; ce qui eft d'autant plus probable, que
l'opinion de la Metempfycofe Pytagori-
que, foûtenuë par tant de grands hommes, n'eft vray-femblablement parvenuë
jufques à nous, qu'afin de nous engager à
en rechercher la verité. Comme en effet
nous avons trouvé que tout ce qui eft, fent
& vegete, & qu'enfin aprés que toute la
matiere eft parvenuë à ce periode qui eft
fa perfection, elle defcend & retourne
dans fon inanité, pour revenir & joüer derechef les mêmes rolles. Je defcendis tres-
fatisfait au jardin, & je commençois à reciter à mon compagnon ce que notre
Maiftre m'avoit appris, quand le Phifionome arriva pour nous conduire à la
refection & au dortoir.

Le lendemain dés que je fus éveillé, je
m'en allay faire lever mon Antagonifte.
C'eft un auffi grand miracle (luy dis-je en
l'abordant) de trouver un fort efprit
comme le vôtre enfeveli dans le fommeil,
que de voir du feu fans action : il fouffrit
ce mauvais compliment ; mais (s'écria-
t-il avec une colere paffionnée d'amour)
ne vous déferez-vous jamais de ces termes
fabuleux ? fçachez que ces noms-là diffa-

ment le nom de Philofophe, & que comme
le Sage ne voit rien au monde qu'il ne conçoive, & qu'il ne juge pouvoir être conçu, il doit abhorrer toutes ces expreſſions
de prodiges & d'évenemens de nature,
qu'ont inventé les ſtupides pour excuſer
les foibleſſes de leur entendement.

Je crûs alors être obligé en conſcience
de prendre la parole pour le détromper.
Encore, luy repliquai-je, que vous ſoyez
fort obſtiné dans vos ſentimens, j'ai vû
tout plein de choſes arrivées ſurnaturel-
lement. Vous le dites, continua-t-il ; mais
vous ne ſçavez pas que la force de l'imagination eſt capable de guerir toutes les
maladies que vous attribuez au ſurnatu-
rel, à cauſe d'un certain baume naturel
contenant toutes les qualitez contraires à
toutes celles de chaque mal qui nous at-
taque : ce qui ſe fait quand notre imagination avertie par la douleur, va chercher
en ce lieu le remede ſpecifique qu'elle
apporte au venin. C'eſt là d'où vient qu'-
un habile Medecin de votre Monde con-
ſeille au malade de prendre plutôt un Medecin ignorant qu'on eſtimera pourtant
fort habile, qu'un fort habile qu'on eſtimera ignorant, parce qu'il ſe figure que
notre imagination travaillant à notre ſanté, pourvû qu'elle ſoit aidée de remedes,
eſt capable de nous guerir ; mais que les
plus puiſſans étoient trop foibles, quand
l'imagination ne les appliquoit pas. Vous
étonnez-vous que les premiers hommes
de votre Monde vivoient tant de ſiecles

sans avoir eu aucune connoissance de la
Medecine ? non. Et qu'est-ce à votre avis
qui en pouvoit être la cause, sinon leur
nature encore dans sa force, & ce baume
universel, qui n'est pas encore dissipé par
les drogues dont vos Medecins vous con-
somment ? n'ayant lors, pour rentrer en
convalescence, qu'à le souhaiter fortement, & s'imaginer d'être gueris. Aussi
leur fantaisie vigoureuse se plongeant
dans cette huile vitale, en attiroit l'elixir,
& appliquant l'actif au passif, ils se trouvoient presque dans un clin d'œil aussi
sains qu'auparavant : ce qui malgré la dé-
pravation de la Nature, ne laisse pas de se
faire encore aujourd'huy, quoy qu'un peu
rarement à la verité ; mais le populaire
l'attribuë à miracle. Pour moy, je n'en
crois rien du tout, & je me fonde sur ce
qu'il est plus facile que tous ces Docteurs
se trompent, que cela n'est facile à faire :
car le fievreux qui vient d'être gueri, a
souhaité bien fort pendant sa maladie,
comme il est vrai-semblable, d'être gueri, & même il a fait des vœux pour cela ;
de sorte qu'il falloit necessairement qu'il
mourût, ou qu'il demeurât dans son mal,
ou qu'il guerît : s'il fût mort, on eût dit
que le Ciel l'avoit recompensé de ses peines, & même on eût dit que selon la priere du malade il a été gueri de tous ses
maux : s'il fût demeuré dans son infirmité, on auroit dit qu'il n'avoit pas la foy :
mais parce qu'il est gueri, c'est un miracle tout visible. N'est-il pas bien plus

vrai-semblable que sa fantaisie excitée par
les violens desirs de la santé, a fait son
operation? car je veux qu'il soit réchappé;
pourquoi crier miracle, puisque nous
voyons beaucoup de personnes qui s'é-
toient voüées, perit miserablement avec
leurs vœux?

Mais à tout le moins, luy repartis-je, si
ce que vous dites de ce baume est veritable, c'est une marque de la raisonnabilité
de notre ame, puisque sans se servir des
instrumens de notre raison, sans s'appuyer
du concours de notre volonté, elle fait
elle-même comme si étant hors de nous
elle appliquoit l'actif au passif. Or si étant
separée de nous elle est raisonnable, il faut
necessairement qu'elle soit spirituelle; &
si vous la confessez spirituelle, je conclus
qu'elle est immortelle, puisque la mort
n'arrive dans l'animal que par le changement des formes dont la matiere seule est
capable. Ce jeune homme alors s'étant
mis en son seant sur son lit, & m'ayant
fait asseoir, discourut à peu près de cette
sorte. Pour l'ame des bêtes qui est corpo-
relle, je ne m'étonne pas qu'elle meure,
vû qu'elle n'est possible qu'une harmonie
des quatre qualitez, une force de sang,
une proportion d'organes bien concertez;
mais je m'étonne bien fort que la nôtre,
intellectuelle, incorporelle, & immortelle, soit contrainte de sortir de chez-
nous par la même cause qui fait perir
celle d'un Bœuf. A-t-elle fait pacte avec
notre corps, quand il auroit un coup

d'épée dans le cœur, une balle de plomb
dans la cervelle, une mousquetade à travers le corps, d'abandonner aussi-tôt sa
maison.... & si cette ame étoit spirituelle, & par soy-même si raisonnable, qu'-
elle fût aussi capable d'intelligence quand
elle est separée de notre masse, que quand
elle en est revêtuë, pourquoi les Aveugles
nez, avec tous les beaux avantages de cette
ame intellectuelle, ne sçauroient-ils s'i-
maginer ce que c'est que de voir ? Est-ce
à cause qu'ils ne sont pas encore privez
par le trépas, de tous leurs sens ? Quoy? je
ne pourrai donc me servir de ma main
droite, à cause que j'en ai une gauche ?...
Et enfin pour faire une comparaison juste,
& qui détruise tout ce que vous avez dit,
je me contenterai de vous apporter l'e-
xemple d'un Peintre qui ne peut travailler sans pinceau ; & je vous dirai que l'a-
me est tout de même, quand elle n'a pas
l'usage des sens. Ouy, mais, ajoûta-t-il...
Cependant ils veulent que cette ame qui
ne peut agir qu'imparfaitement, à cause
de la perte d'un de ses outils dans le cours
de la vie, puisse alors travailler avec perfection, quand après notre mort elle les
aura tous perdus. S'ils me viennent re-
chanter qu'elle n'a pas besoin de ces instrumens pour faire ses fonctions, je leur
rechanterai qu'il faut fouetter les Quin-
ze-vingt, qui font semblant de ne voir
goutte. Il vouloit continuer dans de si im-
pertinens raisonnemens ; mais je luy fermai la bouche, en le priant de les cesser,
comme

comme il fit, de peur de querelle : car il
connoissoit que je commençois à m'é-
chauffer. Il s'en alla ensuite, & me laissa
dans l'admiration des gens de ce Monde-
là, dans lesquels, jusqu'au simple peuple,
il se trouve naturellement tant d'esprit ;
au lieu que ceux du nôtre en ont si peu, &
qu'il leur coûte si cher. Enfin l'amour de
mon païs me détacha petit à petit de l'affection, & même de la pensée que j'avois
euë de demeurer en celui-là. Je ne songeai
plus qu'à mon départ ; mais j'y vis tant
d'impossibilité, que j'en devins tout chagrin. Mon Démon s'en apperçut ; &
m'ayant demandé à quoi il tenoit que je
ne parusse pas le même que toûjours, je
lui dis franchement le sujet de ma melancolie ; mais il me fit de si belles promesses
pour mon retour, que je m'en reposai sur
lui entièrement. J'en donnai avis au Conseil, qui m'envoya querir, & qui me fit
prêter serment, que je raconterois dans
notre Monde les choses que j'avois vûës
en celui-là. Ensuite on me fit expedier des
passeports ; & mon Démon s'étant muni
des choses necessaires pour un si grand
voyage, me demanda en quel endroit de
mon pays je voulois descendre. Je lui dis,
que la plupart des riches enfans de Paris
se proposant un voyage à Rome une fois
en la vie, ne s'imaginant pas aprés cela
qu'il y eût rien de beau ni à faire, ni à
voir, je le priois de trouver bon que je les
imitasse : mais, ajoûtai-je, dans quelle
machine ferons-nous ce voyage, & quel

ordre penſez-vous que me veüille donner
le Mathematicien qui me parla l'autre
jour de joindre ce globe-ci au nôtre?
Quant au Mathematicien, me dit-il, ne
vous y arretez point, car c'eſt un homme
qui promet beaucoup, & qui ne tient
rien. Et quant à la machine qui vous re-
portera, ce ſera la même qui vous voitura
à la Cour. Comment, dis-je, l'air deviendra, pour ſoûtenir vos pas, auſſi ſolide que la terre? C'eſt ce que je ne croi
point. Hé c'eſt une choſe étrange, reprit-
il, que vous croyiez & ne croyiez pas.
Hé! pourquoi les Sorciers de votre Monde, qui marchent en l'air, & conduiſent
des armées, des grêles, des neiges, des
pluyes, & d'autres tels meteores, d'une
Province en une autre, auroient-ils plus
de pouvoir que nous? Soyez, ſoyez, je
vous prie, plus credule en ma faveur. Il
eſt vray, luy dis-je, que j'ai reçu de vous
tant de bons offices, de même que Socrate, & les autres pour qui vous avez
tant eu d'amitié, que je me dois fier à
vous, comme je fais, en m'y abandonnant
de tout mon cœur. Je n'eus pas plûtôt
achevé cette parole, qu'il s'enleva comme
un tourbillon, me tenant entre ſes bras;
il me fit paſſer ſans incommodité tout ce
grand eſpace que nos Aſtronomes mettent
entre nous & la Lune, en un jour & demi;
ce qui me fit connoître le menſonge de
ceux qui diſent qu'une meule de moulin
ſeroit trois cens ſoixante & tant d'années
à tomber du Ciel; puiſque je fus ſi peu de
temps à tomber du globe de la Lune en

celui-ci. Enfin dés la feconde journée, je
m'apperçus que j'approchois de notre
Monde. Déja je diftinguois l'Europe d'a-
vec l'Afrique, & ces deux d'avec l'Afie,
lorfque je fentis le foulfre qui fortoit d'u-
ne haute montagne : cela m'incommodoit
de forte que je m'évanoüis. Je ne puis dire
ce qui m'arriva enfuite ; mais je me trouvai, ayant repris mes fens, dans des bruye-
res fur la pente d'une colline, au milieu
de quelques Paftres qui parloient Italien.
Je ne fçavois ce qu'étoit devenu mon Démon, & je leur demandai, s'ils ne l'avoient
point vû. A ce mot, ils firent le figne de la
Croix, & me regarderent comme un Demon moy-même : mais leur difant que
j'étois Chrétien, & les priant de me conduire en quelque lieu où je puffe me re-
pofer, ils me menerent dans un Village à
un mille de là, où je fus à peine arrivé,
que tous les chiens du lieu, depuis les Bi-
chons jufqu'aux Dogues, fe jetterent fur
moy, & m'euffent devoré, fi je n'euffe
trouvé une maifon où je me fauvai : mais
cela ne les empêcha pas de continuer leur
fabat, en forte que le Maître du logis m'en
regardoit de mauvais œil ; & je croi que
dans le fcrupule où le peuple augure de
ces fortes d'accidens, cet homme étoit capable de m'abandonner à ces animaux, fi
je ne me fuffe avifé que ce qui les achar-
noit ainfi aprés moy, étoit le Monde d'où
je venois, à caufe qu'ayant accoûtumé
d'abboyer à la Lune, ils fentoient que j'en
venois, & que j'en avois l'odeur, comme

ceux qui conservent une espece de relan ou air marin, après être descendus de dessus la mer. Pour me purger de ce mauvais air, je m'exposai sur une terrasse, durant quelques heures au Soleil : après quoy je descendis, & les chiens qui ne sentoient plus l'influence qui m'avoit fait leur ennemi, ne m'abboyerent plus, & s'en retournerent chacun chez soi. Le lendemain je partis pour Rome, où je vis les restes des triomphes de quelques Grands Hommes, de même que ceux des Siecles : j'en admirai les belles ruines, & les belles reparations qu'y ont fait les Modernes. Enfin après y être demeuré quinze jours avec M. de Cyrano mon Cousin, qui me prêta de l'argent pour mon retour, j'allai à Civita-vecchia, & me mis sur une Galere, qui m'amena jusqu'à Marseille. Pendant ce voyage je n'eus l'esprit tendu qu'aux merveilles de celui que je venois de faire. J'en commençai les memoires dés ce temps-là ; & de retour, je les ai mis autant en ordre que la maladie qui me retient au lit me l'a pû permettre. Mais prévoyant qu'elle sera la fin de mes études & de mes travaux ; pour tenir parole au Conseil de ce Monde-là, j'ai prié Monsieur le Bret, mon plus cher & plus inviolable Ami, de les donner au Public, avec l'Histoire de la Republique du Soleil, celle de l'Etincelle, & quelques autres Ouvrages de même façon, si ceux qui nous les ont dérobez les lui rendent, comme je les en conjure de tout mon cœur.

F I N.

HISTOIRE
COMIQUE
DES
ETAT ET EMPIRE
DU
SOLEIL.

 NFIN notre vaisſeau ſurgit au Havre de Toulon ; & d'a-bord aprés avoir rendu graces aux Vents & aux Etoiles, pour la felicité du Voyage, chacun s'embraſſa ſur le Port, & ſe dit adieu. Pour moy, parce qu'au Monde de la Lune d'où j'arrivois, l'argent ſe met au nombre des contes faits à plaiſir, & que j'en avois comme perdu la memoire, le Pilote ſe contenta pour le Naulage, de l'honneur d'avoir porté dans ſon Navire un Homme tombé du Ciel. Rien ne nous empêcha donc d'aller juſqu'auprés de Touloufe, chez un de mes Amis. Je brûlois de le

voir, pour la joye que j'esperois lui causer, au recit de mes avantures. Je ne serai
point ennuyeux à vous reciter tout ce qui
m'arriva sur le chemin. Je me lassai, je me
reposai, j'eus soif, j'eus faim, je bûs, je
mangeai, au milieu de vingt ou trente
chiens qui composoient sa Meute. Quoy
que je fusse en fort mauvais ordre, mai-
gre, & rôti du hâle, il ne laissa pas de me
reconnoître. Transporté de ravissement,
il me sauta au col, & après m'avoir baisé
plus de cent fois, tout tremblant d'aise,
il m'entraîna dans son Château, où si-tôt
que les larmes eurent fait place à la voix :
Enfin, s'écria-t-il, nous vivons, & nous
vivons, malgré tous les accidens dont la
Fortune a baloté notre vie. Mais bons
Dieux ! il n'est donc pas vrai le bruit qui
courut que vous aviez été brûlé en Canada, dans ce grand feu d'artifice duquel
vous fûtes l'inventeur? Et cependant deux
ou trois personnes de créance, parmi ceux
qui m'en apporterent les tristes nouvelles,
m'ont juré avoir vû & touché cet Oiseau
de bois dans lequel vous fûtes ravi. Ils me
conterent, que par malheur vous étiez
entré dedans au moment qu'on y mit le
feu, & que la rapidité des fusées qui brû-
loient tout à l'entour, vous enleverent si
haut, que l'assistance vous perdit de vûë ;
& vous fûtes, à ce qu'ils protestent, consommé de telle sorte, que la machine é-
tant retombée, on n'y trouva que fort peu
de vos cendres ? Ces cendres, lui répondis-je, Monsieur, étoient donc celles de

l'artifice même, car le feu ne m'endommagea en façon quelconque. L'artifice étoit attaché en dehors, & sa chaleur par conséquent ne pouvoit pas m'incommoder.

Or vous sçaurez qu'auffi-tôt que le salpêtre fut à bout, l'impetueuse ascension des fusées ne foûtenant plus la machine, elle tomba en terre. Je la vis cheoir; & lorsque je pensois culbuter avec elle, je fus bien étonné de sentir que je montois vers la Lune. Mais il faut vous expliquer la cause d'un effet que vous prendriez pour un miracle.

Je m'étois le jour de cet accident, à cause de certaines meurtriffures, froté de moëlle tout le corps : Mais parce que nous étions en décours, & que la Lune pour lors attire la moëlle, elle absorba si goulûment celle dont ma chair étoit imbuë, principalement quand ma boëte fut arrivée au deffus de la moyenne region, où il n'y avoit point de nuages interpofez pour en affoiblir l'influence, que mon corps fuivit cette attraction : & je vous protefte qu'elle continua de me fucer si long-temps, qu'à la fin j'abordai ce Monde, qu'on appelle icy la Lune.

Je lui racontai enfuite fort au long, toutes les particularitez de mon Voyage; & Monfieur de Colignac ravi d'entendre des chofes si extraordinaires, me conjura de les rédiger par écrit. Moy qui aime le repos, je refiftai long-temps, à cause des vifites qu'il étoit vrai-femblable que cette

publication m'attiroit: toutefois honteux
du reproche dont il me rebattoit, de ne
pas faire assez de compte de ses prieres, je
me resolus enfin de le satisfaire. Je mis
donc la plume à la main : & à mesure que
j'achevois un cahier ; impatient de ma
gloire, qui lui demangeoit plus que la
sienne, il alloit à Toulouse le prôner dans
les plus belles assemblées. Comme on l'a-
voit en reputation d'un des plus forts Génies de son siecle, mes loüanges dont il
sembloit l'infatigable Echo, me firent
connoître de tout le monde. Déja les Gra-
veurs, sans m'avoir veu, avoient buriné
mon image ; & la Ville retentissoit dans
chaque Carrefour, du gosier enroüé des
Colleporteurs, qui crioient à tuë-tête,
Voilà le Portrait de l'Auteur des Etats &
Empires de la Lune. Parmi les gens qui lû-
rent mon Livre, il se rencontra beaucoup
d'ignorans qui le feüilleterent. Pour contrefaire les Esprits de la grande volée, ils
applaudirent comme les autres, jusqu'à
battre des mains a chaque mot, de peur
de se méprendre ; & tout joyeux s'écrie-
rent, Qu'il est bon ! aux endroits qu'ils
n'entendoient point. Mais la superstition
travestie en remors, de qui les dents sont
bien aiguës sous la chemise d'un sot,
leur rongea tant le cœur, qu'ils aimerent
mieux renoncer à la reputation de Philosophe, laquelle aussi-bien leur étoit un
habit mal-fait, que d'en répondre au jour
du Jugement.

Voilà donc la medaille renversée, c'est

à qui chantera la Palinodie. L'ouvrage dont ils avoient fait tant de cas, n'eſt plus qu'un pot-pourri de contes ridicules, un amas de lambeaux découſus, un reper-toire de peau d'Aſnes, propre à bercer les enfans ; & tel n'en connoît pas ſeulement la ſyntaxe, qui condamne l'Auteur à por-ter une bougie à S. Mathurin.

Ce contraſte d'opinions entre les habi-les & les idiots, augmenta ſon credit. Peu aprés, les copies en manuſcrit ſe vendi-rent ſous le manteau ; tout le monde, & ce qui eſt hors du monde, c'eſt-à-dire de-puis le Gentilhomme juſqu'au Moine, acheta cette Piece : Les femmes mêmes prirent parti. Chaque Famille ſe diviſa, & les interêts de cette querelle allerent ſi loin, que la Ville fut partagée en deux factions, la Lunaire, & l'Anti-lunaire.

On étoit aux eſcarmouches de la Batail-le, quand un matin je vis entrer dans la chambre de Colignac, neuf ou dix barbes à longue robe, qui d'abord lui parlerent ainſi : Monſieur, vous ſçavez qu'il n'y a pas un de nous en cette compagnie qui ne ſoit votre Allié, votre Parent ou votre Ami, & que par conſequent il ne vous peut rien arriver de honteux, qui ne nous rejailliſſe ſur le front ? Cependant nous ſommes informez de bonne part, que vous retirez un Sorcier dans votre Châ-teau. Un Sorcier, s'écria Colignac ! ô Dieux ! nommez-le-moi, je vous le mets entre les mains: mais il faut prendre garde que ce ne ſoit une calomnie. Hé quoy,

Monſieur, interrompit l'un des plus vene-
rables, y a-t-il aucun Parlement qui ſe
connoiſſe en Sorciers comme le nôtre ?
Enfin, mon cher Neveu, pour ne vous
pas davantage tenir en ſuſpens ; le Sorcier que nous accuſons, eſt l'Auteur des
Etats & Empires de la Lune. Il ne ſçauroit
nier qu'il ne ſoit le plus grand Magicien
de l'Europe, après ce qu'il avoüe lui-même. Comment ? avoir monté à la Lune !
cela ſe peut-il ſans l'entremiſe de .... je
n'oſerois nommer la bête ; car enfin, dites-moi, qu'alloit-il faire chez la Lune ?
Belle demande, interrompit un autre ! il
alloit aſſiſter au Sabbat qui s'y tenoit poſſible ce jour-là : Et en effet vous voyez
qu'il eut accointance avec le Démon de
Socrate. Après cela, vous étonnez-vous
que le Diable l'ait, comme il dit, rappor-
té en ce Monde ? Mais quoy qu'il en ſoit,
voyez-vous, tant de Lunes, tant de che-
minées, tant de voyages par l'air ne va-
lent rien, je dis rien du tout ; & entre vous
& moy, (à ces mots, il approcha ſa bouche de ſon oreille) je n'ai jamais vû de
Sorcier qui n'eût commerce avec la Lune.
Ils ſe tûrent après ces bons avis ; & Colignac demeura tellement étonné de leur
commune extravagance, qu'il ne put jamais dire un mot. Ce que voyant un venerable Butor, qui n'avoit point encore
parlé : Voyez-vous, dit-il, notre Parent,
nous connoiſſons où vous tient l'en-
cloüeure. Le Magicien eſt une Perſonne
que vous aimez, mais n'apprehendez

rien; à votre confideration les chofes iront
à la douceur, vous n'avez feulement qu'à
nous le mettre entre les mains ; & pour
l'amour de vous, nous engageons notre
honneur de le faire brûler fans fcandale.

A ces mots, Colignac, quoy que fes
poings dans fes côtez, ne put fe contenir ;
un éclat de rire le prit, qui n'offenfa pas
peu Meffieurs fes Parens ; de forte qu'il ne
fut pas en fon pouvoir de répondre à aucun point de leur Harangue, que par des
ha a a a, ou des ho o o o : fi bien que nos
Meffieurs tres-fcandalifez, s'en allerent,
je dirois avec leur courte honte, fi elle
n'avoit duré jufqu'à Touloufe. Quand ils
furent partis, je tirai Colignac dans fon
Cabinet, où fi-tôt que j'eus fermé la porte
deffus nous : Comte, lui dis-je, ces Am-
baffadeurs à long poil me femblent des
Cometes chevelues ; j'apprehende que le
bruit dont ils ont éclaté, ne foit le tonnerre de la foudre qui s'ébranle pour
cheoir. Quoy que leur accufation foit ridicule, & poffible un effet de leur ftupidi-
té, je ne ferois pas moins mort, quand une
douzaine d'habiles gens qui m'auroient
veu griller, diroient que mes Juges font
des fots. Tous les argumens dont ils prou-
veroient mon innocence, ne me reffufci-
teroient pas ; & mes cendres demeure-
roient tout auffi froides dans un tombeau,
qu'à la voirie : c'eft pourquoy, fauf votre
meilleur avis, je ferois fort joyeux de
confentir à la tentation qui me fuggere
de ne leur laiffer en cette Province que

mon Portrait ; car j'enragerois au double, de mourir pour une chose à laquelle je ne crois gueres. Colignac n'eut quasi pas la patience d'attendre que j'eusse achevé, pour répondre. D'abord toutefois il me railla ; mais quand il vit que je le prenois serieusement : Ah ! par la mort, s'écria-t-il d'un visage allarmé, on ne vous touchera point au bord du manteau, que moi, mes Amis, mes Vassaux, & tous ceux qui me considerent, ne perissent auparavant. Ma maison est telle, qu'on ne la peut forcer sans canon ; elle est tres-avantageuse d'assiette, & bien flanquée. Mais je suis fou, de me précautionner contre des tonnerres de parchemin. Ils sont, luy repliquai-je, quelquefois plus à craindre que ceux de la moyenne region.

De là en avant nous ne parlâmes que de nous réjoüir. Un jour nous chassions, un autre nous allions à la promenade, quelquefois nous recevions visite, & quelquefois nous en rendions ; enfin nous quittions toûjours chaque divertissement, avant que ce divertissement eût pû nous ennuyer.

Le Marquis de Cussan, voisin de Colignac, Homme qui se connoît aux bonnes choses, étoit ordinairement avec nous, & nous avec lui ; & pour rendre les lieux de notre sejour encore plus agreables par ce changement, nous allions de Colignac à Cussan, & revenions de Cussan à Colignac. Les plaisirs innocens dont le corps est capable, ne faisoient que la moindre partie. De tous ceux que l'esprit peut trouver dans l'étude & la conversation, aucun ne nous manquoit ; & nos Bibliotéques unies comme nos esprits, appelloient tous les Doctes dans notre Societé. Nous mêlions la lecture à l'entretien ; l'entretien à la bonne chere, celle-là à la pêche, à la chasse, aux promenades ; en un mot, nous joüissions, pour ainsi dire, & de nous-mêmes, & de tout ce que la Nature a produit de plus de doux pour notre usage, & ne mêlions que la raison pour bornes à nos desirs. Cependant ma reputation contraire à mon repos, couroit les Villages circonvoisins, & les Villes mêmes de la Province : tout le monde attiré par ce bruit, prenoit pretexte de venir voir le Seigneur, pour voir le Sorcier. Quand je sortois du Château, non seulement les enfans & les femmes, mais aussi les hommes me regardoient comme la bête : sur-tout le Pasteur de Colignac, qui par malice ou par ignorance, étoit en secret le plus grand de mes ennemis. Cet homme simple en apparence, & dont l'esprit bas & naïf étoit infiniment plaisant en ses naïvetez, étoit en effet tres-méchant. Il étoit vindicatif jusqu'à la rage ; calomniateur, comme quelque chose de plus qu'un Normand ; & si chicanneur, que l'amour de la chicanne étoit sa passion dominante. Ayant long-temps plaidé contre son Seigneur, qu'il haïssoit d'autant plus qu'il l'avoit trouvé ferme contre ses attaques, il en craignoit le ressen-

timent, & pour l'éviter avoit voulu per-
muter son Benefice : mais soit qu'il eût
changé de dessein, ou seulement qu'il eût
differé, pour se vanger de Colignac en
ma personne, pendant le séjour qu'il feroit en ses terres, il s'efforçoit de persuader le contraire, bien que des voyages
qu'il faisoit bien souvent à Toulouse, en
donnassent quelque soupçon. Il y faisoit
mille contes ridicules de mes enchante-
mens ; & la voix de cet homme malin se
joignant à celle des simples & des ignorans, y mettoit mon nom en execration :
on n'y parloit plus de moy que comme
d'un nouvel Agrippa ; & nous sçumes
qu'on y avoit même informé contre-moi,
à la poursuite du Curé, lequel avoit été
Precepteur de ses enfans. Nous en eûmes
avis par plusieurs Personnes qui étoient
dans les interests de Colignac & du Marquis ; & bien que l'humeur grossiere de
tout un Pays nous fût un sujet d'étonnement & de risée, je ne laissay pas de m'en
effrayer en secret, lors que je considerois
de plus près les suites fâcheuses que pourroit avoir cette erreur. Mon bon génie
sans doute m'inspiroit cette frayeur, il
éclairoit ma raison de toutes ces lumieres,
pour me faire voir le précipice où j'allois
tomber ; & non content de me conseiller
ainsi tacitement, se voulut declarer plus
expressément en ma faveur. Une nuit des
plus fâcheuses qui fut jamais, ayant suc-
cedé à un des jours les plus agréables que
nous eussions eus à Colignac, je me levay

aussi-tôt que l'Aurore : & pour dissiper
les inquiétudes & les nuages dont mon
esprit étoit encore offusqué, j'entrai dans
le jardin, où la verdure, les fleurs, & les
fruits, l'artifice, & la nature, enchan-
toient par les yeux ; lors qu'en même inf-
tant j'apperçus le Marquis qui s'y prome-
noit seul dans une grande allée, laquelle
coupoit le parterre en deux : il avoit le
marcher lent, & le visage pensif. Je restai
fort surpris de le voir, contre sa coûtume,
si matineux ; cela me fit hâter mon abord,
pour luy en demander la cause. Il me répondit, que quelques fâcheux songes,
dont il avoit été travaillé, l'avoient contraint de venir plus matin qu'à son ordinaire, guerir au jour un mal que lui avoit
causé l'ombre. Je luy confessay qu'une
semblable peine m'avoit empêché de dormir, & je luy en allois conter le détail :
mais comme j'ouvrois la bouche, nous
apperçûmes au coin d'une palissade qui
croisoit dans la nôtre, Colignac qui marchoit à grands pas. De loin qu'il nous
apperçut : Vous voyez, s'écria-t-il, un
homme qui vient d'échaper aux plus af-
freuses visions, dont le spectacle soit capable de faire tourner le cerveau. A peine
ai-je eu le loisir de mettre mon pourpoint,
que je suis descendu pour vous le conter ;
mais vous n'étiez plus, ni l'un ni l'autre,
dans vos chambres : c'est pourquoy je
suis accouru au jardin, me doutant que
vous y seriez. En effet, le pauvre Gentilhomme étoit presque hors d'haleine. Si-

tôt qu'il l'eut reprife , nous l'exhortâmes
de fe décharger d'une chofe,qui pour être
fouvent fort legere , ne laiffe pas de pefer
beaucoup. C'eſt mon deſſein, nous repliqua-t-il ; mais auparavant aſſeyons-nous.
Un cabinet de jafmins nous prefenta tout
à propos de la fraîcheur & des fiéges ;
nous nous y retirâmes , & chacun s'etant
mis à fon aife, Colignac pourſuivit ainfi.
Vous fçaurez qu'aprés deux ou trois fommes,durant lefquels je me fuis trouvé parmi beaucoup d'embarras, il m'a femblé
dans celuy que j'ay fait environ le crepuf-
cule de l'Aurore, que mon cher Hôte que
voilà étoit entre le Marquis & moy, &
que nous le tenions étroitement embraffé,
quand un grand monſtre noir qui n'étoit
que de têtes, nous l'eſt venu tout d'un
coup arracher.Je penfe même qu'il l'alloit
précipiter dans un bucher allumé proche
de là, car il le balançoit déja fur les flâmes:
mais une fille femblable à celle desMufes,
qu'on nomme Euterpé , s'eſt jettée aux
genoux d'une Dame, qu'elle a conjuré de
le fauver, (cette Dame avoit le port & les
marques dont fe fervent nosPeintres pour
reprefenter la Nature.) A peine a-t-elle eu
le loifir d'écouter les prieres de fa Suivan-
te,que toute étonnée : Helas ! a-t-elle crié,
c'eſt un de mes amis! Auſſi-tôt elle a porté à fa bouche une efpece de farbatane ,
& a tant fouflé par le canal , fous les
pieds de mon cher Hôte, qu'elle l'a fait
monter dans le Ciel, & l'a garanti des
cruautez du Monſtre à cent têtes. J'ai crié
aprés

après luy fort long-temps, ce me semble, & l'ay conjuré de ne pas s'en aller sans moy ; quand une infinité de petits Anges tout ronds, qui se disoient enfans de l'Aurore, m'ont enlevé au même Pays, vers lequel il paroissoit voler, & m'ont fait voir des choses que je ne vous raconteray point, parce que je les tiens trop ridicules. Nous le suppliâmes de ne pas laisser de nous le dire. Je me suis imaginé, continua-t-il, être dans le Soleil, & que le Soleil étoit un Monde. Je n'en serois pas même encore désabusé, sans le hannissement de mon barbe, qui me reveillant, m'a fait voir que j'étois dans mon lit. Quand le Marquis connut que Colignac avoit achevé : Et vous , dit-il, Monsieur Dyrcona, quel a été le vôtre ? Pour le mien, répondis-je, encore qu'il ne soit pas des vulgaires, je le mets en compte de rien. Je suis bilieux , mélancolique ; c'est la cause pourquoy, depuis que je suis au monde, mes songes m'ont sans cesse representé des cavernes & du feu. Dans mon plus bel âge, il me sembloit, en dormant, que devenu leger, je m'enlevois jusques aux nuës, pour éviter la rage d'une troupe d'assassins qui me poursuivoient ; mais qu'au bout d'un effort fort long & fort vigoureux, il se rencontroit toûjours quelques murailles, après avoir volé par dessus beaucoup d'autres, au pied de laquélle, accablé de travail, je ne manquois point d'être arrêté : ou bien si je m'imaginois de prendre ma volée en

haut, encore que j'euſſe avec les bras na-
gé fort long-temps dans le Ciel, je ne laiſſois pas de me rencontrer toûjours proche
de terre, & contre toute raiſon, ſans qu'il
me ſemblât être devenu ni las, ni lourd,
mes ennemis ne faiſoient qu'étendre la
main, pour me ſaiſir par le pied, & m'attirer à eux. Je n'ai guere eu que des ſon-
ges ſemblables à celui-là, depuis que je
me connois; horſmis que cette nuit, a-
prés avoir long-temps volé comme de
coûtume, & m'être pluſieurs fois échapé
de mes perſecuteurs, il m'a ſemblé qu'à
la fin je les ai perdu de vûë, & que dans
un Ciel libre & fort éclairé, mon corps
ſoulagé de toute peſanteur, j'ai pourſuivi
mon voyage juſques dans un Palais, où
ſe compoſent la chaleur & la lumiere. J'y
aurois ſans doute remarqué bien d'autres
choſes; mais mon agitation pour voler
m'avoit tellement aproché du bord du lit,
que je ſuis tombé dans la ruelle, le ventre
tout nud ſur le plâtre, & les yeux fort
ouverts. Voila, Meſſieurs, mon ſonge
tout au long, que je n'eſtime qu'un pur
effet de ces deux qualitez qui prédomi-
nent à mon temperament : car encore que
celui-ci differe un peu de ceux qui m'arrivent toûjours, en ce que j'ai volé juſqu'au Ciel ſans recheoir, j'attribuë ce
changement au ſang qui s'etant répandu,
par la joye de nos plaiſirs d'hier, plus au
large qu'à ſon ordinaire, a penetré la mélancolie, & luy a ôté en la ſoulevant cette
peſanteur qui me faiſoit retomber : mais

après tout, c'est une science où il y a fort à
deviner. Ma foy, continua Cussan, vous
avez raison, c'est un pot pourri de toutes
les choses à quoy nous avons pensé en
veillant; une monstrueuse chimere, un
assemblage d'especes confuses, que la fantaisie, qui dans le sommeil n'est plus gui-
dée par la raison, nous presente sans ordre, & dont toutefois en les tordant nous
croyons épreindre le vrai sens, & tirer
des songes, comme des Oracles, une science de l'avenir; mais par ma foy, je n'y
trouve aucune autre conformité, sinon
que les songes, comme les Oracles, ne
peuvent être entendus : Toutefois jugez
par le mien, qui n'est point extraordinaire, de la valeur de tous les autres. J'ai songé que j'etois fort triste, & que je rencontrois par-tout Dyrcona qui nous recla-
moit. Mais sans davantage m'alambiquer
le cerveau à l'explication de ces noires é-
nigmes, je vous en développerai en deux
mots leur sens mystique : C'est par ma foi
qu'à Colignac on fait de fort mauvais
songes; & que si j'en suis crû, nous irons
essayer d'en faire de meilleurs à Cussan.
Allons y donc, me dit le Comte, puisque
ce trouble-fête en a tant d'envie. Nous dé-
liberâmes de partir le jour même. Je les
suppliai de se mettre donc en chemin devant, parce que j'etois bien-aise, ayant,
comme ils venoient de conclure, à y sé-
journer un mois, d'y faire porter quelques Livres : Ils en tomberent d'accord,
& aussi-tôt après déjeuner, mirent le cul

ſur la ſelle. Cependant je fis un balot des Volumes que je m'imaginai n'être pas à la Bibliotheque de Cuſſan, dont je chargeai un mulet; & je ſortis environ ſur les trois heures, monté ſur un tres-bon Coureur. Je n'allois pourtant qu'au pas, afin d'accompagner ma petite Bibliotheque, & pour enrichir mon ame avec plus de loiſir des liberalitez de ma vûë. Mais écoutez une avanture qui vous ſurprendra.

J'avois avancé plus de quatre lieuës, quand je me trouvai dans une Contrée, que je penſois indubitablement avoir vûë autre-part. En effet, je ſollicitai tant ma memoire de me dire d'où je connoiſſois ce Païſage, que la preſence des objets excitant les images, je me ſouvins que c'étoit juſtement le lieu que j'avois vû en ſonge la nuit paſſée. Ce rencontre bizarre eût occupé mon intention plus de temps qu'il ne l'occupa, ſans une étrange apparition par qui j'en fus reveillé. Un Spectre (au moins je le pris pour tel) ſe preſentant à moi au milieu du chemin, ſaiſit mon cheval par la bride. La taille de ce Phantôme étoit énorme, & par le peu qui paroiſſoit de ſes yeux, il avoit le regard triſte & rude. Je ne ſçaurois pourtant dire s'il étoit beau ou laid, car une longue robe tiſſuë des feüillets d'un Livre de pleinchant, le couvroit juſqu'aux ongles, & ſon viſage étoit caché d'une carte où l'on avoit écrit l'*In principio.* Les premieres paroles que le Phantôme profera,

Satanus Diabolas, cria-t-il tout épouvanté, je te conjure par le grand Dieu vivant.... A ces mots, il hesita ; mais repetant toûjours le grand Dieu vivant, & cherchant d'un visage effaré son Pasteur pour lui souffler le reste, quand il vit que de quelque côté qu'il allongeât la vûë, son Pasteur ne paroissoit point, un si effroyable tremblement le saisit, qu'à force de claquer, la moitié de ses dents en tomberent, & les deux tiers de la game sous lesquels il étoit gisant, s'ecatterent en papillotes. Il se retourna pourtant vers moi; & d'un regard ni doux ni rude, où je voyois son esprit floter pour resoudre lequel seroit plus à propos de s'irriter ou s'adoucir : Ho bien, dit-il, *Satanus Diabolas*, par la sangué, je te conjure au nom de Dieu, & de Monsieur S. Jean, de me laisser faire ; car si tu grouilles ni pied ni pate, Diable emporte, je t'étriperai. Je tiraillois contre luy la bride de mon cheval ; mais les éclats de rire qui me suffoquoient, m'ôterent toute force. Ajoûtez à cela, qu'une cinquantaine de Villageois sortirent de derriere une haye, marchans sur leurs genoux, & s'égozillans à chanter *Kyrie Eleison*. Quand ils furent assez proche, quatre des plus robustes, aprés avoir trempé leurs mains dans un Benîtier que tenoit tout exprés le Serviteur du Presbytere, me prirent au colet. J'étois à peine arrêté, que je vis paroître Messire Jean, lequel tira devotement son étole, dont il me garota ; & ensuite une cohuë

de femmes & d'enfans, qui malgré toute
ma refiftance, me coufirent dans une grande nape. Au refte, j'en fus fi bien entor-
tillé, qu'on ne me voyoit que la tête. En
cet équipage ils me porterent à Touloufe, comme s'ils m'euffent porté au monu-
ment. Tantôt l'un s'ecrioit, que fans cela
il y auroit eu famine, parce que lorfqu'ils
m'avoient rencontré, j'allois affurément
jetter le fort fur les bleds; & puis, j'en entendois un autre qui fe plaignoit que le
claveau n'avoit commencé dans fa Berge-
rie, que d'un Dimanche, qu'au fortir de
Vêpres je lui avois frapé fur l'épaule. Mais
ce qui malgré tous mes defaftres me cha-
toüilla de quelque emotion pour rire, fut
le cri plein d'effroi d'une jeune Païfanne
après fon Fiancé, autrement le Phantôme
qui m'avoit pris mon Cheval, (car vous
fçaurez que le Ruftre s'etoit califourcho-
né deffus, & déja comme fien le talonnoit
de bonne guerre.) Miferable, glapiffoit
fon Amoureufe, es-tu donc borgne? ne
vois-tu pas que le cheval du Magicien eft
plus noir que charbon, & que c'eft le
Diable en perfonne qui t'emporte au Sa-
bat? Notre pitaut d'epouvante en culbuta
par deffus la croupe; ainfi mon cheval
eut la clef des champs. Ils confulterent
s'ils fe faifiroient du mulet, ils delibere-
rent qu'oüy : mais ayant decoufu le pa-
quet, & au premier Volume qu'ils ou-
vrirent s'étant rencontré la Phyfique de
Monfieur Defcartes, quand ils apperçurent tous les cercles par lefquels ce Philo-

fophe a diftingué le mouvement de chaque Planette, tous d'une voix hurlerent que c'étoit les cernes que je traçois pour appeller Belzebut. Celui qui le tenoit le laiffa cheoir d'apprehenfion; & par malheur, en tombant, il s'ouvrit dans une page où font expliquées les vertus de l'ayman; je dis par malheur, parce qu'à l'endroit dont je parle il y a une figure de cette pierre métalique, où les petits corps qui fe déprennent de fa maffe pour accrocher le fer, font reprefentez comme des bras. A peine un de ces marauts l'apperçut, que je l'entendis s'égoziller que c'étoit là le Crapaut qu'on avoit trouvé dans l'auge de l'Ecurie de fon Coufin Fiacre, quand fes chevaux moururent. A ce mot, ceux qui avoient paru les plus échaufez, renguaïnerent leurs mains dans leur fein, ou fe reganterent de leur pochettes. Meffire Jean de fon côté crioit à gorge déployée, qu'on fe gardât de toucher à rien; que tous ces Livres-là étoient de francs grimoires, & le Mulet un Satan. La canaille ainfi épouvantée, laiffa partir le Mulet en paix. Je vis pourtant Mathurine, la Servante de Monfieur le Curé, qui le chaffoit vers l'étable du Presbytere, de peur qu'il n'allât dans le Cimetiere polluer l'herbe des Trépaffez.

Il étoit bien fept heures du foir, quand nous arrivâmes à un Bourg, où pour me rafrâïchir on me traîna dans la Geole; car le Lecteur ne me croiroit pas, fi je difois qu'on m'enterra dans un trou : Et cepen-

dant il est si vray, qu'avec une pirolïette
j'en visitai toute l'étenduë : Enfin il n'y a
personne qui me voyant en ce lieu, ne
m'eût pris pour une bougie allumée sous
une ventouse. D'abord que mon Geolier
me précipita dans cette Caverne : Si vous
me donnez, luy dis-je, ce vêtement de
pierre pour un habit, il est trop large ;
mais si c'est pour un tombeau il est trop
étroit. On ne peut icy compter les jours
que par nuits ; des cinq sens il ne me reste
l'usage que de deux, l'odorat, & le toucher ; l'un pour me faire sentir les puan-
teurs de ma prison, l'autre, pour me la
rendre palpable. En verité, je vous l'a-
vouë, je croirois être damné, si je ne sçavois qu'il n'entre point d'innocens en
Enfer.

A ce mot d'innocent, mon Geolier s'é-
clata de rire : Et par ma foy, dit-il, vous
êtes donc de nos gens ? car je n'en ai jamais tenu sous ma clef que de ceux-là.
Après d'autres complimens de cette nature, le bon homme prit la peine de me
foüiller, je ne sçai pas à quelle intention ;
mais par la diligence qu'il employa, je
conjecture que c'étoit pour mon bien.
Ses recherches étant demeurées inutiles,
à cause que durant la bataille de *Diabolus*,
j'avois glissé mon or dans mes chausses ;
quand au bout d'une tres-exacte anato-
mie, il se trouva les mains aussi vuides
qu'auparauant, peu s'en falut que je ne
mourusse de crainte, comme il pensa mourir de douleur. Ho vertubleu, s'écria-t-il,

l'écume

l'écume dans la bouche, j'ay bien vû d'a-
bord, que c'étoit un Sorcier; il est gueux
comme le diable. Va, va, continua-t-il,
mon camarade, songe de bonne heure à
ta conscience. Il avoit à peine achevé ces
paroles, que j'entendis le carillon d'un
trouss'eau de clefs, où il choisissoit celle
de mon cachot. Il avoit le dos tourné;
c'est pourquoy de peur qu'il ne se vengeât
du malheur de sa visite, je tiray dextre-
ment de leur cache trois pistoles, & je luy
dis : Monsieur le Concierge, voilà une
pistole, je vous supplie de me faire apporter un morceau, je n'ay pas mangé
depuis onze heures. Il la reçut fort gra-
cieusement, & me protesta que mon dé-
sastre le touchoit. Quand je connus son
cœur adouci : en voilà encore une, continuay-je, pour reconnoître la peine que je
suis honteux de vous donner. Il ouvrit
l'oreille, le cœur, & la main; & j'ajoûtay
luy en comptant trois au lieu de deux,
que par cette troisième je le suppliois de
mettre auprés de moy l'un de ses garçons,
pour me tenir compagnie, parce que les
malheureux doivent craindre la solitude.

Ravi de ma prodigalité, il me promit
toutes choses, m'embrassa les genoux,
déclama contre la Justice, me dit qu'il
voyoit bien que j'avois des ennemis,
mais que j'en viendrois à mon honneur,
que j'eusse bon courage, & qu'au reste il
s'engageoit, auparavant qu'il fût trois
jours, de faire blanchir mes manchettes.
Je le remerciay tres-serieusement de sa

courtoisie; & après mille accolades dont
il pensa m'étrangler, ce cher ami ver-
roüilla la porte.

Je demeuray tout seul, & fort mélancolique, le corps arrondi sur un boteau
de paille en poudre : elle n'étoit pas pourtant si menuë, que plus de cinquante rats
ne la broyassent encore. La voûte, les murailles, & le plancher, étoient composez
de six pierres de tombes, afin qu'ayant la
mort dessus, dessous, & à l'entour de moi,
je ne pusse douter de mon enterrement.
La froide bave des limas,&le gluant venin
des crapauts, me couloit sur le visage : les
poux y avoient les dents plus longues que
le corps. Je me voyois travaillé de la pierre, qui ne me faisoit pas moins de mal
pour être externe. Enfin je pense que pour
être Job, il ne me manquoit plus qu'une
femme & un pot cassé.

Je vainquis là pourtant toute la dureté
de deux heures tres-difficiles, quand le
bruit d'une grosse de clefs, joint à celuy
des verroux de ma porte, me réveilla de
l'attention que je prétois à mes douleurs.
Ensuite du tintamarre, j'apperçus à la
clarté d'une lampe, un certain Rustaut.
Il se déchargea d'une terrine entre mes
jambes : Et là, là, dit-il, ne vous affligez
point, voilà du potage aux chous, que
quand ce seroit… tant y a, c'est de la propre soupe de notre Maîtresse; & si par ma
foy, comme dit l'autre, on n'en a pas ôté
une goute de graisse.Disant cela, il trempe
ses cinq doigts jusqu'au fonds, pour m'in-

viter d'en faire autant. Je travaillay aprés
l'original, de peur de le décourager ; &
luy d'un œil de jubilation : Morguienne,
s'écria-t-il, vous êtes bon frere. On dit
qu'ous avez des envieux ; jernigué, sont
des traîtres, ouy, tétigué, sont des traîtres : hé, qu'ils y viennent donc pour voir.
O bien, bien, tant y a, toujours va qui
danse. Cette naïveté m'enfla deux ou trois
fois la gorge pour en rire. Je fus pourtant
si heureux que de m'en empêcher : Je
voyois que la Fortune sembloit m'offrir
en ce maraut une occasion pour ma liberté, c'est pourquoy il m'étoit tres-im-
portant de choyer ses bonnes graces ; car
d'échaper par d'autres voyes, l'Architecte qui bâtît ma prison, y ayant fait
plusieurs entrées, ne s'étoit pas souvenu
d'y faire une sortie. Toutes ces considerations furent cause que pour le sonder,
je luy parlay ainsi : Tu es pauvre, mon
grand ami, n'est-il pas vray ? Helas !
Monsieu, répondit le Rustre, quand vous
arriveriez de chez le Devin, vous n'auriez pas mieux frapé au but. Tiens donc,
continuay-je, prens cette pistole.

Je trouvay sa main si tremblante, lors
que je la mis dedans, qu'à peine la put-il
fermer. Ce commencement me sembla
de mauvais augure ; toutefois je connus
bien-tôt, par la ferveur de ses remercimens, qu'il n'avoit tremblé que de joye :
cela fut cause que je poursuivis : Mais si
tu étois homme à vouloir participer à
l'accomplissement d'un vœu que j'ai fait,

vingt piſtoles, outre le ſalut de ton ame,
ſeroient à toy comme ton chapeau ; car
tu ſçauras qu'il n'y a pas un bon quart-
d'heure, enfin un moment auparavant
ton arrivée, qu'un Ange m'eſt apparu, &
m'a promis de faire connoître la juſtice
de ma cauſe, pourvû que j'aille demain
faire dire une Meſſe à Nôtre-Dame de ce
Bourg, au grand Autel. J'ay voulu m'excuſer ſur ce que j'étois enfermé trop étroitement : mais il m'a répondu, qu'il viendroit un homme envoyé du Geolier pour
me tenir compagnie, auquel je n'aurois
qu'à commander de ſa part de me conduire à l'Egliſe, & me reconduire en priſon ; que je luy recommandaſſe le ſecret,
& d'obéïr ſans replique, ſur peine de
mourir dans l'an : & s'il doutoit de ma
parole, je luy dirois, Aux enſeignes qu'il
eſt Confrere du Scapulaire. Or le Lecteur
ſçaura qu'auparavant j'avois entrevu par
la fente de ſa chemiſe un Scapulaire, qui
me ſuggera toute la tiſſure de cette apparition : Et ouy da, dit-il, mon bon Seigneur, je ferons ce que l'Ange nous a commandé : mais il faut donc que ce ſoit à neuf
heures, parce que notre Maître ſera pour
lors à Toulouſe aux accordailles de ſon fils
avec la fille du Maître des hautes œuvres :
dame acoutez, le Bouriau a un nom auſſi
bian qu'un ciron : on dit qu'elle aura de
ſon pere en mariage, autant d'écus comme il faut pour la rançon d'un Roy. Enfin elle eſt belle & riche, mais ces mor-
ceaux-là n'ont garde d'arriver à un pau-

vre garçon. Helas ! mon bon Monsieur,
faut que vous sçachiez... Je ne manquay
pas à cet endroit de l'interrompre ; car je
pressentois par ce commencement de di-
gression, une longue enchaînure de coc-
à-l'ânes. Or aprés que nous eûmes bien
digeré notre complot, le Rustaut prit congé de moi. Il ne manqua pas le lendemain
de me venir déterrer justement à l'heure
promise. Je laissây mes habits dans la prison, & je m'équipai de guenilles ; car afin
de n'être pas reconnu, nous l'avions ainsi
concerté la veille. Si-tôt que nous fûmes
à l'air, je n'oubliay point de luy compter
ses vingt pistolles. Il les regarda fort, &
même avec de grands yeux. Elles sont d'or
& de poids, luy dis-je, sur ma parole. Hé,
Monsieur, me repliqua-t-il, ce n'est pas
à cela que je songe ; mais je songe que la
maison du grand Macé est à vendre, avec
son clos & sa vigne. Je l'auray bien pour
deux cent francs, il faut huit jours à bâtir
le marché ; & je voudrois vous prier,
mon bon Monsieur, si c'étoit votre plaisir, de faire que jusqu'à tant que le grand
Macé tiennent bien comptées vos pistoles
dans son coffre, elles ne deviennent point
feüilles de chêne. La naïveté de ce coquin
me fit rire. Cependant nous continuâmes
de marcher vers l'Eglise, où nous arrivâmes. Quelque temps aprés on y commença la grande Messe : mais si-tôt que je vis
mon Garde qui se levoit à son rang pour
aller à l'offrande, j'arpentai la nef de trois
sauts, & en autant d'autres, je m'égaray

prestement dans une ruelle détournée. De
toutes les diverses pensées qui m'agiterent
en cet instant, celle que je suivis, fut de
gagner Toulouse, dont ce Bourg-là n'étoit
distant que d'une demi-lieuë, à dessein d'y
prendre la poste. J'arrivai aux Fauxbourgs
d'assez bonne heure ; mais je restai si honteux, de voir tout le monde qui me regardoit, que j'en perdis contenance. La
cause de leur étonnement procedoit de
mon équipage ; car comme en matiere de
gueuserie j'étois assez nouveau, j'avois arrangé sur moi mes haillons si bizarement,
qu'avec une démarche qui ne convenoit
point à l'habit, je paroissois moins un pauvre qu'un mascarade ; outre que je passois
vîte, la vûë basse, & sans demander. A la
fin considerant qu'une attention si universelle me menaçoit d'une suite dangereuse,
je surmontay ma honte. Aussi-tôt que
j'appercevois quelqu'un me regarder, je
luy tendois la main. Je conjurois même la
charité de ceux qui ne me regardoient
point : mais admirez comme bien souvent
pour vouloir accompagner de trop de circonspections les desseins où la Fortune
veut avoir quelque part, nous les ruinons
en irritant cet orgueilleuse. Je fais cette
reflexion au sujet de mon avanture ; car
ayant apperçu un homme vêtu en Bourgeois mediocre, de qui le dos étoit tourné
vers moy : Monsieur, luy dis-je, le tirant
par son manteau, si la compassion peut
toucher.... Je n'avois pas entamé le mot
qui devoit suivre, que cet homme tourna

la tête. O Dieu! que devint-il; mais ô Dieu! que devins-je moy-même? Cet homme étoit mon Geolier. Nous restâmes tous deux consternez d'admiration, de nous voir où nous nous voyions. J'étois tout dans ses yeux, il employoit toute ma vûë. Enfin le commun interest, quoy que bien different, nous tira l'un & l'autre, de l'extase où nous étions plongez. Ah! miserable que je suis, s'écria le Geolier, faut-il donc que je sois attrapé? Cette parole à double sens m'inspira aussi-tôt le stratagême que vous allez entendre. Hé main forte, Messieurs, main forte, à la Justice, criay-je tant que je pus glapir. Ce voleur a dérobé les pierreries de la Comtesse des Mousseaux; je le cherche depuis un an, Messieurs, continuay-je tout échauffé, cent pistoles pour qui l'arrêtera. J'avois à peine lâché ces mots, qu'une troupe de canaille éboula sur le pauvre ébahi. L'étonnement où mon extraordinaire impudence l'avoit jetté, joint à l'imagination qu'il avoit, que sans avoir comme un corps glorieux penetré sans fraction les murailles de mon cachot je ne pouvois m'être sauvé, le transit tellement, qu'il fut long-temps hors de luy-même. A la fin toutefois il se reconnut, & les premieres paroles qu'il employa pour détromper le petit peuple, furent, qu'on se gardât de se méprendre, qu'il étoit fort homme d'honneur. Indubitablement il alloit découvrir tout le mystere: mais une douzaine de Fruitieres, de Laquais, & de

Porte-chaises, desireux de me servir pour
mon argent, luy fermerent la bouche à
coup de poings; & d'autant qu'ils se figuroient que leur récompense seroit mesu-
rée aux outrages dont ils insulteroient à
la foiblesse de ce pauvre dupé, chacun ac-
couroit y toucher du pied ou de la main.
Voyez l'homme d'honneur, clabaudoit
cette racaille! Il n'a pourtant pû s'empêcher de dire, dès qu'il a reconnu Monsieur, qu'il étoit attrapé. Le bon de la Co-
medie, c'est que mon Geolier étant en
ses habits de fête, il avoit honte de s'a-
voüer Marguillier du Boureau, & craignoit même se découvrant d'être encore
mieux battu. Moy de mon côté je pris
l'essor durant le plus chaud de la bagarre.
J'abandonnay mon salut à mes jambes;
elles m'eurent bientôt mis en franchise :
mais pour mon malheur, la vuë que tout
le monde recommençoit à jetter sur moi,
me rejetta tout de nouveau dans mes premieres allarmes. Si le spectacle de cent
guenilles, qui comme un branle de petits
gueux dansoient à l'entour de moy, exci-
toit un bayeur à me regarder, je craignois
qu'il ne lût sur mon front, que j'étois un
prisonnier échapé. Si un passant sortoit la
main de dessous son manteau, je me le figurois un Sergent, qui allongeoit le bras
pour m'arrêter. Si j'en remarquois un autre arpentant le pavé sans me rencontrer
des yeux, je me persuadois qu'il feignoit
de ne m'avoir pas vû, afin de me saisir par
derriere. Si j'appercevois un Marchand

entrer dans sa boutique, je disois : Il va décrocher sa hallebarde. Si je rencontrois un quartier plus chargé de peuple qu'à l'ordinaire : Tant de monde, pensois-je, ne s'est point assemblé-là sans dessein. Si un autre étoit vuide, on est ici près à me guetter. Un embarras s'opposoit-il à ma fuite, on a barricadé les ruës pour m'enclore. Enfin ma peur subornant ma raison, chaque homme me sembloit un Archer; chaque parole, *arrêtez*; & chaque bruit, l'insupportable croassement des verroux de ma prison passée. Ainsi travaillé de cette terreur panique, je resolus de gueuser encore, afin de traverser sans soupçon le reste de la Ville jusqu'à la Poste. Mais de peur qu'on ne me reconnût à la voix, j'ajoûtay à l'exercice de Quaisman, l'adresse de contrefaire le Muet. Je m'avance donc vers ceux que j'apperçois qui me regardent : je pointe un doigt dessous le menton, puis dessus la bouche, & je l'ouvre en bâillant, avec un cri non articulé, pour faire entendre par ma grimace, qu'un pauvre Muet demande l'aumône. Tantôt par charité on me donnoit un compâtissement d'épaule; tantôt je me sentois fourer une bride au poing; & tantôt j'entendois des femmes murmurer, que je pourrois bien en Turquie avoir été de cette façon martyrisé pour la Foy. Enfin j'appris que la gueuserie est un grand Livre, qui nous enseigne les mœurs des Peuples, à meilleur marché que tous ces grands Voyages de Colomb & de Magellan.

Ce stratagême pourtant ne put encore lasser l'opiniâtreté de ma destinée, ni gagner son mauvais naturel : Mais à quelle autre invention pouvois-je recourir ? Car de traverser une grande Ville comme Toulouse, où mon estampe m'avoit fait connoître même aux Harangeres, bariolé de guenilles aussi bournés que celles d'un Arlequin, n'étoit-il pas vrai-semblable que je serois observé & reconnu incontinent, & que le contrecharme de ce danger étoit le personnage de Gueux, dont le rôle se jouë sous toutes sortes de visages ? Et puis, quand cette ruse n'auroit pas été projettée avec toutes les circonspections qui la devoient accompagner, je pense que parmi tant de funestes conjonctures, c'étoit avoir le jugement bien fort, de ne pas devenir insensé.

J'avançois donc chemin, quand tout à coup je me sentis obligé de rebrousser arriere ; car mon venerable Geolier, & quelque douzaine d'Archers de sa connoissance, qui l'avoient tiré des mains de la racaille, s'étant ameutez, & patroüillant toute la Ville pour me trouver, se rencontrerent malheureusement sur mes voyes. D'abord qu'ils m'apperçurent avec leurs yeux de Linx ; voler de toute leur force, & moy voler de toute la mienne, fut une même chose. J'étois si legerement poursuivi, que quelquefois ma liberté sentoit dessus mon col l'haleine des Tyrans qui la vouloient opprimer : mais il sembloit que l'air qu'ils poussoient en courant der-

riere moy, me pouſsât devant eux. Enfin
le Ciel ou la peur, me donnerent quatre
ou cinq ruelles d'avance. Ce fut pour lors
que mes Chaſſeurs perdirent le vent & les
traces, moi la vuë & le charivari de cette
importune Venerie. Certes, qui n'a franchi, je dis en original, des agonies ſemblables, peut difficilement meſurer la joie
dont je treſſaillis, quand je me vis échap-
pé. Toutefois, parce que mon ſalut me
demandoit tout entier, je reſolus de mé-
nager bien avaricieuſement le temps qu'-
ils conſommoient pour m'atteindre. Je
me barboüillai le viſage, frotai mes cheveux de pouſſiere, dépoüillai mon pourpoint, dévalai mon haut-de-chauſſe, jettai mon chapeau dans un ſoûpirail; puis
ayant étendu mon mouchoir deſſus le pavé, & diſpoſé aux coins quatre petits
cailloux, comme les malades de la conta-
gion, je me couchai vis à vis, le ventre
contre terre, & d'une voix piteuſe me mis
à geindre fort langoureuſement. A peine
étois-je là, que j'entendis les cris de cette
enroüée populace long-temps avant le
bruit de leurs pieds; mais j'eus encore aſſez de jugement pour me tenir en la même poſture, dans l'eſperance de n'en être
point reconnu, & je ne fus point trompé,
car me prenant tous pour un peſtiferé, ils
paſſerent fort vîte, en ſe bouchant le nez,
& jetterent la plûpart un double ſur mon
mouchoir.

L'orage ainſi diſſipé, j'entre ſous une allée, je reprens mes habits, & m'aban-

donne encore à la Fortune ; mais j'avois
tant couru, qu'elle s'étoit laſsée de me
ſuivre. Il le faut bien croire ainſi ; car à
force de traverſer des places & des carre-
fours, d'enfiler & couper des rues, cette
glorieuſe Déeſſe n'étant pas accoûtumée
de marcher ſi vîte ; pour mieux dérober
ma route, me laiſſa cheoir aveuglément
aux mains des Archers qui me pourſui-
voient. A ma rencontre ils foudroyerent
une huée ſi furieuſe, que j'en demeurai
ſourd. Ils crûrent n'avoir pas aſſez de
bras pour m'arrêter ; ils y employerent
les dents, & ne s'aſſuroient pas encore de
me tenir ; l'un me traînoit par les cheveux, un autre par le collet, pendant que
les moins paſſionnez me fouïlloient. La
quête fut plus heureuſe que celle de la
priſon, ils trouverent le reſte de mon or.

Comme ces charitables Medecins s'occupoient à guerir l'hydropiſie de ma
bourſe, un grand bruit s'éleva ; toute la
place retentit de ces mots, tuë, tuë, &
en même temps je vis briller des épées.
Ces Meſſieurs qui me traînoient, crierent
que c'étoient les Archers du Grand Pre-
vôt, qui leur vouloient dérober cette cap-
ture. Mais prenez garde, me dirent-ils,
me tirant plus fort qu'à l'ordinaire, de
cheoir entre leurs mains, car vous ſeriez
condamné en vingt-quatre heures, & le
Roy ne vous ſauveroit pas. A la fin pourtant effrayez eux-mêmes du chamaillis
qui commençoit à les atteindre, ils m'a-
bandonnerent ſi univerſellement, que je

demeurai tout seul au milieu de la ruë,
pendant que les aggresseurs faisoient bou-
cherie de tout ce qu'ils rencontroient. Je
vous laisse à penser si je pris la fuite, moy
qui avois également à craindre l'un &
l'autre parti. En peu de temps je m'éloi-
gnai de la bagarre; mais comme déja je
demandois le chemin de la Poste, un torrent de peuple qui fuyoit la mélée, dé-
gorgea dans ma ruë. Ne pouvant resister
à la foule, je la suivis; & me fâchant de
courir si long-temps, je gagnai à la fin
une petite porte sombre, où je me jettai
pêle-mêle avec d'autres fuyards. Nous la
baclâmes dessus nous; puis quand tout le
monde eut repris haleine : Camarades,
dit un de la troupe, si vous m'en croyez,
passons les deux guichets, & tenons fort
dans le Preau. Ces épouvantables paroles frapperent mes oreilles d'une douleur
si surprenante, que je pensai tomber mort
sur la place. Helas ! tout aussi-tôt, mais
trop tard, je m'apperçus qu'au lieu de me
sauver dans un azile comme je croyois,
j'étois venu me jetter moi-même en prison, tant il est impossible d'échapper à la
vigilance de son étoile. Je considerai cet
homme plus attentivement, & je le reconnus pour un des Archers qui m'avoient
si long-temps couru : La sueur froide
m'en monta au front, & je devins pâle,
prest à m'évanoüir. Ceux qui me virent
si foible, émus de compassion, demanderent de l'eau ; chacun s'approcha pour
me secourir, & par malheur ce maudit

Archer fut des plus hâtez ; il n'eut pas
jetté les yeux sur moy, qu'aussi-tôt il me
reconnut. Il fit signe à ses compagnons,
& en même temps on me salua d'un, *Je
vous fais prisonnier de par le Roy.* Il ne falut pas aller loin pour m'écroüer.

Je demeurai dans la morgue jusqu'au
soir, où chaque Guichetier l'un aprés
l'autre, par une exacte dissection des parties de mon visage, venoit tirer mon tableau sur la toile de sa memoire.

A sept heures sonantes, le bruit d'un
trousseau de clefs donna le signal de la retraite. On me demanda si je voulois être
conduit à la chambre d'une pistole ? Je répondis d'un baissement de tête. De l'argent donc ? me repliqua ce Guide. Je connus bien que j'étois en lieu où il m'en faudroit avaler bien d'autres : C'est pourquoi
je le priai, en cas que sa courtoisie ne pût
se resoudre à me faire credit jusqu'au lendemain, qu'il dît de ma part au Geolier,
de me rendre la monnoye qu'on m'avoit
prise. Oh par ma foy, répondit ce maraut,
notre Maistre a bon cœur, il ne rend
rien. Est-ce donc que pour votre beau
nez.... Hé allons, allons aux cachots
noirs. En achevant ces paroles, il me
montra le chemin par un grand coup de
son trousseau de clefs, la pesanteur duquel me fit culbuter, & griller du haut
en bas d'une montée obscure, jusqu'au
pied d'une porte qui m'arrêta ; encore
n'aurois-je pas reconnu que c'en étoit une,
sans l'éclat du choc dont je la heurtai, car

je n'avois plus mes yeux, ils étoient demeurez au haut de l'escalier sous la figure
d'une chandelle que tenoit à quatre-vingt
marches au dessus de moi mon bourreau
de conducteur. Enfin cet homme tigre
pian piano descendu, démêla trente grosses serrures, décrocha autant de barres,
& le guichet seulement entrebâillé, d'u-
ne secousse de genoüil il m'engouffra dans
cette fosse, dont je n'eus pas le temps de
remarquer toute l'horreur, tant il retira
vîte après luy la porte. Je demeurai dans
la bourbe jusqu'aux genoux. Si je pensois
gagner le bord, j'enfonçois jusqu'à la
ceinture : Le gloussement terrible des
crapaux qui patogeoient dans la vase, me
faisoit souhaiter d'être sourd ; je sentois
des Lezards monter le long de mes cuisses,
des couleuvres m'entortiller le col ; & j'en
entrevis une à la sombre clarté de ses prunelles étincelantes, qui de sa gueule toute
noire de venin dardoit une langue à trois
pointes, dont la brusque agitation paroissoit une foudre, où ses regards mettoient
le feu.

D'exprimer le reste, je ne puis, il sur-
passe toute créance ; & puis je n'ose tâcher
à m'en ressouvenir, tant je crains que la
certitude où je pense être d'avoir franchi
ma prison, ne soit un songe, duquel je
me vais éveiller. L'éguille avoit marqué
dix heures au Cadran de la grosse Tour,
avant que personne eût frappé à mon
tombeau : mais environ ce temps-là, comme déja la douleur d'une amere tristesse

commençoit à me ferrer le cœur, & defordonner ce jufte accord qui fait la vie, j'entendis une voix laquelle m'avertiffoit de faifir la perche qu'on me prefentoit. Aprés avoir parmi l'obfcurité tâtonné l'air affez long-temps pour la trouver, j'en rencontrai un bout, je le pris tout émû, & mon Geolier tirant l'autre à foy, me pêcha du milieu de ce marécage. Je me doutai que mes affaires avoient pris une autre face, car il me fit de profondes civilitez, ne me parla que la tête nuë, & me dit que cinq ou fix perfonnes de condition attendoient dans la cour pour me voir. Il n'eft pas jufqu'à cette bête fauvage, qui m'avoit enfermé dans la cave que je vous ai décrite, lequel eut l'impudence de m'aborder; & un genoüil en terre m'ayant baifé les mains, de l'une de fes pates il m'ôta quantité de Limas qui s'étoient colez à mes cheveux, & de l'autre il fit cheoir un gros tas de fangfuës dont j'avois le vifage mafqué.

Aprés cette admirable courtoifie : Au moins, me dit-il, mon bon Seigneur, vous vous fouviendrez de la peine & du foin qu'a pris auprés de vous le gros Nicolas. Pardy, écoutez, quand c'eût été pour le Roy, ce n'eft pas pour vous le reprocher dea.... Outré de l'effronterie du maraut, je luy fis figne que je m'en fouviendrois. Par mille détours effroyables j'arrivai enfin à la lumiere, & puis dans la cour, où fi-tôt que je fus entré, deux hommes me faifirent, que d'abord je ne pus connoître,

à

à cause qu'ils s'étoient jettez sur moy en même temps , & me tenoient l'un & l'autre la face attachée contre la mienne. Je fus long-temps sans les deviner ; mais les transports de leur amitié prenant un peu de trêve , je reconnus mon cher Colignac, & le brave Marquis. Colignac avoit le bras en écharpe, & Cussan fut le premier qui sortit de son extase. Helas ! dit-il, nous n'aurions jamais soupçonné un tel desastre , sans votre Coureur & le Mulet, qui sont arrivez cette nuit aux portes de mon Château. Leur poitrail , leurs sangles, leur croupiere , tout étoit rompu , & cela nous a fait présager quelque chose de votre malheur. Nous sommes montez aussitôt à cheval, & n'avons pas cheminé deux ou trois lieuës vers Colignac , que tout le Païs ému de cet accident , nous en a particularisé les circonstances. Au galop en même temps nous avons donné jusqu'au Bourg où vous étiez en prison ; mais y ayant appris votre évasion , sur le bruit qui couroit que vous aviez tourné du côté de Toulouse ; avec ce que nous avions de nos gens, nous y sommes venus à toute bride. Le premier à qui nous avons demandé de vos nouvelles, nous a dit qu'on vous avoit repris. En même temps nous avons poussé nos chevaux vers cette prison ; mais d'autres gens nous ont assuré que vous vous étiez évanoüi de la main des Sergens : Et comme nous avancions toûjours chemin, des Bourgeois se contoient l'un à l'autre que vous étiez devenu invisible. Enfin à force de prendre langue, nous avons sçu qu'après vous avoir pris, perdu, & repris je ne sçai combien de fois, on vous menoit à la prison de la grosse Tour. Nous avons coupé chemin à vos Archers, & d'un bonheur plus apparent que veritable, nous les avons rencontrez en tête, attaquez, combattus, & mis en fuite ; mais nous n'avons pû apprendre des blessez mêmes que nous avons pris, ce que vous étiez devenu, jusqu'à ce matin qu'on nous est venu dire que vous étiez aveuglément venu vous-même vous sauver en prison. Colignac est blessé en plusieurs endroits, mais fort legerement. Au reste nous venons de mettre ordre que vous fussiez logé dans la plus belle chambre d'ici. Comme vous aimez le grand air, nous avons fait meubler un petit appartement pour vous seul tout au haut de la grosse Tour, dont la terrasse vous servira de balcon ; vos yeux du moins seront en liberté, malgré le corps qui les attache. Ah ! mon cher Dyrcona, s'écria le Comte prenant alors la parole, nous fûmes bien malheureux de ne pas t'emmener, quand nous partîmes de Colignac ! Mon cœur, par une tristesse aveugle, dont j'ignorois la cause, me prédisoit je ne sçai quoy d'épouvantable : mais n'importe, j'ai des amis, tu es innocent ; & en tout cas je sçai fort bien comme on meurt glorieusement. Une seule chose me desespere. Le maraut sur lequel je voulois essayer les premiers coups de

ma vengeance, (tu conçois bien que je
parle de mon Curé) n'est plus en état de
la ressentir; ce miserable a rendu l'ame.
Voicy le détail de sa mort. Il couroit avec
son Serviteur, pour chasser ton coureur
dans son écurie, quand ce cheval, d'une
fidelité par qui peut-être les secrettes lumieres de son instinct ont redoublé, tout
fougueux se mit à ruer, mais avec tant de
furie & de succés, qu'en trois coups de
pied contre qui la tête de ce busse échoua,
il fit vaquer son benefice. Tu ne comprens
pas sans doute les causes de la haine de cet
insensé, mais je te les veux découvrir.
Sçache donc, pour prendre l'affaire de
plus haut, que ce saint Homme, Normand de nation, & Chicaneur de son métier, qui déservoit selon l'argent des Pe-
lerins, une Chapelle abandonnée, jetta
un dévolut sur la Cure de Colignac; &
que malgré tous mes efforts pour main-
tenir le possesseur dans son bon droit, le
drôle patelina si bien ses Juges, qu'à la fin
malgré nous il fut notre Pasteur.

Au bout d'un an il me plaida aussi, sur
ce qu'il entendoit que je payasse la dixme.
On eut beau luy representer, que de
temps immemorial ma terre étoit fran-
che, il ne laissa pas d'intenter son procés
qu'il perdit; mais dans les procedures il
fit naître tant d'incidens, qu'à force de
pulluler, plus de vingt autres procés ont
germé de celui-là, qui demeureront au
croc, grace au cheval dont le pied s'est
trouvé plus dur que la cervelle de M. Jean.

Voila tout ce que je puis conjecturer du vertigo de notre Pasteur. Mais admirez avec quelle prévoyance il conduisoit sa rage. On me vient d'assurer que s'étant mis en tête le malheureux dessein de ta prison, il avoit secretement permuté la Cure de Colignac contre une autre Cure en son Païs, où il s'attendoit de se retirer aussi-tôt que tu serois pris. Son Serviteur même a dit, que voyant ton cheval prés de son écurie, il luy avoit entendu murmurer, que c'étoit de quoy le mener en lieu où on ne l'atteindroit pas.

Ensuite de ce discours, Colignac m'avertit de me défier des offres & des visites que me rendroit peut-être une personne tres-puissante, qu'il me nomma; que c'étoit par son credit que Messire Jean avoit gagné le procés du dévolut; & que cette personne de qualité avoit sollicité l'affaire pour luy, en payement des services que ce bon Prêtre, du temps qu'il étoit Cuistre, avoit rendu au College à son fils. Or, continua Colignac, comme il est bien mal-aisé de plaider sans aigreur, & sans qu'il reste à l'ame un caractere d'inimitié qui ne s'efface plus, encore qu'on nous ait rapatriez, il a toûjours depuis cherché secretement les occasions de me traverser. Mais il n'importe, j'ai plus de parens que luy dans la Robe, & ai beaucoup d'amis, où tout au pis nous sçaurons y interposer l'autorité Royale.

Aprés que Colignac eut dit, ils tâchetent l'un & l'autre de me consoler; mais

ce fut par les témoignages d'une douleur
si tendre, que la mienne s'en augmenta.

Sur ces entrefaites, mon Geolier nous
vint retrouver, pour nous avertir que la
chambre étoit prête. Allons la voir, répondit Cussan ; il marcha, & nous le sui-
vîmes. Je la trouvai fort ajustée. Il ne me
manque rien, leur dis-je, sinon des Livres. Colignac me promit de m'envoyer
dés le lendemain tous ceux dont je luy
donnerois la liste. Quand nous eûmes bien
consideré & bien reconnu par la hauteur
de ma Tour, par les fossez à fonds de cu-
ve, qui l'environnoient, & par toutes
les dispositions de mon appartement, que
de me sauver étoit une entreprise hors du
pouvoir humain ; mes Amis se regardans
l'un l'autre, & puis jettans les yeux sur
moy, se mirent à pleurer : Mais comme
si tout à coup notre douleur eût fléchi la
colere du Ciel, une soudaine joye s'em-
para de mon ame ; la joye attira l'esperance ; & l'esperance, de secretes lumieres,
dont ma raison se trouva tellement é-
blouïe, que d'un emportement, qui me
sembloit ridicule à moy-même : Allez,
leur dis-je, allez m'attendre à Colignac,
j'y serai dans trois jours ; & envoyez-moi
tous les instrumens de Mathematique,
dont je travaille ordinairement. Au reste,
vous trouverez dans une grande boëte
force cristaux taillez de diverse façon, ne
les oubliez pas ; toutefois j'aurai plûtôt
fait de specifier dans un memoire les choses dont j'ai besoin.

Ils se chargerent du billet que je leur donnai, sans pouvoir penetrer mon intention; aprés quoy je les congediai.

Depuis leur départ, je ne fis que ruminer à l'execution des choses que j'avois premeditées, & j'y ruminois encore le lendemain, quand on m'apporta de leur part tout ce que j'avois marqué au catalogue. Un Valet de chambre de Colignac me dit, qu'on n'avoit point vû son Maître depuis le jour precedent, & qu'on ne sçavoit ce qu'il étoit devenu. Cet accident ne me troubla point, parce qu'aussitôt il me vint à la pensée qu'il seroit possible allé en Cour solliciter ma sortie: c'est pourquoi sans m'étonner, je mis la main à l'œuvre. Huit jours durant je charpentai, je rabotai, je colai, enfin je construisis la machine que je vous vais décrire.

Ce fut une grande boëte fort legere, & qui fermoit fort juste: Elle étoit haute de six pieds ou environ, & large de trois en quarré. Cette boëte étoit troüée par en bas; & par dessus la voûte qui l'étoit aussi, je posay un vaisseau de crystal troüé de même, fait en globe, mais fort ample, dont le goulot aboutissoit justement, & s'enchâssoit dans le pertuis que j'avois pratiqué au chapiteau.

Le vase étoit construit exprés à plusieurs angles, & en forme d'icosaëdre, afin que chaque facette étant convexe & concave, ma boule produisît l'effet d'un miroir ardent.

Le Geolier, ni ſes Guichetiers ne mon-
toient jamais à ma chambre, qu'ils ne
me rencontraſſent occupé à ce travail:
mais ils ne s'en étonnoient point, à cauſe
de toutes les gentilleſſes de mecanique
qu'ils voyoient dans ma chambre, dont
je me diſois l'inventeur. Il y avoit entre
autres un horloge à vent, un œil artifi-
ciel avec lequel on voit la nuit, une
Sphere où les Aſtres ſuivent le mouvement qu'ils ont dans le Ciel : Tout cela
leur perſuadoit que la machine où je tra-
vaillois, étoit une curioſité ſemblable ; &
puis l'argent dont Colignac leur graiſſoit
les mains, les faiſoit marcher doux en
beaucoup de pas difficiles. Or il étoit
neuf heures du matin; mon Geolier étoit
deſcendu, & le Ciel étoit obſcurci, quand
j'expoſai cette machine au ſommet de
ma Tour, c'eſt-à-dire au lieu le plus découvert de ma terraſſe : Elle fermoit ſi
clos, qu'un ſeul grain d'air, horſmis
par les deux ouvertures, ne s'y pouvoit
gliſſer ; & j'avois emboëté par dedans
un petit ais fort leger qui ſervoit à m'aſ-
ſeoir.

Tout cela diſpoſé de la ſorte, je m'enfermai dedans, & j'y demeurai prés d'une
heure, attendant ce qu'il plairoit à la Fortune d'ordonner de moi.

Quand le Soleil débaraſſé de nuages
commença d'éclairer ma machine, cet Ico-
ſaëdre tranſparent qui recevoit à travers
ſes facetes les treſors du Soleil, en répan-
doit par le bocal la lumiere dans ma cellu-

le ; & comme cette splendeur s'affoiblissoit à cause des rayons qui ne pouvoient
se replier jusqu'à moi sans se rompre beaucoup de fois, cette vigueur de clarté tem-
pérée convertissoit ma Châsse en un petit
Ciel de pourpre émaillé d'or.

J'admirois avec extase la beauté d'un
coloris si mélangé ; & voicy que tout à
coup je sens mes entrailles émeuës de la
même façon que les sentiroit tressaillir
quelqu'un enlevé par un poulie.

J'allois ouvrir mon guichet, pour connoître la cause de cette émotion ; mais
comme j'avançois la main, j'apperçus par
le trou du plancher de ma boëte, ma Tour
déja fort basse au dessous de moi ; & mon
petit Château en l'air, poussant mes pieds
contremont, me fit voir en un tournemain
Toulouse qui s'enfonçoit en terre. Ce pro-
dige m'étonna, non point à cause d'un es-
for si subit, mais à cause de cet épouvantable emportement de la raison humaine
au succés d'un dessein qui m'avoit même
effrayé en l'imaginant. Le reste ne me surprit pas ; car j'avois bien prévu que le
vuide qui surviendroit dans l'icosaëdre, à
cause des rayons unis du Soleil par les verres concaves, attireroit pour le remplir
une furieuse abondance d'air, dont ma
boëte seroit enlevée ; & qu'à mesure que je
monterois, l'horrible vent qui s'engouf-
freroit par le trou, ne pouroit s'élever jusqu'à la voûte qu'en penetrant cette machine avec furie il ne la poussât en haut. Quoi
que mon dessein fût digeré avec beaucoup
de

précaution, une circonstance toutefois
me trompa, pour n'avoir pas assez esperé
de la vertu de mes miroirs. J'avois disposé
autour de ma boëte une petite voile facile
à contourner, avec une ficelle dont je tenois le bout, qui passoit par le bocal du
vase; car je m'étois imaginé que quand
je serois en l'air, je pourrois prendre autant de vent qu'il m'en faudroit pour arriver à Colignac; mais en un clin d'œil le
Soleil qui battoit à plomb & obliquement
sur les miroirs ardens de l'icosaëdre, me
guinda si haut, que je perdis Toulouse
de vuë. Cela me fit abandonner ma ficelle,
& fort peu de temps aprés j'apperçus par
une des vitres que j'avois pratiquées aux
quatre côtez de la machine, ma petite voile arrachée, qui s'envoloit au gré d'un
tourbillon entonné dedans.

Il me souvient qu'en moins d'une heure
je me trouvay au dessus de la moyenne
region : je m'en apperçus bien-tôt, parce
que je voyois grêler & pleuvoir plus bas
que moy. On me demandera peut-être
d'où venoit alors le vent (sans lequel ma
boëte ne pouvoit monter) dans un étage
du Ciel exempt de métheores : mais pourvû qu'on m'écoute, je satisferai à cette ob-
jection. Je vous ay dit que le Soleil qui
battoit vigoureusement sur mes miroirs
concaves, unissant les rais dans le milieu
du vase, chassoit avec son ardeur, par le
tuyau d'enhaut, l'air dont il étoit plein;
& qu'ainsi le vase demeurant vuide, la
nature qui l'abhorre luy faisoit rehumer

par l'ouverture baſſe, d'autre air pour ſe
remplir : s'il en perdoit beaucoup, il en
recouvroit autant ; & de cette ſorte on ne
doit pas s'étonner que dans une region au
deſſus de la moyenne, où ſont les vents,
je continuaſſe de monter, parce que l'Æ-
ther devenoit vent, par la furieuſe vîteſſe
avec laquelle il s'engouffroit pour empêcher le vuide, & devoit par conſequent
pouſſer ſans ceſſe ma machine.

Je ne fus quaſi pas travaillé de la faim,
horſinis lors que je traverſai cette moyenne region ; car veritablement la froideur
du climat me la fit voir de loin ; je dis de
loin, à cauſe qu'une bouteille d'eſſence
que je portois toujours, dont j'avalay
quelques gorgées, luy défendit d'approcher.

Pendant tout le reſte de mon voyage,
je n'en ſentois aucune atteinte ; au contraire, plus j'avançois vers ce monde enflamé, plus je me trouvois robuſte : je
ſentois mon viſage un peu chaud, & plus
guai qu'à l'ordinaire ; mes mains paroiſ-
ſoient colorées d'un vermeil agréable, &
je ne ſçay quelle joye couloit parmi mon
ſang qui me faiſoit être au delà de moy.

Il me ſouvient que reflechiſſant ſur
cette avanture, je raiſonnai une fois ainſi.
La faim ſans doute ne me ſçauroit atteindre, à cauſe que cette douleur n'étant
qu'un inſtinct de nature, avec lequel elle
oblige les animaux à reparer par l'aliment
ce qui ſe perd de leur ſubſtance ; aujour-
d'huy qu'elle ſent que le Soleil, par ſa

pure, continuelle, & voisine irradiation,
me fait plus reparer de chaleur radicale,
que je n'en perds, elle ne me donne plus
cette envie qui me seroit inutile. J'objec-
tois pourtant à ces raisons, que puis que
le temperament qui fait la vie, consistoit
non seulement en chaleur naturelle, mais
en humide radical, où ce feu se doit attacher comme la flâme à l'huile d'une lampe; les rayons seuls de ce brasier vital ne
pouvoient faire l'ame, à moins que de
rencontrer quelque matiere onctueuse
qui les fixât. Mais tout aussi-tôt je vainquis cette difficulté, aprés avoir pris garde
que dans nos corps l'humide radical, & la
chaleur naturelle, ne font rien qu'une même chose : car ce que l'on appelle humide, soit dans les Animaux, soit dans le
Soleil, cette grande ame du monde, n'est
qu'une fluxion d'étincelles plus conti-
nuës, à cause de leur mobilité; & ce que
l'on nomme chaleur, est une brouïne d'a-
tômes de feu, qui paroissent moins déliez, à cause de leur interruption : mais
quand l'humide & la chaleur radicale se-
roient deux choses distinctes, il est cons-
tant que l'humide ne seroit pas necessaire
pour vivre si proche du Soleil; car puis
que cet humide ne sert dans les vivans,
que pour arrêter la chaleur qui s'exhale-
roit trop vîte, & ne seroit pas reparée assez
tôt; je n'avois garde d'en manquer dans
une region où de ces petits corps de flâme
qui font la vie, il s'en réunissoit davantage à mon être, qu'il ne s'en détachoit.

Une autre chose peut causer de l'étonnement ; sçavoir, pourquoi les approches de ce globe ardent ne me consommoient pas, puis que j'avois presque atteint la pleine activité de sa Sphére; mais en voici la raison. Ce n'est point, à proprement parler, le feu même qui brûle, mais une matiere plus grosse, que le feu pousse çà & là par les élans de sa nature mobile ; & cette poudre de bluettes, que je nomme feu, par elle-même mouvante, tient possible toute son action de la rondeur de ses atômes ; car ils chatoüillent, échauffent, ou brûlent, selon la figure des corps qu'ils traînent avec eux. Ainsi la paille ne jette pas une flâme si ardente que le bois ; le bois brûle avec moins de violence que le fer ; & cela procede de ce que le feu de fer, de bois, & de paille, quoy qu'en soy le même feu, agit toutefois diversement, selon la diversité des corps qu'il remuë : c'est pourquoy dans la paille, le feu (cette poussiere quasi spirituelle) n'étant embarassé qu'avec un corps mol, il est corrosif : Dans le bois, dont la substance est plus compacte, il entre plus durement ; & dans le fer, dont la masse est presque tout à fait solide, & liée de parties angulaires, il penetre & consomme ce qu'on y jette, en un tournemain. Toutes ces observations étant si familieres, on ne s'étonnera point que j'approchasse du Soleil sans être brûlé, puis que ce qui brûle n'est pas le feu, mais la matiere où il est attaché ; & que le feu du Soleil ne peut être mêlé d'aucune matiere. N'experimentons-nous pas même que la joye qui est un feu, parce qu'il ne remuë qu'un sang aërien, dont les particules fort deliées glissent doucement contre les membranes de notre chair, chatoüille & fait naître je ne sçay quelle aveugle volupté ; & que cette volupté, ou pour mieux dire, ce premier progrés, de douleur, n'arrivant pas jusqu'à menacer l'animal de mort, mais jusqu'à luy faire sentir que l'envie cause un mouvement à nos esprits, que nous appellons joye. Ce n'est pas que la fiévre, encore qu'elle ait des accidens tout contraires, ne soit un feu envelopé dans un corps, dont les grains sont cornus, tel qu'est la bile âtre, ou la mélancolie ; qui venant à darder ses pointes crochuës par-tout où sa nature mobile le promene, perce, coupe, écorche, & produit par cette agitation violente, ce qu'on appelle ardeur de fiévre : mais cette enchaînure de preuves est fort inutile ; les experiences les plus vulgaires suffisent pour convaincre les aheurtez. Je n'ay pas de temps à perdre, il faut penser à moy : je suis, à l'exemple de Phaëton, au milieu d'une carriere où je ne sçaurois rebrousser, & dans laquelle si je fais un faux pas, toute la Nature ensemble n'est point capable de me secourir.

Je reconnus tres-distinctement, comme autrefois j'avois soupçonné en montant à la Lune, qu'en effet c'est la terre qui tourne d'Orient en Occident à l'entour

P 3

du Soleil, & non pas le Soleil autour
d'elle ; car je voyois enfuite de la France,
le pied de la botte d'Italie, puis la Mer
Méditerrannée, puis la Grece, puis le
Bofphore, le Pont-Euxin, la Perfe, les
Indes, la Chine, & enfin le Japon, paffer fucceffivement vis-à-vis du trou de
ma loge ; & quelques heures aprés mon
élevation, toute la Mer du Sud ayant
tourné, laiffa mettre à fa place le Continent de l'Amerique.

Je diftinguay clairement toutes ces re-
volutions, & je me fouviens même que
long-temps aprés je vis encote l'Europe
remonter une fois fur la Scene, mais je
n'y pouvois plus remarquer feparément
les Etats, à caufe de mon exaltation qui
devint trop haute. Je laiffai fur ma route,
tantôt à gauche, tantôt à droite, plufieurs Terres comme la nôtre, ou pour
peu que j'atteigniffe les Sphéres de leur
activité, je me fentois fléchir : toutefois
la rapide vigueur de mon effor furmon-
toit celle de ces attractions.

Je côtoyay la Lune, qui pour lors fe
trouvoit entre le Soleil & la Terre, & je
laiffay Vénus à main droite. Mais à propos de cette Etoile, la vieille Aftronomie
a tant prêché que les Planetes font des
Aftres qui tournent à l'entour de la Terre,
que la moderne n'oferoit en douter : &
je remarquay toutefois, que durant tout
le temps que Vénus parut au deça du Soleil, à l'entour duquel elle tourne, je la
vis toujours en croiffant ; mais achevant

son tour, j'observay qu'à mesure qu'elle
passa derriere, les cornes se rapproche-
rent, & son ventre noir se redora. Or
cette vicissitude de lumieres & de tenebres, montrent bien évidemment que les
Planetes sont, comme la Lune & la Terre, des Globes sans clarté, qui ne sont
capables que de refléchir celle qu'ils em-
pruntent.

En effet, à force de monter, je fis encore la même observation de Mercure.
Je remarquai de plus, que tous ces Mondes ont encore d'autres petits Mondes
qui se meuvent à l'entour d'eux. Rêvant
depuis aux causes de la construction de
ce grand Univers, je me suis imaginé
qu'au débroüillement du Cahos, aprés
que Dieu eut créé la matiere, les corps
semblables se joignirent par ce principe
d'amour inconnu, avec lequel nous ex-
perimentons que toute chose cherche son
pareil. Des particules formées de certaine façon s'assemblerent, & cela fit l'air:
d'autres, à qui la figure donna possible un
mouvement circulaire, composerent en
se liant les Globes, qu'on appelle Astres,
qui non seulement, à cause de cette inclination de piroüeter sur leurs Poles, à laquelle leur figure les necessite, ont dû s'a-
masser en rond comme nous les voyons,
mais ont dû même, s'évaporant de la
masse, & cheminant dans leur fuite d'une
allure semblable, faire tourner les orbes
moindres qui se rencontroient dans la
Sphére de leur activité : c'est pourquoy

Mercure, Vénus, la Terre, Mars, Jupiter, & Saturne, ont été contraints de piroüeter & rouler tout ensemble à l'entour du Soleil. Ce n'est pas qu'on ne se puisse imaginer qu'autrefois tous ces autres Globes n'ayent été des Soleils, puis qu'il reste encore à la Terre, malgré son extinction presente, assez de chaleur pour faire tourner la Lune autour d'elle, par le mouvement circulaire des corps qui se déprennent de sa masse, & qu'il en reste assez à Jupiter pour en faire tourner quatre : mais ces Soleils, à la longueur du temps, ont fait une perte de lumiere & de feu si considerable, par l'émission continuelle des petits corps qui en font l'ardeur & la clarté, qu'ils sont demeurez un marc froid, tenebreux, & presque impuissant. Nous découvrons mêmes que ces taches qui sont au Soleil, dont les Anciens ne s'étoient point apperçus, croissent de jour en jour : or que sçait-on si ce n'est point une croûte qui se forme en sa superficie, sa masse qui s'éteint à mesure que la lumiere s'en déprend ; & s'il ne deviendra point, quand tous corps mobiles l'auront abandonné, un Globe opaque comme la Terre ? Il y a des siécles fort eloignez, au delà desquels il ne paroît aucun vestige du genre humain : peut-être qu'auparavant la Terre étoit un Soleil peuple d'animaux proportionnez au climat qui les avoit produits, & peut-être que ces animaux-là étoient les Démons dont l'Antiquité raconte tant d'exemples. Pourquoy non ? Ne se peut-il pas faire que ces animaux depuis l'extinction de la Terre, y ont encore habité quelque temps, & que l'alteration de leur Globe n'en avoit pas détruit encore toute la race? En effet, leur vie a duré jusqu'à celle d'Auguste, au témoignage de Plutarque. Il semble même que le Testament prophétique & sacré de nos premiers Patriarches, nous nous ait voulu conduire à cette verité par la main ; car on lit, auparavant qu'il soit parlé de l'Homme, la revolte des Anges. Cette suite de temps que l'Ecriture observe, n'est-elle pas comme une demi-preuve que les Anges ont habité la Terre auparavant nous ; & que ces orgueilleux qui avoient habité notre Monde, du temps qu'il étoit Soleil, dédaignans peut-être depuis qu'il fut éteint, d'y continuer leur demeure, & sçachans que Dieu avoit posé son Trône dans le Soleil, oserent entreprendre de l'occuper? Mais Dieu qui voulut punir leur audace, les chassa même de la Terre, & créa l'Homme moins parfait, mais par consequent moins superbe, pour occuper leurs places vuides.

Environ au bout de quatre mois de voyage, du moins autant qu'on sçauroit supputer, quand il n'arrive point de nuit pour distinguer le jour, j'aborday une de ces petites Terres qui voltigent à l'entour du Soleil, que les Mathématiciens appellent des Macules, où à cause des nuages interposez, mes miroirs ne réunissant plus

tant de chaleur, & l'air par conſequent ne
pouſſant plus ma cabane avec tant de vigueur, ce qui reſta de vent ne fut capable
que de ſoutenir ma chute, & me déſcen-
dre ſur la pointe d'une fort haute montagne où je baiſſay doucement.

Je vous laiſſe à penſer la joye que je
ſentis de voir mes pieds ſur un plancher
ſolide, aprés avoir ſi long-temps joüé le
perſonnage d'Oiſeau. En verité des paroles ſont foibles, pour exprimer l'épanoüiſ-
ſement dont je treſſaillis, lors qu'enfin j'apperçus ma tête couronnée de la clarté des
Cieux. Cet extaſe pourtant ne me tranſporta pas ſi fort, que je ne ſongeaſſe au ſortir de ma boëte, de couvrir ſon chapiteau
avec ma chemiſe auparavant que de m'é-
loigner ; parce que j'apprehendois, ſi l'air
devenant ſerein, le Soleil eût rallumé
mes miroirs, comme il étoit vrai-ſem-
blable, de ne plus retrouver ma maiſon.

Par des crevaſſes que des ruines d'eau
témoignoient avoir creuſées, je devalay
dans la Plaine, où par l'épaiſſeur du limon dont la terre étoit graſſe, je ne pouvois quaſi marcher : toutefois au bout de
quelque eſpace de chemin, j'arrivai dans
une fondriere, où je rencontray un petit
Homme tout nud, aſſis ſur une pierre,
qui ſe repoſoit. Je ne me ſouviens pas ſi je
luy parlai le premier, ou ſi ce fut luy qui
m'interrogea : mais j'ai la memoire toute
fraîche, comme ſi je l'écoutois encore,
qu'il me diſcourut pendant trois groſſes
heures en une Langue que je ſçay bien

n'avoir jamais oüye , & qui n'a aucun rapport avec pas une de ce Monde-cy, laquelle toutefois je compris plus vîte &
plus intelligiblement que celle de ma
Nourrice. Il m'expliqua , quand je me
fus enquis d'une chose si merveilleuse ,
que dans les Sciences il y avoit un vray,
hors lequel on étoit toûjours éloigné du
facile ; que plus un idiôme s'éloignoit de
ce vray, plus il se rencontroit au dessous
de la conception , & de moins facile intelligence : De même, continua-t-il, dans
la Musique ce vray ne se rencontre jamais , que l'ame aussi-tôt soulevée ne s'y
porte aveuglément. Nous ne le voyons
pas , mais nous sentons que Nature le
voit ; & sans pouvoir comprendre en
quelle sorte nous en sommes absorbez , il
ne laisse pas de nous ravir ; & si, nous ne
sçaurions remarquer où il est. Il en va des
Langues tout de même ; qui rencontre
cette verité de lettres , de mots , & de suite, ne peut jamais en s'exprimant tomber
au dessous de sa conception, il parle toûjours égal à sa pensée; & c'est pour n'avoir
pas la connoissance de ce parfait idiôme ,
que vous demeurez coart, ne connoissant
pas l'ordre ni les paroles qui puissent expliquer ce que vous imaginez. Je lui dis ,
que le premier Homme de notre Monde,
s'étoit indubitablement servi de cetteLan-
gue, parce que chaque nom qu'il avoit
imposé à chaque chose, declaroit son essence. Il m'interrompit, & continua. Elle
n'est pas simplement necessaire , pour ex-

primer tout ce que l'esprit conçoit, mais
sans elle on ne peut pas être entendu de
tous. Côme cet idiôme est l'instinct ou la
voix de la Nature, il doit être intelligible
à tout ce qui vit sous le ressort de la Nature : c'est pourquoi si vous en aviez l'intelligence, vous pourriez communiquer
& discourir de toutes vos pensées aux bêtes, & les bêtes à vous de toutes les leurs,
à cause que c'est le langage même de la
Nature, par qui elle se fait entendre à tous
les animaux.

Que la facilité donc avec laquelle vous
entendez le sens d'une Langue qui ne son-
na jamais à votre ollye, ne vous étonne
plus. Quand je parle, votre ame rencontre dans chacun de mes mots, ce vray qu'-
elle cherche à tâtons; & quoi que sa raison
ne l'entende pas, elle a chez soy Nature
qui ne sçauroit manquer de l'entendre.

Ah! c'est sans doute, m'écriai-je, par
l'entremise de cet energique idiôme, qu'-
autrefois notre premier Pere conversoit a-
vec les animaux, & qu'il étoit entendu
d'eux; car comme la domination sur toutes
les especes luy avoit été donnée, elles luy
obeïssoient, parce qu'il les faisoit en une
Langue qui leur étoit connuë; & c'est aussi
pour cela (la Langue matrice étant perduë)
qu'elles ne viennent point aujourd'huy,
comme jadis, quand nous les appellons,
à cause qu'elles ne nous entendent plus.

Le petit Homme ne fit pas semblant de
me vouloir répondre; mais reprenant le
fil de son discours, il alloit continuer,

ſi je ne l'euſſe interrompu encore une fois.
Je luy demandai donc en quel Monde
nous reſpirions, s'il étoit beaucoup habité , & quelle ſorte de gouvernement
maintenoit leur police. Je vais , repliqua-
t-il , vous étaler des ſecrets qui ne ſont
point connus en votre climat.

Regardez bien la terre où nous marchons ; elle étoit il n'y a gueres une maſſe
indigeſte & broüillée, un cahos de matiere confuſe, une craſſe noire & gluante
dont le Soleil s'étoit purgé. Or aprés que
par la vigueur des rais qu'il dardoit contre, il a mêlé, preſſé , & rendu compactes
ces nombreux nuages d'atômes ; aprés ,
dis-je , que par une longue & puiſſante
coction, il a ſeparé dans cette boule les
corps les plus contraires, & reüni les plus
ſemblables, cette maſſe outrée de chaleur a tellement ſué, qu'elle a fait un deluge qui l'a couverte plus de quarante
jours ; car il faloit bien à tant d'eau cet
eſpace de temps pour s'écouler aux regions les plus penchantes & les plus baſ-
ſes de notre globe.

De ces torrens d'humeur aſſemblez , il
s'eſt formé la Mer, qui témoigne encore
par ſon ſel que ce doit être un amas de
ſueur, toute ſueur étant ſalée. Enſuite de
la retraite des eaux, il eſt demeuré ſur la
terre une bourbe graſſe & feconde , où
quand le Soleil eut rayonné, il s'éleva
comme une ampoulle, qui ne pût à cauſe
du froid pouſſer ſon germe dehors. Elle
reçut donc une autre coction ; & cette co.

ction la rectifiant encore, & la perfection-
nant par un mélange plus exact, elle ren-
dit ce germe qui n'étoit en puissance que
de vegeter, capable de sentir : Mais parce
que les eaux qui avoient si long-temps
croupi sur le limon, l'avoient trop mor-
fondu, la bube ne se creva point ; de sorte
que le Soleil la recuisit encore une fois ;
& aprés une troisiéme digestion, cette matrice étant si fort échauffée, que le froid
n'apportoit plus d'obstacles à son accouchement, elle s'ouvrit, & enfanta un
Homme, lequel a retenu dans le foye,
qui est le siege de l'ame vegetative, &
l'endroit de la premiere coction, la puissance de croître ; dans le cœur, qui est le
siege de l'activité, & la place de la seconde coction, la puissance vitale ; & dans
le cerveau, qui est le siege de l'intellectuelle, & le lieu de la troisiéme coction,
la puissance de raisonner. Sans cela, pourquoi serions-nous plus long-temps dans
le ventre de nos meres, que tout le reste
des animaux, si ce n'étoit qu'il faut que
notre embrion reçoive trois coctions distinctes, pour former les trois facultez
distinctes de notre ame ; & les bêtes seulement deux, pour former ses deux puis-
sances ? Je sçai bien que le cheval ne s'a-
cheve qu'en dix, douze, ou quatorze
mois, au ventre de la jument : mais comme il est d'un tempérament contraire à
celui qui nous fait Hommes, que jamais
il n'a vie qu'aux mois remarquez tout à
fait antipatiques à la nôtre, quand nous

restons dans la matrice outre le cours naturel ; ce n'est pas merveille que le periode du temps dont Nature a besoin pour delivrer une jument, soit autre que celui qui fait accoucher une Femme. Ouy, mais enfin, dira quelqu'un, le cheval demeure plus de temps que nous au ventre de sa mere ; & par consequent il y reçoit des coctions ou plus parfaites, ou plus nombreuses. Je répons qu'il ne s'ensuit pas ; car sans m'appuyer des observations que tant de Doctes ont fait sur l'energie des nombres, quand ils prouvent que toute matiere étant en mouvement, certains êtres s'achevent dans une certaine revolution de jours, qui se détruisent dans une autre ; ni sans me faire fort des preuves qu'ils tirent, aprés avoir expliqué la cause de tous ces mouvemens, que le nombre de neuf est le plus parfait ; je me contenterai de répondre que le germe de l'homme étant plus chaud, le Soleil y travaille, & fournit plus d'organes en neuf mois, qu'il n'en ébauche en un an dans celui du Poulain. Or qu'un cheval ne soit beaucoup plus froid qu'un homme, on n'en sçauroit douter, puisque cette bête ne meurt que d'enflure de rate, ou d'autres maux qui procedent de melancolie. Cependant, me direz-vous, on ne voit point dans notre Monde aucun Homme engendré de bouë, & produit de cette façon. Je le croy bien, votre Monde est aujourd'hui trop échauffé : car si-tôt que le Soleil attire un germe de la terre ; ne

rencontrant point ce froid humide, ou
pour mieux dire ce periode certain d'un
mouvement achevé, qui le contraigne à
plusieurs coctions, il en forme aussi-tôt
un vegetant ; ou s'il se fait deux coctions,
comme la seconde n'a pas le loisir de s'a-
chever parfaitement, elle n'engendre qu'-
un insecte : Aussi j'ai remarqué que le
Singe, qui porte comme nous ses petits
prés de neuf mois, nous ressemble par
tant de biais, que beaucoup de Naturali-
stes ne nous ont point distinguez d'espece;
& la raison c'est que leur semence à peu
prés temperée comme la nôtre, pendant
ce temps a presque eu le loisir d'achever
les trois digestions.

Vous me demanderez indubitablement,
de qui je tiens l'histoire que je vous ay
contée. Vous me direz que je ne sçaurois
l'avoir apprise de ceux qui n'y étoient pas.
Il est vrai que je suis le seul qui s'y soit
rencontré, & que par consequent je n'en
puis rendre témoignage, à cause qu'elle
étoit arrivée auparavant que je naquisse ;
cela est encore vray : mais apprenez aussi,
que dans une region voisine du Soleil
comme la nôtre, les ames pleines de feu
sont plus claires, plus subtiles, & plus
penetrantes, que celles des autres animaux aux Spheres plus éloignées. Or puis
que dans votre Monde même il s'est jadis
rencontré des Prophetes, de qui l'esprit
échauffé par un vigoureux enthousiasme
ont eu des pressentimens du futur, il n'est
pas impossible que dans celui-ci beaucoup

coup plus proche du Soleil, & par confequent beaucoup plus lumineux que le
vôtre, il ne vienne à un fort génie quelque odeur du pafsé ; que fa raifon mobile
ne fe remuë aufsi-bien en arriere qu'en
avant, & qu'elle ne foit capable d'atteindre la caufe par les effets, vû qu'elle peut
arriver aux effets par la caufe.

Il acheva fon recit de cette forte ; mais
aprés une conference encore plus particuliere de fecrets fort cachez qu'il me reve-
la, dont je veux taire une partie, & dont
l'autre m'eft échapée de la memoire, il
me dit qu'il n'y avoit pas encore trois fe-
maines qu'une mote de terre engrofsée
par le Soleil, avoit accouché de luy. Regardez bien cette tumeur. Alors il me fit
remarquer fur de la bourbe je ne fçai quoi
d'enflé comme une taupiniere : c'eft, dit-
il, une apoftume, ou pour mieux parler,
une matrice qui recelle depuis neuf mois
l'embrion d'un de mes freres. J'attens ici,
à deffein de luy fervir de fage-Femme.

Il auroit continué, s'il n'eût apperçu à
l'entour de ce gazon d'argile le terrain qui
palpitoit. Cela lui fit juger, avec la grof-
feur du bubon, que la Terre étoit en travail, & que cette fecoufse étoit déja l'effort des tranchées de l'accouchement. Il
me quitta aufsi-tôt pour y courir ; & moi
j'allai rechercher ma Cabane.

Je regrimpai donc la Montagne que j'a-
vois defcenduë, au fommet de laquelle
je parvins avec beaucoup de laffitude.
Vous pouvez croire combien je fus en

peine, quand je ne la trouvai plus où je l'avois laiſſée. J'en ſoûpirois déja la perte, comme je l'apperçus fort loin qui voltigeoit. Autant que mes jambes pûrent fournir, j'y courus à perte d'haleine; & certes c'étoit un paſſé-temps agreable, de contempler cette nouvelle façon d'aller à la Chaſſe; car quelquefois que j'avois preſque la main deſſus, il ſurvenoit dans la boule de verre une legere augmentation de chaleur, qui tirant l'air avec plus de force, & cet air devenu plus roide, enlevant ma boëte au deſſus de moy, me faiſoit ſauter aprés comme un Chat à un croc où il voit pendre un Lievre. Sans ma chemiſe qui étoit demeurée ſur le chapiteau, pour s'oppoſer à la force des miroirs, elle eût fait le voyage toute ſeule.

Mais à quoi bon me rafraîchir la memoire d'une avanture dont je ne ſçaurois me ſouvenir qu'avec la même douleur que je reſſentis alors? Il ſuffira de ſçavoir qu'elle bondit, courut, & vola tant, & que je ſautai, marchai, & arpentai tant, qu'enfin je la vis cheoir au pied d'une fort haute montagne. Elle m'eût mené poſſible encore plus loin, ſi de cette orgueilleuſe enflure de la Terre, les ombres qui noirciſſoient le Ciel bien avant ſur la plaine, n'euſſent répandu tout autour une nuit de demi lieuë; car ſe rencontrant parmi ces tenebres, ſon verre n'en eut pas plûtôt ſenti la fraîcheur, qu'il ne s'y engendra plus de vuide, plus de vent par le trou, & conſequemment plus d'impul-

fion qui la foûtînt ; de forte qu'elle chut,
& fe fût brisée en mille éclats, fi par bonheur une mare où elle tomba, n'eût plié
fous le faix. Je la tirai de l'eau, remis en
état ce qui étoit froiffé ; puis après l'avoir
embraffée de toute ma force, je la portai fur le fommet d'un côteau qui fe rencontra tout proche. Là je dévelopai ma
chemife d'alentour du vafe, mais je ne la
pûs vêtir, parce que mes miroirs commençant leur effet, j'apperçus ma Cabane qui fretilloit déja pour voler. Je
n'eus le loifir que d'entrer vîtement dedans, où je m'enfermai comme la premiere fois.

La Sphere de notre Monde ne me paroiffoit plus qu'un Aftre, à peu prés de la
grandeur que nous paroît la Lune ; encore
il s'étrecilloit, à mefure que je montois,
jufques à devenir une Etoile, puis une
bluette, & puis rien ; d'autant que ce
point lumineux s'éguifa fi fort, pour s'éga-
ler à celui qui termine le dernier rayon de
ma vuë, qu'enfin elle le laiffa s'unir à la
couleur des Cieux. Quelqu'un peut-être
s'étonnera que pendant un fi long voyage,
le fommeil ne m'ait point accablé : mais
comme le fommeil n'eft produit que par
la douce exhalaifon des viandes qui s'évaporent de l'eftomac au cerveau, ou par un
befoin que fent Nature de lier notre ame,
pour reparer pendant le repos autant d'efprits que le travail en a confommez, je
n'avois garde de dormir, vû que je ne
mangeois point, & que le Soleil me refti-

tuoit beaucoup plus de chaleur radicale
que je n'en diffipois. Cependant mon é-
levation continuoit, & à mefure qu'elle
m'approchoit de ce monde enflamé, je
fentois couler dans mon fang une certaine
joye qui le rectifioit, & paffoit jufqu'à
l'ame. De temps en temps je regardois en
haut, pour admirer la vivacité des nuances qui rayonnoient dans mon petit dôme
de cryftal ; & j'ai la memoire encore pre-
fente, que je pointois alors mes yeux dans
le bocal du vafe, comme voici que tout
en furfaut je fens je ne fçai quoi de lourd
qui s'envole de toutes les parties de mon
corps. Un tourbillon de fumée fort épaif-
fe & quafi palpable, fuffoqua mon verre
de tenebres ; & quand je voulus me mettre debout pour contempler ce noir dont
j'étois aveuglé, je ne vis plus ni vafe ni
miroirs, ni verriere, ni couverture à ma
cabane : Je baiffai donc la vûë à deffein
de regarder ce qui faifoit ainfi cheoir mon
chef-d'œuvre en ruine ; mais je ne trouvai à fa place, & à celle des quatre côtez,
& du plancher, que le Ciel tout autour
de moy. Encore ce qui m'effraya davantage, ce fut de fentir, comme fi le vague
de l'air fe fût petrifié, je ne fçai quel ob-
ftacle invifible qui repouffoit mes bras
quand je les penfois étendre. Il me vint
alors dans l'imagination, qu'à force de
monter, j'étois fans doute arrivé dans le
Firmament, que certains Philofophes &
quelques Aftronômes ont dit être folide.
Je commençai à craindre d'y demeurer

enchâſſé ; mais l'horreur dont me conſterna la bizarrerie de cet accident, s'accrut bien davantage par ceux qui ſuccederent : car ma vûë qui vaguoit çà & là, étant par hazard tombée ſur ma poitrine, au lieu de s'arrêter à la ſuperficie de mon corps, paſſa tout à travers ; puis un moment enſuite je m'aviſai que je regardois par derriere, & preſque ſans aucun intervale : comme ſi mon corps n'eût plus été qu'un organe de voir, je ſentis ma chair, qui s'étant décraſſée de ſon opacité, tranſferoit les objets à mes yeux, & mes yeux aux objets par chez elle. Enfin aprés avoir heurté mille fois ſans la voir, la voûte, le plancher, & les murs de ma chaiſe, je connûs que par une ſecrete neceſſité de la lumiere dans ſa ſource, nous étions ma Cabane & moy, devenus tranſparens. Ce n'eſt pas que je ne la dûſſe appercevoir, quoy que diafane, puiſqu'on apperçoit bien le verre, le cryſtal, & les diamans qui le ſont : Mais je me figure que le Soleil, dans une region ſi proche de luy, purge bien plus parfaitement les corps de leur opacité, en arrangeant plus droits les pertuis imperceptibles de la matiere, que dans notre Monde, où ſa force preſque uſée par un ſi long chemin, eſt à peine capable de tranſpirer ſon éclat aux pierres precieuſes : toutefois, à cauſe de l'interne egalité de leurs ſuperficies, il leur fait rejaillir à travers de leurs glaces, comme par de petits yeux, où le vert des émeraudes, ou l'écarlate des rubis, ou le violet des amétiftes, felon que les differents pores de la pierre, ou plus droits, ou plus finueux, éteignent ou rallument par la quantité des reflexions cette lumiere affoiblie. Une difficulté peut embaraffer le Lecteur, à fçavoir comment je pouvois me voir, & ne point voir ma loge, puifque j'étois devenu diafane auffi bien qu'elle. Je répons à cela, que fans doute le Soleil agit autrement fur les corps qui vivent, que fur les inanimez, puifqu'aucun endroit, ni de ma chair, ni de mes os, ni de mes entrailles, quoi que tranfparens, n'avoit perdu fa couleur naturelle ; au contraire, mes poulmons confervoient encore fous un rouge intarnat leur molle delicateffe : mon cœur toûjours vermeil balançoit aisément entre le fiftole & le diaftole ; mon foye fembloit brûler dans un pourpre de feu ; & cuifant l'air que je refpirois, continoit la circulation du fang ; enfin je me voyois, me touchois, me fentois le même, & fi pourtant je ne l'étois plus.

Pendant que je confiderai cette metamorphofe, mon voyage s'accourciffoit toûjours, mais pour lors avec beaucoup de lenteur, à caufe de la ferenité de l'Æther, qui fe rarefioit à proportion que je m'approchois de la fource du jour ; car comme la matiere en cet étage eft fort deliée pour le grand vuide dont elle eft pleine, & que cette matiere eft par confequent fort pareffeufe à caufe du vuide qui n'a point d'action, cet air ne pouvoit pro-

duire , en paſſant par le trou de ma boëte,
qu'un petit vent à peine capable de la ſoutenir.

Je ne reflechis jamais au malicieux caprice de la Fortune , qui toujours s'oppo-
ſoit au ſuccés de mon entreprise avec tant
d'opiniâtreté , que je m'étonne comment
le cerveau ne me tourna point. Mais écoutez un miracle que les ſiecles futurs auront
de la peine à croire.

Enfermé dans une boëte à jour que je
venois de perdre de vuë , & mon eſſor
tellement appeſanti , que je faiſois beaucoup de ne pas tomber ; enfin dans un état
où tout ce que renferme la machine entiere du Monde, étoit impuiſſante à me ſe-
courir , je me trouvois reduit au periode
d'une extrême infortune : toutefois comme alors que nous expirons , nous ſommes interieurement pouſſez à vouloir embraſſer ceux qui nous ont donné l'être, j'é-
levai mes yeux au Soleil notre Pere commun. Cette ardeur de ma volonté non ſeulement ſoûtint mon corps , mais elle le
lança vers la choſe qu'il aſpiroit d'embraſſer. Mon corps pouſſa ma boëte , &
de cette façon je continuai mon voyage.
Si-tôt que je m'en apperçus , je roidis a-
vec plus d'attention que jamais toutes les
facultez de mon ame , pour les attacher
d'imagination à ce qui m'attiroit ; mais
ma tête chargée de ma Cabane , contre le
chapiteau de laquelle les efforts de ma volonté me guindoient malgré moy , m'in-
commoda de telle ſorte , qu'à la fin cette

pesanteur me contraignit de chercher à
tâtons l'endroit de sa porte invisible. Par
bonheur je la rencontrai, je l'ouvris, &
me jettai dehors ; mais cette naturelle apprehension de cheoir, qu'ont tous les animaux quand ils se surprennent soûtenus
de rien, me fit pour m'accrocher brusquement étendre le bras. Je n'étois guidé que
de la Nature, qui ne sçait pas raisonner ;
& c'est pourquoi la Fortune son ennemie,
poussa malicieusement ma main sur le
chapiteau de crystal. Helas ! quel coup
de tonnerre fut à mes oreilles, le son de
l'icosaëdre que j'entendis se casser en morceaux ? Un tel desordre, un tel malheur,
une telle épouvante, sont au de-là de toute expression. Les miroirs n'attirerent plus
d'air, car il ne se faisoit plus de vuide ;
l'air ne devint plus vent, par la hâte de le
remplir ; le vent cessa de pousser ma boëte
en haut ; bref aussi-tôt aprés ce débris je
la vis cheoir fort long-temps à travers ces
vastes campagnes du Monde, où elle re-
contracta dans la même region l'opaque
tenebreux qu'elle avoit exhalée ; d'autant
que l'énergique vertu de la lumiere ces-
sant en cet endroit, elle se rejoignit avi-
dement à l'obscure épaisseur qui luy étoit
comme essentielle ; de la même façon
qu'il s'est vû des ames long-temps aprés
la separation venir chercher leurs corps,
& pour tâcher de s'y rejoindre errer cent
ans durant à l'entour de leurs sepultures.
Je me doute qu'elle perdit ainsi sa diafa-
neïté, car je l'ai vûë depuis en Pologne
au

au même état qu'elle étoit quand j'y entrai la premiere fois. Or j'ai fçu qu'elle
tomba fous la ligne équinoctiale, au
Royaume de Borneau ; qu'un Marchand
Portugais l'avoit achetée de l'Infulaire qui
la trouva, & que de main en main elle
étoit venuë en la puiffance de cet Inge-
nieur Polonois, qui s'en fert maintenant
à voler.

Ainfi donc, fufpendu dans le vague des
Cieux, & déja conflerné de la mort que
j'attendois par ma chute, je tournai, comme je vous ai dit, mes triftes yeux au Soleil : ma vuë y porta ma penfée; & mes regards fixement attachez à fon globe, mar-
querent une voye dont ma volonté fuivit
les traces pour y enlever mon corps.

Ce vigoureux élan de mon ame ne fera
pas incomprehenfible, à qui confiderera
les plus fimples effets de notre volonté ;
car on fçait bien, par exemple, que quand
je veux fauter, ma volonté foulevée par
ma fantaifie, ayant fufcité tout le micro-
cofme, elle tâche de le tranfporter jufqu'-
au but qu'elle s'eft propofé : fi elle n'y arrive pas toujours, c'eft à caufe que les
principes dans la Nature, qui font uni-
verfels, prévalent aux particuliers, & que
la puiffance de vouloir, étant particuliere
aux chofes fenfibles, & celle de cheoir au
centre étant generalement répanduë par
toute la matiere, mon faut eft contraint
de ceffer, dés que la maffe, aprés avoir
vaincu l'infolence de la volonté qui l'a furprife, fe rapproche du point où elle tend,

Je tairai tout ce qui survint au reste de mon voyage, de peur d'être aussi long-temps à le compter qu'à le faire : Tant y a qu'au bout de vingt-deux mois j'abordai enfin tres-heureusement les grandes Plaines du jour.

Cette Terre est semblable à des flocons de neige embrasée, tant elle est lumineuse : Cependant c'est une chose assez incroyable, que je n'aye jamais sçu comprendre depuis que ma boëte tomba, si je montai, ou si je descendis au Soleil. Il me souvient seulement, quand j'y fus arrivé, que je marchois legerement dessus ; je ne touchois le plancher que d'un point , & je roulois souvent comme une boule, sans que je me trouvasse incommodé de cheminer avec la tête, non plus qu'avec les pieds. Encore que j'eusse quelquefois les jambes vers le Ciel , & les épaules contre terre, je me sentois dans cette posture aussi naturellement situé, que si j'eusse eu les jambes contre terre, & les épaules vers le Ciel. Sur quelque endroit de mon corps que je me plantasse , sur le ventre , sur le dos, sur un coude , sur une oreille , je m'y trouvois debout. Je reconnus par là, que le Soleil est un Monde qui n'a point de centre , & que comme j'étois bien loin hors la Sphere active du nôtre, & de tous ceux que j'avois rencontrez , il étoit par consequent impossible que je pesasse encore, puisque la pesanteur n'est qu'une attraction du centre dans la Sphere de son activité.

Le respect avec lequel j'imprimois de mes pas cette lumineuse campagne, suspendit pour un temps l'ardeur dont je petillois d'avancer mon voyage. Je me sentois tout honteux de marcher sur le jour : mon corps même étonné se voulant appuyer de mes yeux, & cette terre transparente qu'ils penetroient, ne les pouvant soutenir, mon instinct malgré moy devenu maître de ma pensée, l'entraînoit au plus creux d'une lumiere sans fonds. Ma raison pourtant peu à peu desabusa mon instinct ; j'appuyai sur la Plaine des vestiges assurez & non tremblans, & je comptai mes pas si fierement, que si les Hommes avoient pû m'appercevoir de leur Monde, ils m'auroient pris pour ce grand Dieu qui marche sur les nuës. Aprés avoir, comme je croy, cheminé durant quinze jours, je parvins en une contrée du Soleil moins resplendissante que celles dont je sortois. Je me sentis tout ému de joye, & je m'imaginai qu'indubitablement cette joye procedoit d'une secrete sympathie que mon être gardoit encore pour son opacité. La connoissance que j'en eus, ne me fit pourtant point desister de mon entreprise ; car alors je ressemblois à ces vieillards endormis, lesquels encore qu'ils sçachent que le sommeil leur est préjudiciable, & qu'ils ayent commandé à leurs domestiques de les en arracher, sont pourtant bien fâchez ce te temps-là quand on les reveille. Ainsi quoy que mon corps s'obscurcissant à me-

R 2

fure que j'atteignois des Provinces plus
tenebreufes, recontractât les foiblefles
qu'apporte cette infirmité de la matiere :
je devins las, & le fommeil me faifit. Ces
mignardes langueurs dont les approches
du fommeil nous chatoüillent, couloient
dans mes fens tant de plaifir, que mes fens
gagnez par la volupté, forcerent mon a-
me de fçavoir bon gré au Tyran qui en-
chaînoit fes domeftiques ; car le fommeil,
cet ancienTyran de la moitié de nos jours,
qui à caufe de fa vieilleffe ne pouvant fu-
porter la lumiere, ni la regarder fans s'é-
vanoüir, avoit été contraint de m'abandonner à l'entrée des brillans climats du
Soleil, & étoit venu m'attendre fur les
confins de la region tenebreufe dont je
parle, où m'ayant ratrappé, il m'arrêta
prifonnier, enferma mes yeux fes ennemis declarez, fous la noire voûte de mes
paupieres ; & de peur que mes autres fens
le trahiffant comme ils m'avoient trahi,
ne l'inquietaffent dans la paifible poffef-
fion de fa conquête, il les garota chacun
contre leur lit. Tout cela veut dire en
deux mots, que je me couchai fur le fable fort affoupi. C'étoit une rafe campagne, tellement découverte, que ma vüe,
de fa plus longue portée, n'y rencontroit
pas feulement un buiffon ; & cependant à
mon reveil, je me trouvai fous un arbre,
en comparaifon de qui les plus hauts Ce-
dres ne paroîtroient que de l'herbe. Son
tronc étoit d'or maffif, fes rameaux d'argent, & fes feüilles d'émeraudes, qui def-

ſüs l'éclatante verdeur de leur précieuſe
ſuperficie, ſe repreſentoient comme dans
un miroir les images du fruit qui pendoit
à l'entour. Mais jugez ſi le fruit devoit
rien aux feüilles ; l'écarlate enflâmé d'un
gros eſcarboucle compoſoit la moitié de
chacun, & l'autre mettoit en ſuſpens ſi elle
tenoit ſa matiere d'une chriſolite, ou d'un
morceau d'ambre doré ; les fleurs épa-
noüies étoient des roſes de diamans fort
larges; & les boutons, de groſſes perles en
poire.

Un Roſſignol, que ſon plumage uni
rendoit beau par excellence, perché tout
au coupeau, ſembloit avec ſa melodie vouloir contraindre les yeux de confeſſer aux
oreilles qu'il n'étoit pas indigne du Trône
où il étoit aſſis.

Je reſtai long-temps interdit à la vuë de
ce riche ſpectacle, & je ne pouvois m'aſ-
ſouvir de le regarder : mais comme j'oc-
cupois toute ma penſée à contempler entre les autres fruits une pomme de Grenade extraordinairement belle, dont la chair
étoit un eſſain de pluſieurs gros rubis en
maſſe, j'apperçus remuer cette petite
couronne qui luy tient lieu de tête, laquelle s'alongea autant qu'il le faloit pour
former un col. Je vis enſuite boüillonner
au deſſus je ne ſçai quoy de blanc, qui à
force de s'épaiſſir, de croître, d'avancer,
& de reculer la matiere en certains endroits, parut enfin le viſage d'un petit buſte de chair. Ce petit buſte ſe terminoit
rond vers la ceinture, c'eſt à dire qu'il

gardoit encore par en bas fa figure de
pomme. Il s'étendit pourtant peu à peu,
& fa queuë s'étant convertie en deux jambes, chacune de fes jambes fe partagea en
cinq orteils. Humanifée que fut la Grenade, elle fe détacha de fa tige, & d'une
legere cullebute tomba juftement à mes
pieds. Certes je l'avoüe, quand j'apperçus marcher fierement devant moy cette
pomme raifonnable, ce petit bout deNain
pas plus grand que le poulce, & cependant affez fort pour fe créer foy-même,
je demeurai faifi de veneration. Animal
humain (me dit-il en cette Langue matrice dont je vous ai autrefois difcouru)
après t'avoir long-temps confideré du
haut de la branche où je pendois, j'ai crû
lire dans ton vifage que tu n'étois pas originaire de ce Monde; c'eft à caufe de cela
que je fuis defcendu pour en être éclairci
au vrai. Quand j'eus fatisfait fa curiofité,
à propos de toutes les matieres dont il me
queftionna.... Mais vous, luy dis-je,
découvrez-moy qui vous êtes; car ce que
je viens de voir eft fi fort étonnant, que
je defefpere d'en connoître jamais la caufe, fi vous ne me l'apprennez. Quoy, un
grand arbre tout de pur or, dont les feüilles font d'émeraudes, les fleurs de diamans, les boutons de perles, & parmi
tout cela des fruits qui fe font Hommes
en un clin d'œil ! Pour moy, j'avoüe que
la comprehenfion d'un tel miracle furpaf-
fe ma capacité. Enfuite de cette exclama-
tion, comme j'attendois fa réponfe : Vous

ne trouverez pas mauvais , me dit-il ,
étant le Roy de tout le Peuple qui compose cet arbre , que je l'appelle pour me
suivre. Quand il eut ainsi parlé , je pris
garde qu'il se recueillit en soy-même. Je
ne sçai si bandant les ressorts interieurs de
sa volonté , il excita hors de soy quelque
mouvement qui fit arriver ce que vous ål-
lez entendre ; mais tant y a qu'aussitôt a-
prés, tous les fruits , toutes les fleurs, toutes les feüilles , toutes les branches , enfin
tout l'arbre , tomba par pieces en petits
Hommes , voyans, sentans, & marchans,
lesquels , comme pour celebrer le jour de
leur naissance au moment de leur naissance même ; se mirent à danser à l'entour de
moy. Le Rossignol entre tous resta dans
sa figure , & ne fut point metamorphosé;
il se vint jucher sur l'épaule de notre petit
Monarque, où il chanta un air si mélancolique & si amoureux , que toute l'assemblée, & le Prince même , attendris par les
douces langueurs de sa voix mourante, en
laissa couler quelques larmes. La curiosité
d'apprendre d'où venoit cet Oiseau, me
saisit pour lors d'une demangeaison de
langue si extraordinaire, que je ne la pûs
contenir. Seigneur, dis-je, m'adressant
au Roy, si je ne craignois d'importuner
Votre Majesté , je luy demanderois pourquoy parmi tant de metamorphosés , le
Rossignol tout seul a gardé son être ? Ce
petit Prince m'écouta avec une complaisance qui marquoit bien sa bonté naturelle ; & connoissant ma curiosité : Le Rossi-

R 4

gnol, me repliqua-t-il, n'a point comme
nous changé de forme, parce qu'il ne l'a
pû : C'est un veritable Oiseau, qui n'est
que ce qu'il vous paroît. Mais marchons
vers les regions opaques, & je vous con-
terai, en chemin faisant, qui je suis, avec
l'histoire du Rossignol. A peine luy eus-
je témoigné la satisfaction que je recevois
de son offre, qu'il sauta legerement sur
l'une de mes épaules. Il se haussa sur ses
petits ergots pour atteindre de sa bouche
à mon oreille ; & tantôt se balançant à
mes cheveux, tantôt s'y donnant l'estra-
pade : Ma foy, me dit-il, excuse une personne qui se sent déja hors d'haleine.
Comme dans un corps étroit, j'ai les poulmons serrez, & la voix par consequent si
deliée, que je suis contraint de me peiner
beaucoup pour me faire oüir; le Rossignol
trouvera bon de parler luy-même de soy-
même : qu'il chante donc si bon luy semble ; au moins nous aurons le plaisir d'é-
couter son histoire en musique. Je luy re-
pliquai que je n'avois point encore assez
d'habitude au langage d'Oiseau ; Que veritablement un certain Philosophe que
j'avois rencontré, en montant au Soleil,
m'avoit bien donné quelques principes
generaux pour entendre celui des brutes;
mais qu'ils ne suffisoient pas pour entendre generalement tous les mots, ni pour
être touché de toutes les délicatesses qui
se rencontrent dans une avanture telle que
devoit être celle-là. Hé bien, dit-il, puisque tu le veux, tes oreilles ne seront pas

simplemement sevrées des belles chansons
du Rossignol, mais de quasi toute son
avanture, de laquelle je ne te puis raconter que ce qui est venu à ma connoissance : toutefois tu te contenteras de cet é-
chantillon ; aussi-bien, quand je la sçaurois toute entiere, la brieveté de notre
voyage en son païs où je le vais reconduit-
re, ne me permettroit pas de prendre mon
recit de plus loin. Ayant ainsi parlé il sauta de dessus mon épaule à terre : Ensuite
il donna la main à tout son petit peuple,
& se mit à danser avec eux d'une sorte de
mouvement que je ne sçaurois representer, parce qu'il ne s'en est jamais vu de
semblable. Mais écoutez, Peuples de la
Terre, ce que je ne vous oblige pas de
croire, puisqu'au Monde où vos miracles
ne sont que des effets naturels, celuy-cy
a passé pour un miracle. Aussi-tôt que ces
petits Hommes se furent mis à danser, il
me sembla sentir leur agitation dans moi,
& mon agitation dans eux. Je ne pouvois
regarder cette danse, que je ne fusse en-
traîné sensiblement de ma place, comme
par un vortice qui remuoit de son même
branle, & de l'agitation particuliere d'un
chacun, toutes les parties de mon corps,
& je sentois épanoüir sur mon visage la
même joye qu'un mouvement pareil a-
voit étendu sur le leur. A mesure que la
danse se serra, les danseurs se broüillerent
d'un trepignement beaucoup plus prompt
& plus imperceptible : il sembloit que le
dessein du Balet fût de representer un é-

norme Geant ; car à force de s'approcher, & de redoubler la vîtesse de leurs mouvemens, ils se mêlerent de si prés, que je ne discernai plus qu'un grand Colosse à jour, & quasi transparent ; mes yeux toutefois les virent entrer l'un dans l'autre. Ce fut en ce temps-là que je commençai à ne pouvoir davantage distinguer la diversité des mouvemens de chacun, à cause de leur extrême volubilité, & parce aussi que cette volubilité s'étrecissant toujours à mesure qu'elle s'approchoit du centre, chaque vortice occupa enfin si peu d'espace qu'il échapoit à ma vuë. Je croy pourtant que les parties s'approcherent encore ; car cette masse humaine auparavant démesurée, se reduisit peu à peu à former un jeune homme de taille mediocre, dont tous les membres étoient proportionnez avec une symetrie où la perfection dans sa plus forte idée n'a jamais pû voler. Il étoit beau au delà de ce que tous les Peintres ont élevé à leur fantaisie; mais ce que je trouvai de bien merveilleux, c'est que la liaison de toutes les parties qui acheverent ce parfait microcosme, se fit en un clin d'œil. Tels d'entre les plus agiles de nos petits danseurs, s'élancerent par une capriole à la hauteur & dans la posture essentielle à former une tête ; tels plus chauds & moins deliez, formerent le cœur ; & tels beaucoup plus pesans, ne fournirent que les os, la chair, & l'embonpoint.

Quand ce beau grand jeune homme fut

entierement fini, quoy que sa prompte
construction ne m'eût quasi pas laissé de
temps, pour remarquer aucun intervale
dans son progrés, je vis entrer par la bouche le Roy de tous les Peuples dont il é-
toit un cahos; encore il me semble qu'il
fut attiré dans ce corps par la respiration
du corps même. Tout cet amas de petits
hommes n'avoit point encore donné aucune marque de vie; mais si-tôt qu'il eût
avalé son petit Roy, il ne se sentit plus
être qu'un. Il demeura quelque temps à
me considerer; & s'étant comme appri-
voisé par ses regards, il s'approcha de
moy, me caressa, & me donnant la main:
c'est maintenant que sans endommager la
délicatesse de mes poulmons, je pourrai
t'entretenir des choses que tu passionois
de sçavoir, me dit-il : mais il est bien raisonnable de te découvrir auparavant les
secrets cachez de notre origine. Sçache
donc que nous sommes des animaux natifs du Soleil dans les regions éclairées : la
plus ordinaire, comme la plus utile de nos
occupations, c'est de voyager par les vastes contrées de ce grand Monde. Nous
remarquons curieusement les mœurs des
Peuples, le génie des climats, & la nature
de toutes les choses qui peuvent meriter
notre attention, par le moyen de quoy
nous nous formons une science certaine
de ce qui est. Or tu sçauras que mes vassaux voyageoient sous ma conduite, &
qu'afin d'avoir le loisir d'observer les choses plus curieusement, nous n'avions pas

gardé cette conformation particuliere à notre corps, qui ne peut tomber sous tes sens, dont la subtilité nous eût fait cheminer trop vîte : mais nous nous étions faits Oiseaux ; tous mes sujets par mon ordre étoient devenus Aigles ; & quant à moy, de peur qu'ils ne s'ennuïassent, je m'étois metamorphosé en Rossignol pour adoucir leur travail par les charmes de la Musique. Je suivois sans voler la rapide volée de mon Peuple ; car je m'étois perché sur la tête d'un de mes vassaux, & nous suivions toujours notre chemin ; quand un Rossignol habitant d'une Province du païs opaque que nous traversions alors, étonné de me voir en la puissance d'un Aigle (car il ne nous pouvoit prendre que pour tels qu'il nous voyoit) se mit à plaindre mon malheur, Je fis faire alte à mes gens, & nous descendîmes au sommet de quelques arbres où soûpiroit ce charitable Oiseau. Je pris tant de plaisir à la douceur de ses tristes chansons, qu'afin d'en joüir plus long-temps & plus à mon aise, je ne le voulus pas détromper. Je feignis sur le champ une histoire, dans laquelle je luy contai les malheurs imaginaires qui m'avoient fait tomber aux mains de cet Aigle. J'y mêlai des avantures si surprenantes, où les passions étoient si adroitement soulevées, & le chant si bien choisi pour la lettre, que le Rossignol en étoit tout hors de luy-même. Nous gazoüillions l'un après l'autre reciproquement en musique

l'hiſtoire de nos mutuelles amours. Je
chantois dans mes airs, que non-ſeule-
ment je me conſolois, mais que je me ré-
joüiſſois encore de mon deſaſtre, puiſqu'il m'avoit procuré la gloire d'être
plaint par de ſi belles chanſons; & ce petit
inconſolable me répondoit dans les ſiens,
qu'il accepteroit avec joye toute l'eſtime
que je faiſois de lui, s'il ſçavoit qu'elle lui
pût faire meriter l'honneur de mourir à
ma place; mais que la Fortune n'ayant pas
reſervé tant de gloire à un malheureux
comme luy, il acceptoit de cette eſtime
ſeulement ce qu'il en faloit pour m'empêcher de rougir de mon amitié. Je luy
répondois encore à mon tour, avec tous
les tranſports, toutes les tendreſſes & toutes les mignardiſes d'une paſſion ſi tou-
chante, que je l'apperçus deux ou trois
fois ſur la branche, prêt à mourir d'a-
mour. A la verité, je mêlois tant d'adreſſe
à la douceur de ma voix, & je ſurprenois
ſon oreille par des traits ſi ſçavans, & des
routes ſi peu frequentées à ceux de ſon
eſpece, que j'emportois ſa belle ame à toutes les paſſions dont je la voulois maîtri-
ſer. Nous occupâmes en cet exercice l'eſpace de vingt-quatre heures; & je croy
que jamais nous ne nous fuſſions laſſez de
faire l'amour, ſi nos gorges ne nous euſſent refuſé de la voix. Ce fut l'obſtacle
ſeul qui nous empêcha de paſſer outre;
car ſentant que le travail commençoit à
me déchirer la gorge, & que je ne pouvois
plus continuer ſans cheoir en pâmoiſon,

je luy fis signe de s'approcher de moy. Le
peril où il crut que j'étois au milieu de
tant d'Aigles, luy persuada que je l'appel-
lois à mon aide : Il vola aussi-tôt à mon
secours ; & me voulant donner un glorieux témoignage qu'il sçavoit pour un
ami braver la mort jusques dans son trône,
il se vint asseoir fierement sur le grand bec
crochu de l'Aigle où j'étois perché. Certes
un courage si fort dans un si foible animal,
me toucha de quelque veneration ; car
encore que je l'eusse reclamé comme il se
le figuroit, & qu'entre les animaux de
semblable espece, aider au malheureux
soit une Loy, l'instinct pourtant de sa timide nature le devoit faire balancer ; &
toutefois il ne balança point, au contraire
il partit avec tant de hâte, que je ne sçay
qui vola le premier, du signal, ou du Rossignol. Glorieux de voir sous ses pieds la
tête de son Tyran, & ravi de songer qu'il
alloit être pour l'amour de moy sacrifié
presque entre mes aîles, & que de son
sang peut-être quelques goutes bienheu-
reuses rejailliroient sur mes plumes, il
tourna doucement la vuë de mon côté, &
m'ayant comme dit adieu d'un regard par
lequel il sembloit me demander permission de mourir, il precipita si brusquement
son petit bec dedans les yeux de l'Aigle,
que je les vis plûtôt crevez que frappez.
Quand mon Oiseau se sentit aveugle, il se
forma derechef une vuë toute neuve. Je
reprimandai doucement le Rossignol de
son action trop precipitée ; & jugeant qu'il

seroit dangereux de lui cacher plus long-
temps notre veritable être, je me découvris à luy, je luy contai qui nous étions ;
mais le pauvre petit, prévenu que ces
Barbares dont j'étois prisonnier, me con-
traignoient à feindre cette Fable, n'ajoûta
nulle foy à tout ce que je luy pûs dire.
Quand je connus que toutes les raisons,
par lesquelles je prétendois le convaincre,
s'en alloient au vent, je donnai tout bas
quelques ordres à dix ou douze mille de
mes sujets, & incontinent le Rossignol
apperçut à ses pieds une riviere couler
sous un bateau, & le bateau floter dessus;
il n'étoit grand que ce qu'il devoit l'être
pour me contenir deux fois. Au premier
signal que je leur fis paroître, mes Aigles
s'envolerent, & je me jettai dans l'Esquif,
d'où je criai au Rossignol, que s'il ne pouvoit encore se resoudre à m'abandonner
si-tôt, qu'il s'embarquât avec moy. Dés
qu'il fut entré dedans, je commandai à la
riviere de prendre son flux vers la region
où mon peuple voloit ; mais la fluidité de
l'onde étant moindre que celle de l'air, &
par consequent la rapidité de leur vol plus
grande que celle de notre navigation,
nous demeurâmes un peu derriere. Durant tout le chemin, je m'efforçai de détromper mon petit Hoste ; je luy remon-
trai qu'il ne devoit attendre aucun fruit
de sa passion, puisque nous n'étions pas de
même espece ; qu'il pouvoit bien l'avoir
reconnu, quand l'Aigle à qui il avoit cre-
vé les yeux, s'en étoit forgé de nouveaux

en fa prefence, & lorfque par mon commandement douze mille de mes vaffaux
s'étoient metamorphofez en cette riviere,
& en ce bateau fur lefquels nous vo-
guions. Mes remontrances n'eurent point
de fuccés : Il me répondoit, que pour l'Aigle que je voulois faire accroire qui s'é-
toit forgé des yeux, n'en avoit pas eu befoin, n'ayant point été aveugle, à caufe
qu'il n'avoit pas bien adreffé du bec dans
fes prunelles ; & pour la riviere & le bateau que je difois n'avoir été engendrez
que d'une metamorphofe de mon Peuple,
ils étoient dans le Bois dés la création du
Monde, mais qu'on n'y avoit pas pris
garde. Le voyant fi fort ingenieux à fe
tromper, je convins avec luy que fnes
vaffaux & moy, nous nous metamorpho-
ferions à fa vuë en ce qu'il voudroit, à la
charge qu'après cela il s'en retourneroit
en fa patrie. Tantôt il demanda que ce fût
en arbre ; tantôt il fouhaita que ce fût en
fleur, tantôt en fruit, tantôt en metal,
tantôt en pierre: Enfin pour fatisfaire tout
à la fois à toute fon envie, quand nous eûmes atteint ma Cour au lieu où je luy
avois commandé de m'attendre, nous
nous metamorphosâmes aux yeux du Roffignol en ce precieux arbre que tu as rencontré fur ton chemin, duquel nous venons d'abandonner la forme. Au refte,
maintenant que je voi ce petit Oifeau re-
folu de s'en retourner en fon païs, nous
allons, mes fujets & moy, reprendre notre figure, & la route de notre voyage.
Mais

Mais il est raisonnable de te découvrir auparavant qui nous sommes ; des animaux
natifs & originaires du Soleil dans la partie éclairée ; car il y a une difference bien
remarquable entre les Peuples que produit la region lumineuse , & les Peuples
du Païs opaque. C'est nous, qu'au Monde
de la Terre vous appellez des Esprits , &
votre présomptueuse stupidité nous a
donné ce nom, à cause que n'imaginant
point d'animaux plus parfaits que l'Homme, & voyant faire à de certaines Creatures des choses au dessus du pouvoir humain, vous avez crû ces animaux-là des
Esprits. Vous vous trompez toutefois,
nous sommes des animaux côme vous : car
encore que quand il nous plaît nous don-
nions à notre matiere, comme tu viens de
voir , la figure & la forme essentielle des
choses ausquelles nous voulons nous me-
tamorphoser , cela ne conclud pas que
nous soyons des Esprits. Mais écoute , &
je te découvrirai comment toutes ces me-
tamorphoses qui te semblent autant de
miracles , ne sont rien que de purs effets
naturels. Il faut que tu sçaches qu'étant
nez habitans de la partie claire de ce grand
Monde, où le principe de la matiere est
d'être en action, nous devons avoir l'imagination beaucoup plus active que ceux
des regions opaques, & la substance du
corps aussi beaucoup plus déliée. Or cela
supposé, il est infaillible que notre imagination ne rencontrant aucun obstacle dans
la matiere qui nous compose, elle l'arran-

ge comme elle veut, & devenuë maîtreſſe
de toute notre maſſe, elle la fait paſſer, en
remuant toutes ſes particules, dans l'ordre
neceſſaire à conſtituer en grand cette
choſe qu'elle avoit formée en petit. Ainſi
chacun de nous s'étant imaginé l'endroit
& la partie de ce precieux arbre auquel il
ſe vouloit changer, & ayant par cet effort
d'imagination excité notre matiere aux
mouvemens neceſſaires à les produire,
nous nous y ſommes metamorphoſez.
Ainſi mon Aigle ayant les yeux crevez,
n'a eu pour ſe rétablir qu'à s'imaginer un
Aigle clairvoyant, car toutes nos transfor-
mations arrivent par le mouvement; c'eſt
pourquoy quand de feüilles, de fleurs &
dé fruits que nous étions, nous avon. été
tranſmuez en hommes, tu nous as vû
danſer encore quelque temps aprés, parce
que nous n'étions pas encore remis du
branle qu'il avoit fallu donner à notre matiere pour nous faire Hommes: à l'exemple des cloches, qui quoy qu'elles ſoient
arrêtées, broüiſſent encore quelque temps
aprés, & ſuivent ſourdement le même ſon
que le batail cauſoit en les frappant: auſſi
eſt-ce pourquoy tu nous as vû danſer auparavant que de faire ce grand Homme,
parce qu'il a fallu pour le produire nous
donner tous les mouvemens generaux &
particuliers qui ſont neceſſaires à le conſtituer, afin que cette agitation ſerrant
noscorps peu à peu, & les abſorbant en
un chacun de nous par ſon mouvement,
créât en chaque partie le mouvement

specifique qu'elle avoit. Vous autres
Hommes ne pouvez pas les mêmes choses, à cause de la pesanteur de votre masse, & de la froideur de votre imagination.

Il continua sa preuve, & l'appuya d'e-
xemples si familiers & si palpables, qu'-
enfin je me desabusai d'un grand nombre
d'opinions mal prouvées, dont nos Docteurs aheurtez previennent l'entendement des foibles. Alors je commençay
de comprendre qu'en effet l'imagination
de ces Peuples Solaires, laquelle à cause
du climat doit être plus chaude; leurs
corps pour la même raison plus legers, &
leurs individus plus mobiles (n'y ayant
poiñt en ce Monde-là, comme au nôtre,
d'activité de centre qui puisse détourner
la matiere du mouvement que cette imagination luy imprime) je conçus, dis-je,
que cette imagination pouvoit produire
sans miracle, tous les miracles qu'elle
venoit de faire. Mille exemples d'evene-
mens quasi pareils, dont les Peupls de notre globe font foy, acheverent de me persuader. Cippus Roy d'Italie, qui pour
avoir assisté à un combat de Taureaux,
& avoir eu toute la nuit son imagination occupée à des cornes, trouva son
front cornu le lendemain. Gallus Vitius,
qui banda son ame, & l'excita si vigoureusement à concevoir l'essence de la
folie, qu'ayant donné à sa matiere par un
effort d'imagination les mêmes mouvemens que cette matiere doit avoir pour

conftituer la folie, devint fol. Le Roy
Codrus, poulmonique, qui fichant fes
yeux & fa penfée fur la fraîcheur d'un
jeune vifage, & cette floriffante allegreffe
qui regorgeoit jufqu'à luy de l'adolefcen-
ce du garçon prenant dans fon corps le
mouvement par lequel il fe figuroit la
fanté d'un jeune homme, fe remit en con-
valefcence. Enfin plufieurs femmes groffes, qui ont fait monftres leurs enfans,
déja formez dans la matrice, parce que
leur imagination qui n'étoit pas affez forte pour fe donner à elles-mêmes la figure
des monftres qu'elles concevoient, l'étoit
affez pour arranger la matiere du fœtus,
beaucoup plus chaude & plus mobile que
la leur, dans l'ordre effentiel à la produc-
tion de ces monftres. Je me perfuaday
même que fi quand ce faméux hypocon-
dre de l'antiquité s'imaginoit être cruche,
fa matiere trop compacte & trop pefante
avoit pû fuivre l'émotion de fa fantaifie,
elle auroit formé de tout fon corps une
cruche parfaite; & il auroit paru à tout le
monde veritablement cruche, comme il
fe le paroiffoit à luy feul. Tant d'autres
exemples dont je me fatisfis, me convain-
quirent en telle forte, que ne doutay plus
d'aucune des merveilles que l'homme efprit m'avoit racontées. Il me demanda fi
je ne fouhaitois plus rien de luy. Je le remerciay de tout mon cœur. Et enfuite il
eut encore la bonté de me confeiller, que
puifque j'étois habitant de la Terre, je
fuiviffe le roffignol aux Regions opaques

du Soleil, parce qu'elles étoient plus conformes aux plaisirs qu'appete la Nature humaine. A peine eut-il achevé ce discours, qu'ayant ouvert la bouche fort grande, je vis sortir du fonds de son gosier le Roy de ces petits animaux, en forme de rossignol. Le grand homme tomba aussi-tôt, & en même-temps tous ses membres par morceaux s'envolerent sous la figure d'aigles. Ce rossignol, créateur de soy-même, se percha sur la tête du plus beau d'entr'eux, d'où il entonna un air admirable, avec lequel je pense qu'il me disoit adieu. Le veritable rossignol prit aussi sa volée, mais non pas de leur côté, ni ne monta pas si haut : aussi je ne le perdis point de vuë. Nous cheminions à peu près de même force, car comme je n'avois pas dessein d'aborder plutôt une terre que l'autre, je fus bien-aise de l'accompagner ; outre que les Regions opaques des Oiseaux étant plus conformes à mon temperament, j'esperois y rencontrer aussi des avantures plus correspondantes à mon humeur. Je voyageay sur cette esperance pour le moins trois semaines avec toute sorte de contentement, si je n'eusse eu que mes oreilles à satisfaire ; car le rossignol ne me laissoit point manquer de Musique ; quand il étoit las, il venoit se reposer sur mon épaule ; & quand je m'arrêtois, il m'attendoit. A la fin j'arrivay dans une Contrée du Royaume de ce petit Chantre, qui alors ne se soucia plus de m'accompagner. L'ayant perdu de vuë,

je le cherchay, je l'appellay ; mais enfin
je reſtay ſi las d'avoir couru aprés luy
vainement, que je reſolus de me repoſer.
Pour cet effet je m'étendis ſur un gazon
d'herbe molle qui tapiſſoit les racines
d'un ſuperbe Rocher. Ce Rocher étoit
couvert de pluſieurs jeunes arbres verds
& toufus, dont l'ombre charma mes ſens
fatiguez, le plus agréablement du monde, & m'obligea de les abandonner au
ſommeil, pour reparer avec ſureté mes
forces dans un lieu ſi tranquille & ſi frais.

HISTOIRE

DES OISEAUX.

JE commençois de m'endormir, comme
j'apperçus en l'air un Oiſeau merveilleux qui planoit ſur ma tête ; il ſe ſoute-
noit d'un mouvement ſi leger & ſi imperceptible, que je doutay pluſieurs fois ſi ce
n'étoit point encore un petit Univers ba-
lancé par ſon propre centre. Il deſcendit
pourtant peu à peu, & arriva enfin ſi proche de moy, que mes yeux ſoulagez furent tout pleins de ſon image. Sa queuë
paroiſſoit verte, ſon eſtomach d'azur
émaillé, ſes aîles incarnates ; & ſa tête
de pourpre, faiſoit briller en s'agitant

une Couronne d'or, dont les rayons jaillissoient de ses yeux.

Il fut long-temps à voler dans la nuë, & je me tenois tellement collé à tout ce qu'il devenoit, que mon ame s'étant toute repliée, & comme racourcie à la seule operation de voir, elle n'atteignit presque pas jusqu'à celle d'oüir, pour me faire entendre que l'oiseau parloit en chantant.

Ainsi peu à peu débandé de mon extase, je remarquay distinctemnt les syllabes, les mots, & le discours qu'il articula.

Voici donc, au mieux qu'il m'en souvient, les termes dont il arrangea le tissu de sa chanson.

Vous êtes étranger, siffla l'oiseau fort agréablement, & naquites dans un Monde d'où je suis originaire. Or cette propension secrete dont nous sommes émeus pour nos Compatriotes, est l'instinct qui me pousse à vouloir que vous sçachiez ma vie.

Je voy votre esprit tendu à comprendre comment il est possible que je m'explique à vous d'un discours suivi, vû qu'encore que les Oiseaux contrefassent votre parole, ils ne la conçoivent pas ; mais aussi quand vous contrefaites l'aboy d'un chien, ou le chant d'un rossignol, vous ne concevez pas non plus ce que le chien ou le rossignol ont voulu dire. Tirez donc la consequence de-là, que ni les Oiseaux ni les Hommes ne sont pas pour cela moins raifonnables.

Cependant de même qu'entre vous autres il s'en eft trouvé de fi éclairez, qu'ils ont entendu & parlé notre Langue, comme Apollonius Thyaneus, Anaximander, Efope, & plufieurs dont je vous tais les noms, parce qu'ils ne font jamais venus à votre connoiffance ; de même parmi nous il s'en trouve qui entendent & parlent la vôtre. Quelques-uns à la verité ne fçavent que celle d'une Nation : mais tout ainfi qu'il fe rencontre des Oifeaux qui ne difent mot, quelques-uns qui gazoüillent, d'autres qui parlent, il s'en rencontre encore de plus parfaits, qui fçavent ufer de toutes forte d'idiomes; quant à moy j'ay l'honneur d'être de ce petit nombre.

Au refte, vous fçaurez qu'en quelque Monde que ce foit, Nature a imprimé aux Oifeaux une fecrete envie de voler jufqu'ici, & peut-être que cette émotion de notre volonté, eft ce qui nous a fait croître des aîles ; comme les femmes groffes produifent fur leurs enfans la figure des chofes qu'ils ont defirées ; ou plutôt comme ceux qui paffionnant de fçavoir nager, ont été vûs tout endormis fe plonger au courant des Fleuves, & franchir avec plus d'adreffe qu'un experimenté Nageur, des hazards qu'étant éveillez ils n'euffent ofé feulement regarder ; ou comme ce fils du Roy Crefus, à qui un vehement defir de parler pour garentir fon pere, enfeigna tout d'un coup une Langue ;

Langue; ou bref comme cet Ancien, qui
pressé de son ennemi, & surpris sans armes, sentit croître sur son front des cornes
de taureau, par le desir qu'une fureur
semblable à celle de cet animal luy en
inspira.

Quand donc les Oiseaux sont arrivez
au Soleil, ils vont joindre la Republique
de leur espece. Je voy bien que vous êtes
gros d'apprendre qui je suis. C'est moy
que parmi vous on appelle Phénix. Dans
chaque Monde il n'y en a qu'un à la fois,
lequel y habite durant l'espace de cent
ans; car au bout d'un siécle, quand sur
quelque montagne d'Arabie il s'est dé-
chargé d'un gros œuf au milieu des charbons de son bucher, dont il a tiré la matiere de rameaux d'aloës, de canelle, &
d'encens, il prend son essor, & dresse sa
volée au Soleil, comme la Patrie où son
cœur a long-temps aspiré. Il a bien fait
auparavant tous ses efforts pour ce voyage; mais la pesanteur de son œuf, dont
les coques sont si épaisses, qu'il faut un
siécle à le couver, retardoit toujours l'entreprise.

Je me doute bien que vous aurez de la
peine à concevoir cette miraculeuse pro-
duction; c'est pourquoy je veux vous
l'expliquer. Le Phénix est Hermaphrodite; mais entre les Hermaphrodites,
c'est encore un Phénix tout extraordinaire, car....

Il resta un demi quart-d'heure sans
parler, & puis il ajoûta: Je voy bien que

vous soupçonnez de fauſſetez ce que je
vous viens d'apprendre ; mais ſi je ne dis
vray , je veux jamais n'aborder votre
Globe , qu'un Aigle ne fonde ſur moy.

Il demeura encore quelque temps à ſe
balancer dans le Ciel , & puis il s'envola.

L'admiration qu'il m'avoit cauſée par
ſon recit , me donna la curioſité de le ſuivre ; & parce qu'il fendoit le vague des
Cieux d'un eſſor non precipité, je le con-
duiſis de la vuë & du marcher aſſez facilement.

Environ au bout de cinquante lieuës ,
je me trouvay dans un païs ſi plein d'Oiſeaux , que leur nombre égaloit preſque
celuy des feüilles qui les couvroient. Ce
qui me ſurprit davantage , fut que ces
Oiſeaux , au lieu de s'eſſaroucher à ma
rencontre, voltigeoient à l'entour de moi,
l'un ſiffloit à mes oreilles ; l'autre faiſoit
la roüe ſur ma tête : bref aprés que leurs
petites gambades eurent occupé mon attention fort long-temps , tout à coup je
ſentis mes bras chargez de plus d'un million de toutes ſortes d'eſpeces , qui pe-
ſoient deſſus ſi lourdement , que je ne les
pouvois remuer.

Ils me tinrent en cet état, juſqu'à ce
que je vis arriver quatre grandes Aigles,
dont les unes m'ayant de leurs ſerres ac-
colé par les jambes , les deux autres par
les bras, m'enleverent fort haut.

Je remarquay parmi la foule une Pie,
qui tantôt de-ça, tantôt de-là , voloit &
revoloit avec beaucoup d'empreſſement,

& j'entendis qu'elle me cria, que je ne me défendisse point, à cause que ses compagnons tenoient déja conseil de me crever les yeux. Cet avertissement empêcha toute la resistance que j'aurois pû faire ; de sorte que ces Aigles m'emporterent à plus de mille lieuës de-là dans un grand bois, qui étoit (à ce que dit ma Pie) la Ville où leur Roy faisoit sa residence.

La premiere chose qu'ils firent, fut de me jetter en prison dans le trou creusé d'un grand chêne, & quantité des plus robustes se percherent sur les branches, où ils exercerent les fonctions d'une compagnie de Soldats sous les armes.

Environ au bout de vingt-quatre heures, il en entra d'autres en garde, qui releverent ceux-ci. Pendant que j'attendois avec beaucoup de melancolie ce qu'il plairoit à la Fortune d'ordonner de mes désastres, ma charitable Pie m'apprenoit tout ce qui se passoit.

Entr'autres choses il me souvient qu'elle m'avertit, que la populace des Oiseaux avoit fort crié, de ce qu'on me gardoit si long-temps sans me devorer ; qu'ils avoient remontré que j'amaigrirois tellement, qu'on ne trouveroit plus sur moy que des os à ronger.

La rumeur pensa s'échauffer en sedition ; car ma Pie s'étant émancipée de representer que c'étoit un procedé barbare, de faire ainsi mourir sans connoissance de cause, un animal qui approchoit en quelque sorte de leur raisonnement, ils la

T 2

penserent mettre en pieces, alleguant que cela seroit bien ridicule de croire qu'un animal tout nud, que la Nature même en mettant au jour ne s'étoit pas souciée de fournir des choses necessaires à le conserver, fût comme eux capable de raisonner. Encore, ajoûtoient-ils, si c'étoit un animal qui approchât un peu davantage de notre figure; mais justement le plus dissemblable, & le plus affreux; enfin une bête chauve, un oiseau plumé, une chimere amassée de toutes sortes de natures, & qui fait peur à toutes: l'Homme, dis-je, si sot & si vain, qu'il se persuade que nous n'avons été faits que pour luy: l'homme qui avec son ame si clairvoyante, ne sçauroit distinguer le sucre d'avec l'arsenic, & qui avalera de la ciguë que son beau jugement luy aura fait prendre pour du persil: l'homme qui soutient qu'on ne raisonne que par le rapport des sens, & qui cependant a les sens les plus foibles, les plus tardifs, & les plus faux d'entre toutes les créatures: l'homme enfin que la Nature, pour faire de tout, a crée comme les monstres, mais en qui pourtant elle a infus l'ambition de commander à tous les animaux, à l'exterminer.

Voilà ce que disoient les plus sages. Pour la Commune, elle crioit que cela étoit horrible, de croire qu'une bête qui n'avoit pas le visage fait comme eux, eût de la raison. Hé quoy, murmuroient-ils l'un à l'autre, il n'a ni bec, ni plumes,

ni griffes, & son ame seroit spirituelle ?
O Dieux ! quelle impertinence !

La compassion qu'eurent de moy les
plus genereux, n'empêcha point qu'on
n'instruisît mon procés criminel : on en
dressa toutes les écritures dessus l'écorce
d'un cyprés ; & puis au bout de quelques
jours, je fus porté au Tribunal des Oiseaux. Il n'y avoit pour Avocats, pour
Conseillers, & pour Juges, à la Séance,
que des Pies, des Geais, & des Etourneaux, encore n'avoit-on choisi que ceux
qui entendent ma Langue.

Au lieu de m'interroger sur la sellette,
on me mit à califourchon sur un chicot
de bois pourri, d'où celuy qui presidoit
à l'Auditoire, aprés avoir claqué du bec,
deux ou trois coups, & secoüé majestueu-
sement ses plumes, me demanda d'où j'é-
tois, de quelle Nation, & de quelle espece ? Ma charitable Pie m'avoit donné
auparavant quelques instructions, qui me
furent tres-salutaires, & entr'autres que
je me gardasse bien d'avoüer que je fusse
Homme. Je répondis donc que j'étois de
ce petit Monde qu'on appelloit la Terre,
dont le Phénix, & quelques autres que je
voyois dans l'assemblée, pouvoient leur
avoir parlé ; que le climat qui m'avoit vû
naître étoit assis sous la Zone temperée
du Pole Arctique, dans une extrémité de
l'Europe, qu'on nommoit la France : &
quant à ce qui concernoit mon espece,
que je n'étois point homme comme ils se
le figuroient, mais singe, que des hommes

T 3

avoient enlevé au berceau fort jeune, &
nourri parmi eux ; que leur mauvaise
éducation m'avoit ainsi rendu la peau délicate ; qu'ils m'avoient fait oublier ma
Langue naturelle, & instruit à la leur ;
que pour complaire à ces animaux fa-
rouches, je m'étois accoûtumé à ne marcher que sur deux pieds ; & qu'enfin comme on tombe plus facilement qu'on ne
monte d'espece, l'opinion, la coûtume,
& la nourriture de ces bêtes immondes
avoient tant de pouvoir sur moy, qu'à
peine mes parens qui sont singes d'honneur, me pourroient eux-mêmes reconnoître. J'ajoûtay pour ma justification,
qu'ils me fissent visiter par des Experts ;
& qu'en cas que je fusse trouvé homme,
je me soumettois à être aneanti comme
un monstre.

Messieurs, s'écria une hirondelle de
l'assemblée, dés que j'eus cessé de parler,
je le tiens convaincu : Vous n'avez pas
oublié qu'il vient de dire que le Pays qui
l'avoit vû naître, étoit la France ; mais
vous sçavez qu'en France les singes n'engendrent point : après cela jugez s'il est ce
qu'il se vante d'être.

Je répondis à mon accusatrice, que
j'avois été enlevé si jeune du sein de mes
parens, & transporté en France, qu'à bon
droit je pouvois appeller mon Pays natal
celui duquel je me souvenois le plus loin.

Cette raison, quoy que specieuse, n'é-
toit pas suffisante ; mais la plûpart ravis
d'entendre que je n'étois pas homme,

furent bien-aifes de le croire : car ceux
qui n'en avoient jamais vû, ne pouvoient
fe perfuader qu'un homme ne fût bien
plus horrible que je ne leur paroiffois; &
les plus fenfez ajoûtoient que l'homme
étoit quelque chofe de fi abominable,
qu'il étoit utile qu'on crût que ce n'étoit
qu'un être imaginaire.

De raviffement, tout l'Auditoire en
battit des aîles, & fur l'heure on me mit,
pour m'examiner, au pouvoir des Syndics, à la charge de me reprefenter le
lendemain, & d'en faire à l'ouverture
des Chambres le rapport à la Compagnie.
Il s'en chargerent donc, & me porterent
dans un bocage reculé. Là pendant qu'ils
me tinrent, ils ne s'occuperent qu'à gef-
ticuler autour de moy cent forte de cul-
lebutes, à faire la proceffion, des coques
de noix fur la tête. Tantôt ils battoient
des pieds l'un contre l'autre ; tantôt ils
creufoient de petites foffes pour les remplir; & puis j'étois tout étonné que je ne
voyois plus perfonne.

Le jour & la nuit fe pafferent à ces ba-
gatelles, jufqu'au lendemain que l'heure
prefcrite étant venuë, on me reporta derechef comparoître devant mes Juges,
où mes Syndics interpellez de dire verité,
répondirent que pour la décharge de leur
confcience, ils fe fentoient tenus d'avertir
la Cour, qu'affurément je n'étois pas finge
comme je me vantois; car, difoient-ils,
nous avons eu beau fauter, marcher, piroüeter, & inventer en fa prefence cent

tours de passe-passe, par lesquels nous
prétendions l'émouvoir à faire de même,
selon la coûtume des singes. Or quoy qu'il
eût été nourri parmi les hommes; comme
le singe est toûjours singe, nous soutenons
qu'il n'eût pas été en sa puissance de s'ab-
stenir de contrefaire nos singeries. Voilà,
Messieurs, notre rapport.

Les Juges alors s'approcherent pour venir aux opinions : mais on s'apperçut que
le Ciel se couvroit & paroissoit chargé,
cela fit lever l'assemblée.

Je m'imaginois que l'apparence du mauvais temps les y avoit conviez, quand
l'Avocat General me vint dire par ordre
de la Cour, qu'on ne me jugeroit point ce
jour-là; que jamais on ne vuidoit un procés criminel, lors que le Ciel n'étoit pas
serain, parce qu'ils craignoient que la
mauvaise temperature de l'air n'alterât
quelque chose à la bonne constitution de
l'esprit des Juges; que le chagrin dont
l'humeur des Oiseaux se charge durant la
pluye, ne dégorgeât sur la cause; ou qu'enfin la Cour ne se vengeât de sa tristesse sur
l'accusé; c'est pourquoy mon Jugement
fut remis à un plus beau temps. On me
remena donc en prison, & je me souviens
que pendant le chemin ma charitable Pie
ne m'abandonna gueres, elle vola toûjours
à mes côtez, & je croy qu'elle ne m'eût
point quitté, si ses compagnons ne se
fussent approchez de nous.

Enfin j'arrivay au lieu de ma prison, où
pendant ma captivité je ne fus nourri que

du pain du Roy ; c'étoit ainſi qu'ils appelloient une cinquantaine de vers, &
autant de guillots, qu'ils m'apportoient
à manger de ſept en ſept heures.

Je penſois recomparoître dés le lendemain, & tout le monde le croyoit ainſi ;
mais un de mes gardes me conta au bout
de cinq ou ſix jours, que tout ce temps-là
avoit été employé à rendre juſtice à une
communauté de chardonnerets qui l'a-
voient implorée contre un de leurs compagnons. Je demanday à ce garde de quel
crime ce malheureux étoit accuſé ; du
crime, repliqua le garde, le plus énorme
dont un oiſeau puiſſe être noirci. On l'accuſe... le pourrez-vous bien croire ? On
l'accuſe... mais bons Dieux ! d'y penſer
ſeulement, les plumes m'en dreſſent à la tête. Enfin on l'accuſe de n'avoir pas encore
depuis ſix ans merité d'avoir un ami ; c'eſt
pourquoy il a été condamné à être Roy,
& Roi d'un peuple different de ſon eſpece.

Si ſes ſujets euſſent été de ſa nature, il
auroit pû tremper au moins des yeux &
du deſir dans leurs voluptez : mais comme les plaiſirs d'une eſpece n'ont point du
tout de relation avec les plaiſirs d'une autre eſpece, il ſupportera toutes les fati-
gues, & boira toutes les amertumes de
la Royauté, ſans pouvoir en goûter aucune des douceurs.

On l'a fait partir ce matin environné
de beaucoup de Medecins, pour veiller à
ce qu'il ne s'empoiſonne dans le voyage.
Quoy que mon garde fût grand cauſeur

dé sa nature, il ne m'ofa pas entretenir
seul plus long-temps, de peur d'être foup-
çonné d'intelligence.

Environ fur la fin de la femaine, je fu
encore remené devant mes Juges.

On me nicha fur le fourchon d'un peti
arbre fans feüilles. Les Oifeaux de longu
robe, tant Avocats, Confeillers, que Pre
fidens, fe jucherent tous par étage, cha
cun felon fa dignité, au coupeau d'u
grand Cedre. Pour les autres qui n'affi
ftoient à l'affemblée que par curiofité, i
fe placerent pêle-mêle, tant que les fiege
furent remplis, c'eft à dire tant que le
branches du Cedre furent couvertes d
pates.

Cette Pie que j'avois toujours remar
quée pleine de compaffion pour moy, i
vint percher fur mon arbre, où feignan
de fe divertir à bequeter la mouffe : E
verité, me dit-elle, vous ne fçauriez croi
re combien votre malheur m'eft fenfible
car encore que je n'ignore pas qu'un hom
me parmi les vivans eft une pefte dont o
devroit purger tout Etat bien policé
quand je me fouviens toutefois d'avoi
été dés le berceau élevée parmi eux, d'a
voir appris leur Langue fi parfaitement
que j'en ai prefque oublié la mienne, &
d'avoir mangé de leur main des fromage
mous fi excellens, je ne fçaurois y fongei
fans que l'eau m'en vienne aux yeux &
la bouche ; je fens pour vous des tendref
fes qui m'empêchent d'incliner au plu
jufte party.

Elle achevoit cecy, quand nous fûmes interrompus par l'arrivée d'un Aigle, qui se vint asseoir entre les rameaux d'un arbre assez proche du mien. Je voulus me lever pour me mettre à genoux devant luy, croyant que ce fût le Roy, si ma Pie de sa pate ne m'eût contenu en mon assiette. Pensiez-vous donc, me dit-elle, que ce grand Aigle fût notre Souverain ? C'est une imagination de vous autres Hommes, qui à cause que vous vous laissez commander aux plus grands, aux plus forts, & aux plus cruels de vos compagnons, avez sotement crû, jugeant de toutes choses par vous, que l'Aigle nous devoit commander.

Mais notre politique est bien autre ; car nous ne choisissons pour nos Rois que les plus foibles, les plus doux, & les plus pacifiques ; encore les changeons-nous tous les six mois ; & nous les prenons foibles, afin que le moindre à qui ils auroient fait quelque tort, se pût vanger de luy. Nous le choisissons doux, afin qu'il ne haïsse ni ne se fasse haïr de personne ; & nous voulons qu'il soit d'une humeur pacifique, pour éviter la guerre, le canal de toutes les injustices.

Chaque semaine il tient les Etats, où tout le monde est reçu à se plaindre de luy. S'il se rencontre seulement trois Oiseaux mal satisfaits de son gouvernement, il en est dépossedé, & l'on procede à une nouvelle élection.

Pendant la journée que durent les Etats,

notre Roy est monté au sommet d'un grand Yf, sur le bord d'un Etang, les pieds & les aîles liées. Tous les Oiseaux l'un après l'autre passent pardevant luy; & si quelqu'un le sçait coupable du dernier supplice, il le peut jetter à l'eau: mais il faut que sur le champ il justifie la raison qu'il en a euë, autrement il est condamné à la mort triste.

Je ne pûs m'empêcher de l'interrompre, pour luy demander ce qu'elle entendoit par la mort triste; & voici ce qu'elle me repliqua.

Quand le crime d'un coupable est jugé si énorme, que la mort est trop peu de chose pour l'expier, on tâche d'en choisir une qui contienne la douleur de plusieurs, & l'on y procede de cette façon.

Ceux d'entre nous qui ont la voix la plus mélancolique & la plus funebre, sont déleguez vers le coupable, qu'on porte sur un funeste Cyprés. Là ces tristes Musiciens s'amassent tout autour, & luy remplissent l'ame par l'oreille de chansons si lugubres & si tragiques, que l'amertume de son chagrin desordonnant l'œconomie de ses organes, & luy pressant le cœur, il se consume à vuë d'œil, & meurt suffoqué de tristesse.

Toutefois un tel spectacle n'arrive gueres; car comme nos Rois sont fort doux, ils n'obligent jamais personne à vouloir pour se vanger encourir une mort si cruelle.

Celuy qui regne à present, est une Colombe, dont l'humeur est si pacifique, que l'autre jour qu'il falloit accorder deux Moineaux, on eut toutes les peines du monde à luy faire comprendre ce que c'étoit qu'inimitié.

Ma Pie ne put continuer un si long discours, sans que quelques-uns des assistans y prissent garde; & parce qu'on la soupçonnoit déja de quelque intelligence, les principaux de l'assemblée luy firent mettre la main sur le colet par un Aigle de la Garde, qui se saisit de sa personne. Le Roi Colombe arriva sur ces entrefaites; chacun se tût, & la premiere chose qui rompit le silence, fut la plainte que le grand Censeur des Oiseaux dressa contre la Pie. Le Roy pleinement informé du scandale dont elle étoit cause, luy demanda son nom, & comment elle me connoissoit. Sire, répondit-elle fort étonnée, je me nomme Margot; il y a icy force Oiseaux de qualité, qui répondront de moy. J'appris un jour, au Monde de la Terre d'où je suis native, par Guillery l'enrhumé que voila (qui m'ayant entendu crier en cage, me vint visiter à la fenêtre où j'étois penduë) que mon Pere étoit Courtequeuë, & ma Mere Croquenoix. Je ne l'aurois pas sçu sans luy; car j'avois été enlevée de dessous l'aîle de mes parens au berceau, fort jeune. Ma mere quelque tems aprés en mourut de déplaisir; & mon Pere desormais hors d'âge de faire d'autres enfans, desesperé de se voir sans heritiers, s'en alla à la guerre des Geais, où

il fut tué d'un coup de bec dans la cervelle. Ceux qui me ravirent, furent certains
animaux fauvages, qu'on appelle Por-
chers, qui me porterent vendre à un Château, où je vis cet homme à qui vous faites maintenant le procés. Je ne fçai s'il
conçut quelque bonne volonté pour moi,
mais il fe donnoit la peine d'avertir les
ferviteurs de me hacher de la mangeaille.
Il avoit quelquefois la bonté de me l'ap-
prêter lui-même. Si en Hyver j'étois mor-
fonduë, il me portoit auprés du feu, cal-
feutroit ma cage, ou commandoit au Jardinier de me réchaufer dans fa chemife.
Les domeftiques n'ofoient m'agacer en fa
préfence, & je me fouviens qu'un jour il
me fauva de la gueule du Chat qui me tenoit entre fes griffes, où le petit Laquais
de ma Dame m'avoit expofé : Mais il ne
fera pas hors de propos de vous apprendre
la caufe de cette barbarie. Pour complaire
à Verdelet (c'eft le nom du petit Laquais)
je repetois un jour les fottifes qu'il m'a-
voit enfeignées. Or il arriva par malheur,
quoy que je recitaffe toûjours mes quoli-
bets de fuite, que je vins à dire en fon ordre juftement comme il entroit pour faire
un faux meffage : Taifez-vous, fils de
putain, vous avez menti. Cet homme
accufé que voila, connoiffant le naturel menteur du fripon, s'imagina que je
pourrois bien avoir parlé par prophetie,
& envoya fur les lieux s'enquerir fi Verdelet y avoit été : Verdelet fut convaincu
de fourbe, Verdelet fut foüeté, & Verde-

let en punition m'avoit voulu faire manger au Matou. Le Roy d'un baissèment de tête, témoigna qu'il étoit content de la pitié qu'elle avoit euë de mon desastre; il luy défendit toutefois de ne me plus parler en secret. Ensuite il demanda à l'Avocat de ma partie, si son plaidoyer étoit prest. Il fit signe de la patte qu'il alloit parler, & voici ce me semble, les mêmes points dont il insista contre moy.

PLAIDOYE' FAIT AU PARLEMENT des Oiseaux, les Chambres assemblées, contre un animal accusé d'être Homme.

MESSIEURS, la partie de ce criminel est Guillemette la Charnuë, Perdrix de son extraction, nouvellement arrivée du Monde de la Terre, la gorge encore ouverte d'une balle de plomb que lui ont tiré les hommes, demanderesse à l'encontre du Genre Humain, & par consequent à l'encontre d'un animal que je pretens être un membre de ce grand Corps. Il ne nous seroit pas mal-aisé d'empêcher par sa mort les violences qu'il peut faire : Toutefois comme le salut ou la perte de tout ce qui vit, importe à la Republique des vivans, il me semble que nous meriterions d'être nez hommes, c'est à dire dégradez de la raison & de l'immortalité que nous avons par-dessus eux, si nous leur avions ressemblé par quelqu'une de leurs injustices.

Examinons donc, Messieurs, les diffi-

cultez de ce procés, avec toute la contention de laquelle nos divins Esprits sont capables.

Le nœud de l'affaire consiste à sçavoir
si cet animal est homme ; & puis, en cas
que nous avérions qu'il le soit, si pour
cela il merite la mort.

Pour moy, je ne fais point de difficulté
qu'il ne le soit ; premierement, puisqu'il
est si effronté de mentir, en soutenant qu'il
ne l'est pas ; secondement, en ce qu'il rit
comme un fou ; troisiémement, en ce
qu'il pleure comme un sot ; quatriéme-
ment, en ce qu'il se mouche comme un
vilain ; cinquiémement en ce qu'il est plumé comme un galeux ; sixiémement, en
ce qu'il porte la queuë devant ; septiéme-
ment, en ce qu'il a toujours une quantité
de petit grés quarrez dans la bouche, qu'il
n'a pas l'esprit de cracher ni d'avaler ; hui-
tiémement, & pour conclusion, en ce
qu'il leve en haut tous les matins, ses
yeux, son nez, & son large bec, colle ses
mains ouvertes la pointe au Ciel, plat contre plat, & n'en fait qu'une attachée,
comme s'il s'ennuyoit d'en avoir deux libres, se casse les jambes par la moitié, en
sorte qu'il tombe sur ses gigots ; puis avec
des paroles magiques qu'il bourdonne,
j'ai pris garde que ses jambes rompuës se
r'attachent, & qu'il se releve aussi guay
qu'auparavant. Or vous sçavez, Messieurs, que de tous les animaux il n'y a
que l'homme seul dont l'ame soit assez
noire pour s'adonner à la Magie, & par
conséquent

consequent celui-ci est homme. Il faut
maintenant examiner si pour être homme, il merite la mort.

Je pense, Messieurs, qu'on n'a jamais
revoqué en doute que toutes les creatures
sont produites par notre commune Mere,
pour vivre en societé. Or si je prouve que
l'homme semble n'être né que pour la
rompre, ne prouverai-je pas qu'allant
contre la fin de sa creation, il merite que
la Nature se repente de son ouvrage?

La premiere & la plus fondamentale
Loy pour la manutention d'une Republique, c'est l'égalité : Mais l'homme ne la
sçauroit endurer éternellement; il se ruë
sur nous pour nous manger, il se fait accroire que nous n'avons été faits que pour
luy, il prend pour argument de sa supe-
riorité pretenduë, la barbarie avec laquelle il nous massacre, & le peu de resistance
qu'il trouve à forcer notre foiblesse, & ne
veut pas cependant avoüer pour ses maîtres, les Aigles, les Condurs, & les Griffons, par qui les plus robustes d'entr'eux
sont surmontez.

Mais pourquoi cette grandeur & disposition de membres marqueroit-elle diversité d'espece, puisqu'entr'eux même il se
rencontre des Nains & des Geans?

Encore est-ce un droit imaginaire, que
cet empire dont ils se flatent : Ils sont au
contraire si enclins à la servitude que de
peur de manquer à servir, ils se vendent
les uns aux autres leur liberté. C'est ainsi
que les jeunes sont esclaves des vieux, les

pauvres des riches, les Païfans des Gen-
tils-hommes, les Princes des Monarques,
& les Monarques mêmes, des Loix qu'ils
ont établies. Mais avec tout cela, ces pauvres ferfs ont fi peur de manquer de maîtres, que comme s'ils apprehendoient que
la liberté ne leur vînt de quelque endroit
non attendu, ils fe forgent des Dieux de
toutes parts ; dans l'eau, dans l'air, dans
le feu, fous la terre ; ils en feront plûtôt
de bois, qu'ils n'en ayent ; & je croy même qu'ils fe chatoüillent des fauffes efpe-
rances de l'immortalité, moins par l'horreur dont le non-être les effraye, que par
la crainte qu'ils ont de n'avoir pas qui
leur commande après la mort. Voila le bel
effet de cette fantaftique Monarchie ; &
de cet empire fi naturel de l'homme fur
les animaux & fur nous-mêmes ; car fon
infolence a été jufques-là. Cependant en
confequence de cette Principauté ridicule, il s'attribuë joliment fur nous le droit
de vie & de mort ; il nous dreffe des em-
bufcades, il nous enchaîne, il nous empri-
fonne, il nous égorge, il nous mange ; & de
la puiffance de tuer ceux qui font demeurez libres, il fait un prix à la Nobleffe. Il
penfe que le Soleil s'eft allumé pour l'é-
clairer à nous faire la guerre ; que la Nature nous a permis d'étendre nos promenades dans le Ciel, afin feulement que de
notre vol il puiffe tirer de malheureux ou
favorables aufpices ; & quand Dieu mit
des entrailles dedans notre corps, qu'il
n'eut intention que de faire un grand Li-

vre, où l'homme pût apprendre la science des choses futures.

Hé bien, ne voila pas un orgueil tout
à fait insupportable? Celuy qui l'a conçû
pouvoit-il meriter un moindre châtiment que de naître Homme? Ce n'est pas
toutefois sur quoy je vous presse de condamner celuy-cy. La pauvre bête n'ayant
pas comme nous l'usage de raison, j'excuse ses erreurs, quant à celles que produit
son défaut d'entendement ; mais pour
celles qui ne sont filles que de la volonté,
j'en demande justice. Par exemple, de ce
qu'il nous tuë, sans être attaqué par nous,
de ce qu'il nous mange, pouvant repaî-
tre sa faim de nourriture plus convena-
ble, & ce que j'estime beaucoup plus lâche, de ce qu'il débauche le bon naturel
de quelques-uns des nôtres, comme des
Laniers, des Faucons, & des Vautours,
pour les instruire au massacre des leurs, à
faire gorge-chaude de leur semblable, ou
nous livrer entre ses mains.

Cette seule consideration est si pressante,
que je demande à la Cour qu'il soit exterminé de la mort triste.

Tout le Barreau frémit de l'horreur d'un
si grand supplice. C'est pourquoi afin d'a-
voir lieu de le moderer, le Roy fit signe à
mon Avocat de répondre.

C'étoit un Estourneau grand Juriscon-
sulte, lequel aprés avoir frappé tois fois
de sa patte contre la branche qui le soûtenoit, parla ainsi à l'assemblée.

Il est vray, Messieurs, qu'émû de pitié,

j'avois entrepris la cause pour cette mal-
heureuse bête ; mais sur le point de la plaider, il m'est venu un remors de conscience, & comme une voix secrette, qui m'a
défendu d'accomplir une action si dete-
stable. Ainsi, Messieurs, je vous declare,
& à toute la Cour, que pour faire le salut
de mon ame, je ne veux contribuer en façon quelconque à la durée d'un monstre
tel que l'homme.

Toute la populace claqua du bec en signe de réjoüissance, & pour congratuler
à la sincerité d'un Oiseau si raisonnable.

Ma Pie se presenta pour plaider à sa place, mais il luy fut imposé de se taire, à
cause qu'ayant été nourrie parmi les hommes, & peut-être infectée de leur morale,
il étoit à craindre qu'elle n'apportât à ma
cause un esprit prévenu ; car la Cour des
Oiseaux ne souffre point que l'Avocat qui
s'interesse davantage pour un client que
pour l'autre, soit oüy, à moins qu'il puisse
justifier que cette inclination procede du
bon droit de la partie.

Quand mes Juges virent que personne
ne se presentoit pour me défendre, ils é-
tendirent leurs aîles qu'ils secoüerent, &
volerent incontinent aux opinions.

La plus grande part, comme j'ai sçu depuis, insista fort que je fusse exterminé
de la mort triste ; mais toutefois quand
on apperçut que le Roy penchoit à la
douceur, chacun revint à son opinion.
Ainsi mes Juges se modererent, & au lieu
de la mort triste dont ils me firent grace,

ils trouverent à propos, pour faire sym-
patifer mon châtiment à quelqu'un de
mes crimes, de m'aneantir par un supplice
qui fervît à me détromper, en bravant ce
pretendu empire de l'homme fur les oifeaux ; que je fuffe abandonné à la colere
des plus foibles d'entr'eux, cela veut dire
qu'ils me condamnerent à être mangé des
Mouches.

En même temps l'affemblée fe leva, &
j'entendis murmurer qu'on ne s'étoit pas
davantage étendu à particularifer les circonftances de ma Tragedie, à caufe de
l'accident arrivé à un Oifeau de la troup-
pe, qui venoit de tomber en pâmoifon,
comme il vouloit parler au Roy. On crut
qu'elle étoit caufée par l'horreur qu'il a-
voit eu de regarder trop fixement un homme : c'eft pourquoy on donna ordre de
m'emporter.

Mon Arreft me fut prononcé auparavant; & fi-tôt que l'Orphraye qui fer-
voit de Greffier criminel, eut achevé de
me le lire, j'apperçus à l'entour de moy
le Ciel tout noir de Mouches, de Bourdons, d'Abeilles, de Guiblets, de Coufins,
& de Puces, qui broüiffoient d'impatience.

J'attendois encore que mes Aigles m'en-
levaffent comme à l'ordinaire, mais je vis
à leur place une grande Autruche noire,
qui me mit honteufement à califourchon
fur fon dos (car cette pofture eft entr'eux
la plus ignominieufe où l'on puiffe appliquer un criminel ; & jamais Oifeau, pour

quelque offense qu'il ait commise, n'y peut être condamné.)

Les Archers qui me conduisirent au supplice, étoient une cinquantaine de Condurs, & autant de Griffons; devant & derriere ceux-ci voloit fort lentement une procession de Corbeaux, qui croassoient je ne sçai quoy de lugubre, & il me sembloit oüir comme de plus loin, des Chouëtes qui leur répondoient.

Au partir du lieu où mon jugement m'avoit été rendu, deux Oiseaux de Paradis, à qui on avoit donné charge de m'assister à la mort, se vinrent asseoir sur mes épaules.

Quoy que mon ame fût alors fort troublée, à cause de l'horreur du pas que j'allois franchir, je me suis pourtant souvenu de quasi tous les raisonnemens par lesquels ils tâcherent de me consoler.

La mort, me dirent-ils, (me mettant le bec à l'oreille) n'est pas sans doute un grand mal, puisque la Nature notre bonne Mere y assujettit tous ses enfans, & ce ne doit pas être une affaire de grande conséquence, puisqu'elle arrive à tout moment, & pour si peu de chose : car si la vie étoit si excellente, il ne seroit pas en notre pouvoir de ne la point donner ; ou si la mort traînoit après soy des suites de l'importance que tu te fais accroire, il ne seroit pas en notre pouvoir de la donner : Il y a beaucoup d'apparence au contraire, puisque l'animal commence par jeu, qu'il finit de même. Je parle à toy ainsi, à cause

que ton ame n'étant pas immortelle comme la nôtre, tu peux bien juger quand tu
meurs, que tout meurt avec toy. Ne t'af-
flige donc point de faire plus tôt ce que
quelques-uns de tes compagnons feront
plus tard. Leur condition est plus déplorable que la tienne ; car si la mort est un
mal, elle n'est mal qu'à ceux qui ont à
mourir ; & ils seront au prix de toy, qui
n'as plus qu'une heure entre cy & là, cinquante ou soixante ans en état de pouvoir
mourir ; & puis, dis-moy, celuy qui n'est
pas né, n'est pas malheureux. Or tu vas
être comme celui qui n'est pas né ; un clin
d'œil après la vie, tu seras ce que tu étois
un clin d'œil devant ; & ce clin d'œil passé tu seras mort d'aussi long-temps que
celui qui mourut il y a mille siecles : mais
en tout cas, supposé que la vie soit un
bien, le même rencontre qui parmi l'infinité du temps a pû faire que tu sois, ne
peut-il pas faire que tu sois encore un autre coup ? La matiere qui à force de se
mêler est enfin arrivée à ce nombre, cette
disposition & cet ordre necessaire à la construction de ton être, peut-il pas, en se
remêlant, arriver à une disposition requise
pour faire que tu te sentes être encore une
autre fois ? Ouy, mais, me diras-tu, je
ne me souviendrai pas d'avoir été. Hé !
mon cher Frere, que t'importe, pourvû
que tu te sentes être ? Et puis, ne se peut-
il pas faire que pour te consoler de la perte de ta vie, tu t'imagineras les mêmes
raisons que je te represente maintenant ?

Voila des confiderations affez fortes pour t'obliger à boire cette abfinthe en patience ; il m'en refte toutefois d'autres encore plus preffantes, qui t'inviteront fans doute à la fouhaiter. Il faut, mon cher Frere, te perfuader que comme toy & les autres brutes, êtes materiels ; & comme la mort au lieu d'aneantir la matiere, n'en fait que troubler l'économie, tu dois, dis-je, croire avec certitude, que ceffant d'être ce que tu étois, tu commenceras d'être quelqu'autre chofe. Je veux donc que tu ne deviennes qu'une motte de terre, ou un caillou, encore feras-tu quelque chofe de moins méchant que l'homme. Mais j'ai un fecret à te découvrir, que je ne voudrois pas qu'aucun de mes compagnons eût entendu de ma bouche ; c'eft qu'étant mangé, comme tu vas être, de nos petits Oifeaux, tu pafferas en leur fubftance : Ouy, tu auras l'honneur de contribuer, quoy qu'aveuglément, aux operations intellectuelles de nos Mouches, & de participer à la gloire, fi tu ne raifonnes toi-même, de les faire au moins raifonner.

Environ à cet endroit de l'exhortation, nous arrivâmes au lieu deftiné pour mon fupplice.

Il y avoit quatre arbres fort proches l'un de l'autre, & quafi en même diftance, fur chacun defquels, à hauteur pareille, un grand Héron s'étoit perché. On me defcendit de deffus l'Autruche noire, & quantité de cormorans m'éleverent où

les

les quatre Hérons m'attendoient. Ces Oiseaux vis-à-vis l'un de l'autre, appuyez
fermement chacun sur son arbre, avec
leur col de longueur prodigieuse, m'en-
tortillerent comme avec une corde, les
uns par les bras, les autres par les jambes,
& me lierent si serré, qu'encore que chacun de mes membres ne fût garoté que
du col d'un seul, il n'étoit pas en ma
puissance de me remuer le moins du
monde.

Ils devoient demeurer long-temps en
cette posture; car j'entendis qu'on donna
charge à ces cormorans qui m'avoient
élevé, d'aller à la pêche pour les hérons,
& de leur couler la mangeaille dans le
bec.

On attendoit encore les mouches, à
cause qu'elle n'avoient pas fendu l'air
d'un vol si puissant que nous : toutefois
on ne resta gueres sans les oüir.

Pour la premiere chose qu'ils exploite-
rent d'abord, ils s'entre-départirent mon
corps; & cette distribution fut faite si
malicieusement, qu'on assigna mes yeux
aux abeilles, afin de me les crever en me
les mangeans; mes oreilles aux bourdons,
afin de me les étourdir, & me les devorer
tout ensemble; mes épaules aux puces,
afin de les entamer d'une morsure qui me
démangeât : & ainsi du reste. A peine leur
avois-je entendu disposer de leurs ordres,
qu'incontinent après je les vis approcher.
Il sembloit que tous les atômes dont l'air
est composé, se fussent convertis en mou-

ches ; car je n'étois presque pas visité de
deux ou trois foibles rayons de lumiere,
qui sembloient se dérober pour venir jufqu'à moy, tant ces bataillons étoient fer-
rez & voisins de ma chair.

Mais comme chacun d'entr'eux choisissoit déja du desir la place qu'il devoit
mordre, tout à coup je les vis brusquement
reculer ; & parmi la confusion d'un nombre infini d'éclats qui retentissoient jufqu'aux nuës, je distinguay plusieurs fois
ce mot, grace, grace, grace.

Ensuite deux tourterelles s'approcherent de moi. A leur venuë tous les funef-
tes appareils de ma mort se dissiperent ; je
sentis mes hérons relâcher les cercles de
ces longs cols qui m'entortilloient, &
mon corps étendu en sautoir, griller du
faîte des quatre arbres jusqu'aux pieds de
leurs racines.

Je n'attendois de ma chute, que de bri-
ser à terre contre quelque rocher : mais
au bout de ma peur je fus bien étonné de
me trouver à mon seant sur une autruche
blanche, qui se mit au galop dés qu'elle
me sentit sur son dos.

On me fit faire un autre chemin que
celuy par où j'étois venu ; car il me fou-
vient que je traversay un grand bois de
myrthes, & un autre de terebintes, abou-
tissant à une vaste forest d'oliviers, où
m'attendoit le Roy Colombe au milieu
de toute sa Cour.

Si-tôt qu'il m'apperçut, il fit signe
qu'on m'aidât à descendre. Aussi-tôt deux

aigles de la garde me tendirent les pattes, & me porterent à leur Prince.

Je voulus par respect embrasser & bai-
ser les petits ergots de Sa Majesté, mais
elle se retira. Je vous demande, dit-elle
auparavant, si vous connoissez cet oiseau.

A ces paroles, on me montra un perroquet, qui se mit à rouer & battre des
aîles, comme il apperçut que je le considerois. Il me semble, criay-je au Roy,
que je l'ay vû quelque part; mais la peur
& la joye ont chez moi tellement brouil-
lé les especes, que je ne puis encore marquer bien clairement où ç'a été.

Le perroquet à ces mots me vint de ses
deux aîles accoler le visage, & me dit:
Quoy? vous ne connoissez plus Cesar, le
perroquet de votre cousine, à l'occasion
de qui vous avez tant de fois soutenu que
les oiseaux raisonnent? C'est moi qui tantôt, pendant votre procés ay voulu aprés
l'audience declarer les obligations que je
vous ay: mais la douleur de vous voir en
si grand peril, m'a fait tomber en pamoi-
son. Son discours acheva de me dessiller
la vuë. L'ayant donc reconnu, je l'embras-
say & le baisay; il m'embrassa & me baisa.
Donc, luy dis-je, est-ce toy, mon pauvre
Cesar, à qui j'ouvris la cage pour te rendre
la liberté, que la tyrannique coûtume de
notre Monde t'avoit ôtée?

Le Roy interrompit nos caresses, & me
parla de la sorte. Homme, parmi nous une
bonne action n'est jamais perduë; c'est
pourquoy encore qu'étant homme tu me-

rites de mourir, seulement à cause que tu es né, le Senat te donne la vie. Il peut bien accompagner de cette reconnoissance les lumieres dont la Nature éclaira ton instinct, quand elle te fit pressentir en nous la raison que tu n'étois pas capable de connoître. Va donc en paix, & vis joyeux.

Il donna tout bas quelques ordres, & mon autruche blanche, conduite par les deux tourterelles, m'emporta de l'assemblée.

Après m'avoir galopé environ un demi jour, elle me laissa proche d'une forest, où je m'enfonçay dès qu'elle fut partie. Là je commençay à goûter le plaisir de la liberté, & celuy de manger le miel qui couloit le long de l'écorce des arbres.

Je pense que je n'eusse jamais fini ma promenade ; car l'agréable diversité du lieu me faisoit toûjours découvrir quelque chose de plus beau, si mon corps eût pû resister au travail : mais comme enfin je me trouvay tout à fait amolli de lassitude, je me laissay couler sur l'herbe.

Ainsi étendu à l'ombre de ces arbres, je me sentois inviter au sommeil par la douce fraîcheur & le silence de la solitude, quand un bruit incertain de voix confuses qu'il me sembloit entendre voltiger autour de moy, me reveilla en sursaut.

Le terrain paroissoit fort uni, & n'étoit herissé d'aucun buisson qui pût rompre la vuë ; c'est pourquoy la mienne s'allongeoit fort avant parmi les arbres de la forest. Cependant le murmure qui venoit à mon oreille, ne pouvoit partir que de fort proche de moy ; de sorte que m'y étant encore rendu plus attentif, j'entendis fort distinctement une suite de paroles Grecques ; & parmi beaucoup de personnes qui s'entretenoient, j'en démêlay une qui s'exprimoit ainsi.

Monsieur le Medecin, un de mes alliez, l'orme à trois têtes, me vient d'envoyer un pinçon, par lequel il me mande qu'il est malade d'une fièvre étique, & d'un grand mal de mousse, dont il est couvert depuis la tête jusqu'aux pieds. Je vous supplie, par l'amitié que vous me portez, de luy ordonner quelque chose.

Je demeuray quelque temps sans rien ouïr ; mais au bout d'un petit espace, il me semble qu'on repliqua ainsi. Quand l'orme à trois têtes ne seroit point votre allié, & quand au lieu de vous qui êtes mon ami, le plus étrange de notre espece me feroit cette priere, ma profession m'oblige de secourir tout le monde. Vous ferez donc dire à l'orme à trois têtes, que pour la guerison de son mal, il a besoin de sucer le plus d'humide & le moins de sec qu'il pourra ; que pour cet effet il doit conduire les petits filets de ses racines vers l'endroit le plus moite de son lit, ne s'entretenir que de choses gayes, & se faire tous les jours donner la Musique par quelques rossignols excellens. Aprés il vous fera sçavoir comme il se sera trouvé de ce regime de vivre ; & puis, selon le progrés de son mal, quand nous aurons

X 3

préparé fes humeurs, quelque cigogne de
mes amies lui donnera de ma part un clif-
tere qui le remettra tout à fait en conva-
lefcence.

Ces paroles achevées, je n'entendis
plus le moindre bruit ; finon qu'un quart
d'heure après, une voix que je n'avois
point encore ce me femble remarquée,
parvint à mon oreille ; & voici comme
elle parloit. Hola, fourchu, dormez-vous?
J'ouïs qu'une autre voix repliquoit ainfi.
Non, fraîche écorce, pourquoy ? C'eft,
reprit celle qui la premiere avoit rompu
le filence, que je me fens émeu de la même façon que nous avons accoûtumé de
l'être, quand ces animaux qu'on appelle
Hommes nous approchent; & je voudrois
vous demander fi vous fentez la même
chofe.

Il fe paffa quelque temps avant que
l'autre répondît, comme s'il eût voulu
appliquer à cette découverte fes fens les
plus fecrets. Puis il s'écria : Mon Dieu,
vous avez raifon, & je vous jure que je
trouve mes organes tellement pleins des
efpeces d'un homme, que je fuis le plus
trompé du monde, s'il n'y en a quelqu'un
fort proche d'ici.

Alors plufieurs voix fe mêlerent, qui
difoient qu'affurément elles fentoient un
homme.

J'avois beau diftribuer ma vuë de tous
côtez, je ne découvrois point d'où pouvoit provenir cette parole. Enfin, après
m'être un peu remis de l'horreur dont ce

evenement m'avoit consterné, je répondis à celle qu'il me sembla remarquer que c'étoit elle qui demandoit s'il y avoit là un homme, qu'il y en avoit un : mais je vous supplie, continuay-je aussi-tôt, qui que vous soyez qui parlez à moy, de me dire où vous êtes. Un moment après j'écoutay ces mots.

Nous sommes en ta présence, tes yeux nous regardent, & tu ne nous vois pas. Envisage les chênes où nous sentons que tu tiens ta vuë attachée, c'est nous qui te parlons ; & si tu t'étonnes que nous parlions une Langue usitée au monde d'où tu viens, sçache que nos premiers peres en sont originaires; ils demeuroient en Epire dans la Forest de Dodone, où leur bonté naturelle les convia de rendre des Oracles aux affligez qui les consultoient. Ils avoient pour cet effet appris la Langue Grecque, la plus universelle qui fût alors, afin d'être entendus ; & parce que nous descendons d'eux de pere en fils, le don de Prophetie a coulé jusqu'à nous. Or tu sçauras qu'une grande aigle à qui nos peres de Dodone donnoient retraite, ne pouvant aller à la chasse, à cause d'une main qu'elle s'étoit rompuë, se repaissoit du gland que leurs rameaux luy fournissoient ; quand un jour ennuyée de vivre dans un Monde où elle souffroit tant, elle prit son vol au Soleil, & continua son voyage si heureusement, qu'enfin elle aborda le Globe lumineux où nous sommes : mais à son arrivée la chaleur du

X 4

climat la fit vomir, elle se déchargea de
force gland non encore digeré ; ce gland
germa, il en crût des chênes, qui furent
nos ayeux.

Voilà comme nous changeâmes d'habitation : cependant, encore que vous nous
entendiez parler une Langue humaine, ce
n'est pas à dire que les autres arbres s'ex-
pliquent de même ; il n'y a que nous autres chênes issus de la Forest de Dodonne,
qui perlions comme vous ; car pour les
autres vegetans, voici leur façon de s'exprimer. N'avez-vous point pris garde à
ce vent doux & subtil qui ne manque jamais de respirer à l'orée des bois ? C'est
l'haleine de leur parole ; & ce petit murmure, ou ce bruit delicat dont ils rom-
pent le sacré silence de leur solitude, c'est
proprement leur langage. Mais encore
que le bruit des forests semble toujours
le même, il est toutefois si different, que
chaque espece de vegetant garde le sien
particulier, en sorte que le bouleau ne
parle pas comme l'érable, ni le hêtre
comme le cerisier. Si le sot peuple de votre Monde m'avoit entendu parler comme je fais, il croiroit que ce seroit un
Diable enfermé sous mon écorce ; car
bien loin de croire que nous puissions
raisonner, il ne s'imagine pas même que
nous ayons l'ame sensitive, encore que
tous les jours il voye qu'au premier coup
dont le Bucheron assaut un arbre, la coi-
gnée entre dans la chair quatre fois plus
avant qu'au second ; & qu'il doive con-

jecturer qu'affurément le premier coup
l'a furpris & frapé au dépourvu, puis
qu'auffi-tôt qu'il a été averti par la douleur, il s'eft ramaffé en foy-même, a réuni
fes forces pour combattre, & s'eft comme
petrifié, pour refifter à la dureté des armes de fon ennemi. Mais mon deffein
n'eft pas de faire comprendre la lumiere
aux aveugles ; un particulier m'eft toute
l'efpece, & toute l'efpece ne m'eft qu'un
particulier, quand le particulier n'eft
point infecté des erreurs de l'efpece ;
c'eft pourquoy foyez attentif, car je
croy parler, en vous parlant, à tout le
Genre humain.

Vous fçaurez donc en premier lieu,
que prefque tous les Concerts dont les
Oifeaux font Mufique, font compofez
à la loüange des arbres ; mais auffi en re-
compenfe du foin qu'ils prennent de celebrer nos belles actions, nous nous don-
nons celuy de cacher leurs amours ; car
ne vous imaginez pas, quand vous avez
tant de peine à découvrir un de leurs nids,
que cela provienne de la prudence avec
laquelle ils l'ont caché ; c'eft l'arbre qui
luy-même a plié fes rameaux tout autour
du nid, pour garantir des cruautez de
l'homme la famille de fon hôte. Et qu'ainfi ne foit, confiderez l'aire de ceux ou qui
font nez à la deftruction des Oifeaux leurs
concitoyens, comme des éperviers, des
houbereaux, des milans, des faucons, &c.
ou qui ne parlent que pour quereller,
comme des geais & des pies ; ou qui

prennent plaisir à nous faire peur, comme des Hibous & des Chat-huans ; vous re-marquerez que l'aire de ceux-là est aban-donnée à la vuë de tout le monde, parce que l'arbre en a éloigné ses branches, afin de la donner en proye.

Mais il n'est pas besoin de particularise tant de choses, pour prouver que les ar-bres exercent, soit du corps, soit de l'a-me, toutes vos fonctions. Y a-t-il quel-qu'un parmi vous, qui n'ait remarqué qu'au Printemps, quand le Soleil a réjoüi notre écorce d'une séve féconde, nous allongeons nos rameaux, & les étendons chargez de fruit sur le sein de la Terre dont nous sommes amoureux ? La Terre de son côté s'entrouvre & s'échauffe d'une même ardeur ; & comme si chacun de nos rameaux étoit un.... elle s'en appro-che pour s'y joindre ; & nos rameaux transportez de plaisir, se déchargent dans son giron de la semence qu'elle brûle de concevoir. Elle est pourtant neuf mois à former cet embrion, auparavant que de le mettre au jour ; mais l'arbre son mari, qui craint que la froidure de l'Hyver ne nuise à sa grossesse, dépoüille sa robe ver-te pour la couvrir, se contentant, pour ca-cher quelque chose de sa nudité, d'un vieux manteau de feüille morte.

Hé bien, vous autres Hommes, vous regardez éternellement ces choses, & ne les contemplez jamais ; il s'en est passé à vos yeux de plus convaincantes encore, qui n'ont pas seulement ébranlé les aheur-tez.

J'avois l'attention fort bandée aux discours dont cette voix arborique m'en-
tretenoit, & j'attendois la suite, quand
tout à coup elle cessa, d'un ton semblable
à celui d'une personne que la courte haleine empêcheroit de parler.

Comme je la vis tout à fait obstinée au
silence, je la conjurai par toutes les choses que je crus qui la pouvoient davantage
émouvoir, qu'elle daignât instruire une
personne qui n'avoit risqué les perils d'un
si grand voyage que pour apprendre.
J'oüis dans ce temps-là deux ou trois voix
qui luy faisoient pour l'amour de moy les
mêmes prieres, & j'en distinguai une qui
luy dit, comme si elle eût été fâchée :

Oh bien, puisque vous plaignez tant
vos poulmons, reposez-vous, je luy vais
conter l'Histoire des Arbres Amans.

O qui que vous soyez, m'écriai-je en
me jettant à ses genoux, le plus sage de
tous les Chênes de Dodone, qui daignez
prendre la peine de m'instruire, sçachez
que vous ne ferez pas leçon à un ingrat ;
car je fais vœu, si jamais je retourne à
mon globe natal, de publier les merveilles dont vous me faites l'honneur de pouvoir être témoin. J'achevois cette protes-
tation, lorsque j'entendis la même voix
continuer ainsi. Regardez, petit homme,
à douze ou quinze pas de votre main
droite, vous verrez deux arbres jumeaux
de mediocre taille, qui confondant leurs
branches & leurs racines, s'efforcent par
mille sortes de moyens de ne devenir
qu'un.

Je tournai les yeux vers ces plantes d'a-
mour , & j'observai que les feüilles de
toutes les deux, legerement agitées d'une
émotion quasi volontaire, excitoient en
frémiſſant un murmure ſi délicat , qu'à
peine effleuroit-il l'oreille , avec lequel
pourtant on eût dit qu'elles tâchoient de
s'interroger & de ſe répondre.

Aprés qu'il ſe fut paſſé environ le temps
neceſſaire à remarquer ce double vegetant, mon bon Ami le Chêne reprit ainſi
le fil de ſon diſcours.

Vous ne ſçauriez avoir tant vêcu, ſans
que la fameuſe amitié de Pilade & d'O.
reſte ne ſoit venuë à votre connoiſſance.

Je vous décrirois toutes les joyes d'une
douce paſſion , & je vous conterois tous
les miracles dont ces Amans ont étonné
leurs ſiecles, ſi je ne craignois que tant de
lumiere n'offenſât les yeux de votre raiſon ; c'eſt pourquoy je peindrai ces deux
jeunes Soleils ſeulement dans leur é-
clipſe.

Il vous ſuffira donc de ſçavoir qu'un
jour le brave Oreſte engagé dans une bataille, cherchoit ſon cher Pilade pour goûter le plaiſir de vaincre ou de mourir en ſa
preſence. Quand il l'apperçut au milieu
de cent bras de fer élevez ſur ſa tête, helas ! que devint-il ? Deſeſperé, il ſe lança
à travers une foreſt de piques ; il cria, il
heurla, il écuma : Mais que j'exprime mal
l'horreur des mouvemens de cet inconſolable ! il s'arracha les cheveux, il mangea
ſes mains, il déchira ſes playes ; Encore, au

bout de cette defcription, fuis-je obligé
de dire que le moyen d'exprimer fa douleur mourut avec luy. Quand avec fon
épée il fe croyoit faire faire un chemin
pour aller fecourir Pilade, une montagne
d'hommes s'oppofoit à fon paffage. Il les
penetra pourtant; & aprés avoir long-
temps marché fur les fanglans trophées de
fa victoire, il s'approcha peu à peu de
Pilade : mais Pilade luy fembla fi proche
du trépas, qu'il n'ofa prefque plus parer
aux ennemis, de peur de furvivre à la
chofe pour laquelle il vivoit. On eût dit
même, à voir fes yeux déja tout pleins
des ombres de la mort, qu'il tâchoit avec
fes regards d'empoifonner les meurtriers
de fon Ami. Enfin Pilade tomba fans vie;
& l'amoureux Orefte qui fentoit pareillement la fienne fur le bord de fes lévres,
la retint toûjours, jufqu'à ce que d'une
vuë égarée ayant cherché parmi les
morts, & retrouvé Pilade, il fembla co-
lant fa bouche vouloir jetter fon ame dedans le corps de fon Ami.

Le plus jeune de ces Héros expira de
douleur fur le cadavre de fon Ami mort,
& vous fçaurez que de la pourriture de
leur tronc qui fans doute avoit engrofsé
la Terre, on vit germer par entre les os
déja blancs de leurs fquelettes, deux jeunes arbriffeaux dont la tige & les branches
fe joignant pêle-mêle, fembloient ne fe
hâter de croître qu'afin de s'entortiller davantage. On connut bien qu'ils avoient
changé d'être, fans oublier ce qu'ils a-

voient été, car leur boutons parfumez se panchoient l'un sur l'autre, & s'entr'é-chauffoient de leur haleine, comme pour se faire éclore plus vîte. Mais que dirai-je de l'amoureux partage qui maintenoit leur societé? Jamais le suc où reside l'aliment, ne s'offroit à leur souche, qu'ils ne le partageassent avec ceremonie. Jamais l'un n'étoit mal nourri, que l'autre ne fût malade d'inanition ; ils tiroient tous deux par dedans, les mammelles de leur Nourrisse, comme vous autres les tetez par dehors. Enfin ces Amans bienheureux produisirent des pommes, mais des pommes miraculeuses, qui firent encore plus de miracles que leurs Peres. On n'avoit pas si-tôt mangé des pommes de l'un, qu'on devenoit éperdument passionné pour quiconque avoit mangé du fruit de l'autre : Et cet accident arrivoit quasi tous les jours, parce que tous les jets de Pilade environnoient ou se trouvoient environnez d'Oreste ; & leurs fruits presque jumeaux ne pouvoient se resoudre à s'éloigner.

La Nature pourtant avoit distingué l'énergie de leur double essence avec tant de précaution, que quand le fruit de l'un des arbres étoit mangé par un homme, & le fruit de l'autre arbre par un autre homme, cela engendroit l'amitié reciproque ; & quand la même chose arrivoit entre deux personnes de sexe different, elle engendroit l'amour, mais un amour vigoureux, qui gardoit toujours le caractere de sa cause : car encore que ce fruit propor-

tionnât son effet à la puissance, amolis-
sant sa vertu dans une Femme, il conser-
voit pourtant toujours je ne sçai quoy de
mâle.

Il faut encore remarquer que celuy des
deux qui en avoit mangé le plus, étoit le
plus aimé. Ce fruit n'avoit garde qu'il ne
fût & fort doux & fort beau, n'y ayant
rien de si beau ni de si doux que l'amitié :
aussi fut-ce ces deux qualitez de beau &
de bon qui ne se rencontrent gueres en un
même sujet, qui le mirent en vogue. O
combien de fois par sa miraculeuse vertu multiplia-t-il les exemples de Pilade &
d'Oreste! On vit depuis ce temps-là des
Hercules & des Thesées, des Achiles &
des Patrocles, des Nises & des Euriales ;
bref un nombre innombrable de ceux qui
par des amitiez plus qu'humaines, ont
consacré leur memoire au Temple de l'E-
ternité. On en porta des rejettons au Pelo-
ponese, & le Parc des exercices où les
Thebains dressoient la jeunesse, en fut or-
né. Ces arbres jumeaux étoient plantez à
la ligne; & dans la saison que le fruit pendoit aux branches, les jeunes gens qui
tous les jours alloient au Parc, tentez par
sa beauté, ne s'abstinrent pas d'en manger, & leur courage selon l'ordinaire en
sentit incontinent l'effet. On les vit pêle-
mêle s'entredonner leurs ames, chacun
d'eux devenir la moitié d'un autre, vivre
moins en soy qu'en son Ami, & le plus
lâche entreprendre pour le sien des choses
temeraires.

Cette celeste maladie échauffa leur sang d'une si noble ardeur, que par l'avis des plus sages on enrôla pour la guerre cette troupe d'Amans dans une même Compagnie. On la nomma depuis, à cause des actions heroïques qu'elle executoit, la Bande sacrée. Ses exploits allerent beaucoup au dessus de ce que Thebes s'en étoit promis ; car chacun de ces Braves au combat, pour en garantir son Amant, ou pour meriter d'en être aimé, hazardoit des efforts si incroyables, que l'Antiquité n'a rien vu de pareil : aussi tant que subsista cette amoureuse Compagnie, les Thebains qui passoient auparavant pour les pires soldats d'entre les Grecs, battirent & surmonterent toujours depuis les Lacedemoniens, même les plus belliqueux peuples de la Terre.

Mais entre un nombre infini de loüables actions dont ces pommes furent cause, ces mêmes pommes en produisirent innocemment de bien honteuses.

Myrra, jeune Damoiselle de qualité, en mangea avec Cinyre son pere ; malheureusement l'une étoit de Pilade, & l'autre d'Oreste. L'Amour aussi-tôt absorba la Nature, & la confondit en telle sorte, que Cinyre pouvoit jurer, je suis mon gendre ; & Myrra, ie suis ma marâtre. Enfin je croy que c'est assez pour vous apprendre tout ce crime, d'ajoûter qu'au bout de neuf mois le Pere devint ayeul de ceux qu'il engendra, & que la Fille enfanta ses Freres.

Encore

Encore le hazard ne se contenta pas de
ce crime, il voulut qu'un Taureau étant
entré dans les jardins du Roy Minos,
trouvât malheureusement sous un arbre
d'Oreste quelques pommes qu'il englou-
tit; je dis malheureusement, parce que
la Reine Pasiphaé tous les jours mangeoit
de ce fruit. Les voila donc furieux d'a-
mour l'un pour l'autre. Je n'en explique-
rai point l'énorme jouïssance, il suffira de
de dire que Pasiphaé se plongea dans un
crime qui n'avoit point encore eu d'e-
xemple.

Le fameux Sculpteur Pigmalion préci-
sement dans ce temps-là, tailloit au Palais
une Vénus de marbre. La Reine qui ai-
moît les bons Ouvriers, par regal luy fit
present d'une couple de ces pommes : il
en mangea la plus belle; & parce que l'eau
qui comme vous sçavez est necessaire à
l'incision du marbre, vint hazardeusement
à lui manquer, il en humecta sa statuë.
Le marbre en même temps penetré par ce
suc, s'amollît peu à peu; & l'énergique
vertu de cette pomme conduisant son la-
beur selon le dessein de l'Ouvrier, suivit
au dedans de l'image les traits qu'elle a-
voit rencontrez à la superficie; car elle di-
lata, échauffa, & colora, à proportion de
la nature, des lieux qui se rencontrent
dans son passage. Enfin le marbre devenu
vivant, & touché de la passion de la pôme,
embrassa Pigmalion de toutes les forces de
son cœur, & Pigmalion transporté d'un
amour reciproque, la reçut pour femme.

Dans cette même Province la jeune
Iphis avoit mangé de ce fruit avec la belle
Yante sa compagne , dans toutes les circonstances requises pour causer une amitié reciproque : Leur repas fut suivi de
son effet accoûtumé: mais parce qu'Iphis
l'avoit trouvé d'un goût fort savoureux ,
il en mangea tant, que son amitié qui
croissoit avec le nombre des pommes
dont il ne se pouvoit rassasier, usurpa toutes les fonctions de l'amour;& cet amour,
à force d'agmenter peu à peu, devint plus
mâle & plus vigoureux : car comme tout
son corps imbu de ce fruit, brûloit de former des mouvemens qui répondissent aux
entousiasmes de sa volonté, il remua chez
soi la matiere si puissamment,qu'il se con-
struisit des organes beaucoup plus forts,
capables de suivre sa pensée,&de conten-
ter pleinement son amour dans sa plus vi-
rile étenduë ; c'est - à - dire qu'Iphis devint ce qu'il faut être pour épouser une
Femme.

J'appellerois cette avanture-là un miracle, s'il me restoit un nom pour in-
tituler l'évenement qui suit.

Un jeune Homme fort accompli, qui
s'appelloit Narcisse, avoit merité par son
amour l'affection d'une Fille fort belle,
que les Poëtes ont celebrée sous le nom
d'Echo : mais comme vous sçavez que les
Femmes plus que ceux de notre sexe, ne
sont jamais assez cheries à leur gré, ayant
oüy vanter la vertu des pommes d'Oref-
ste, elle fit tant qu'elle en recouvra de plu-

fieurs endroits; & parce qu'elle apprehen-
doit (l'amour étant toûjours craintif)
que celles d'un arbre n'euffent moins de
force que de l'autre, elle voulut que fon
Amant goûtât de toutes les deux : mais à
peine les eut-il mangées, que l'image
d'Echo s'effaça de fa memoire. Tout fon
amour fe tourna vers celuy qui avoit digeré le fruit, il fut l'amant & l'aimé ; car
la fubftance tirée de la pomme de Pilade,
embrafla dedans luy celle de la pomme
d'Orefte. Ce fruit jumeau répandu par
toute la maffe de fon fang, excita toutes
les parties de fon corps à fe careffer : Son
cœur où s'ecouloit leur double vertu,
rayonna fes flames en dedans ; tous fes
membres animez de fa paffion, voulurent
fe penetrer l'un l'autre : Il n'eft pas jufqu'à fon image, qui brûlant encore parmi la froideur des Fontaines, n'attirât fon
corps pour s'y joindre : Enfin le pauvre
Narciffe devint éperdûment amoureux
de foy-même.

Je ne me rendray point ennuyeux à
vous raconter fa déplorable cataftrophe ;
les vieux fiécles en ont affez parlé : auffi-
bien il me refte des avantures à vous ré-
citer qui confommeront mieux ce temps-
là.

Vous fçaurez donc que la belle Salmacis frequentoit le Berger Hermaphrodite,
mais fans autre privauté que celle que le
voifinage de leur maifon pouvoit fouffrir; quand la Fortune qui fe plaift à troubler les vies les plus tranquilles, permit

que dans une assemblée de jeux, où le prix de la beauté & celuy de la course, étoient deux de ces pommes, Hermaphrodite eût celle de la course, & Salmacis celle de la beauté. Elles avoient esté cueillies, quoy qu'ensemble, à divers rameaux, parce que ces fruits amoureux se mêloient avec tant de ruse, qu'un de Pilade se rencontroit toûjours avec un d'Oreste ; & cela estoit cause que paroissant jumeaux, on en détachoit ordinairement une couple. La belle Salmacis mangea sa pomme, & le gentil Hermaphrodite serra la sienne dans sa pannetiere. Salmacis inspirée des entousiasmes de sa pomme, & de la pomme du Berger qui commençoit à s'échauffer dans sa pannetiere, se sentit attirer vers luy par le flux & reflux sympatique de la sienne avec l'autre.

Les parens du Berger, qui s'apperçûrent des amours de la Nymphe, tâcherent, à cause de l'avantage qu'ils trouvoient en cette alliance, de l'entretenir & de la croître : c'est pourquoy ayant oüy vanter les pommes jumelles pour un fruit dont le suc inclinoit les esprits à l'amour, ils en distilerent, & de la quintessence la plus rectifiée ils trouverent moyen d'en faire boire à leur Fils, & à son Amante. Son énergie qu'ils avoient sublimée au plus haut degré qu'elle pouvoit monter, alluma dans le cœur des ces amoureux un si vehement desir de se joindre, qu'à la premiere veüe Hermaphrodite s'absorba dans Salmacis, & Salmacis se fondit en-

tre les bras d'Hermaphrodite. Ils passè-
rent l'un dans l'autre, & de deux personnes de sexe different, ils en composerent
un double, je ne sçay quoy qui ne fût ni
homme ni femme. Quand Hermaphrodite voulut joüir de Salmacis, il se trouva estre la Nymphe ; & quand Salmacis
voulut qu'Hermaphrodite l'embrassât,
elle se sentit estre le Berger. Ce double je
ne sçay quoy gardoit pourtant son unité ;
il engendroit & concevoit, sans estre ni
homme ni femme ; enfin la Nature en
luy, fit voir une merveille, qu'elle n'a
jamais sçû depuis empêcher d'estre uni-
que.

Hé bien, ces histoires-là ne sont-elles
pas étonnantes ? Elles le font ; car de voir
une fille s'accoupler à son pere, une jeune Princesse assouvir les amours d'un taureau, un homme aspirer à la joüissance
d'une pierre, un autre se marier avec soy-
même ; celle-cy celebrer fille un mariage
qu'elle consomme garçon, cesser d'estre
homme sans commencer d'estre femme,
devenir Bessson hors du ventre de la mere,
& Jumeau d'une personne qui ne luy est
point parent, tout cela est bien éloigné
du chemin ordinaire de la Nature ; & cependant ce que je vous vais conter vous
surprendra davantage.

Parmi la somptueuse diversité de toutes
sortes de fruits qu'on avoit apportez des
plus lointains climats, pour le festin des
noces de Cambise, on luy presenta une
greffe d'Orelle, qu'il fit enter sur un Pla-

tane ; & parmi les autres délicateſſes du deſſert, on luy ſervit des pommes du mê·me Arbre.

La friandiſe du mets le convia d'en manger beaucoup ; & la ſubſtance de ce fruit eſtant convertie aprés les trois co·ctions en un germe parfait , il en forma au ventre de la Reine l'embrion de ſon fils Artaxerxe , car toutes les particulari·tez de ſa vie ont fait conjecturer à ſes Medecins qu'il devoit avoir eſté produit de la ſorte.

Quand le jeune cœur de ce Prince fut en âge de meriter la colere d'Amour , on ne remarqua point qu'il ſoûpirât pour ſes ſemblables : il n'aimoit que les arbres, les vergers, & les bois ; mais par deſſus tous ceux pour leſquels il parut ſenſible , le beau Platane ſur lequel ſon pere Cambiſe avoit jadis fait enter cette greffe d'Oreſte, le conſomma d'amour.

Son temperament ſuivoit avec tant de ſcrupule le progrés du Platane, qu'il ſem·bloit croître avec les branches de cet ar·bre ; tous les jours il l'alloit embraſſer ; dans le ſommeil il ne ſongeoit que de luy ; & deſſous le contour de ſes vertes ta·piſſeries il ordonnoit de toutes ſes affai·res. On connut bien que le Platane piqué d'une ardeur reciproque, eſtoit ravi de ſes careſſes ; car à tous coups, ſans aucune raiſon apparente , on appercevoit ſes feüilles trémouſſer & comme treſſaillir de joye, les rameaux ſe courber en rond ſur ſa teſte, comme pour luy faire une

couronne, & defcendre fi prés de fon vifage, qu'il eſtoit facile à connoiſtre que
c'eſtoit plûtoſt pour le baifer, que par inclination naturelle de tendre en bas. On
remarquoit même que de jaloufie il ar-
rangeoit & preſſoit ſes feüilles l'une contre l'autre, de peur que les rayons du
jour ſe gliſſant à travers, ne le baifaſſent
auſſi-bien que luy. Le Roy de ſon coſté
ne garda plus de bornes dans ſon amour.
Il fit dreſſer ſon lit aux pieds du Platane,
& le Platane qui ne ſçavoit comme ſe re-
vancher de tant d'amitié, luy donnoit ce
que les arbres ont de plus cher, c'eſtoit
ſon miel & ſa roſée, qu'il diſtiloit tous
les matins ſur luy.

Leurs careſſes auroient duré davantage,
fi la mort ennemie des belles choſes, ne
les eût terminées : Artaxerxe expira d'a-
mour dans les embraſſemens de ſon cher
Platane ; & tous les Perſes affligez de la
perte d'un ſi bon Prince, voulurent, pour
luy donner encore quelque ſatisfaction
aprés ſa mort, que ſon corps fût brûlé
avec les branches de cet arbre, ſans qu'-
cun autre bois fût employé à le conſom-
mer.

Quand le bucher fut allumé, on vit ſa
flâme s'entortiller avec celle de la graiſſe
du corps ; & leurs chevelures ardentes
qui ſe boucloient l'un à l'autre, s'éfiler
en pyramide juſqu'à perte de veüë.

Ce feu pur & ſubtil ne ſe diviſa point ;
mais quand il fut arrivé au Soleil, où,
comme vous ſçavez, toute matiere ignée

aboutit, il forma le germe du Pommier d'Oreſte que vous voyez là à votre main droite.

Or l'engeance de ce fruit s'eſt perduë en voſtre Monde ; & voicy comment ce malheur arriva.

Les peres & les meres qui, comme vous ſçavez, au gouvernement de leurs familles ne ſe laiſſent conduire que par l'inte-reſt, fâchez que leurs enfans auſſi-toſt qu'ils avoient goûté de ces pommes, pro-diguaſſent à leur ami tout ce qu'ils poſſe-doient, brûlerent autant de ces plantes qu'ils en pûrent découvrir : Ainſi l'eſpece étant perduë, c'eſt pour cela qu'on ne trouve plus aucun ami veritable.

A meſure donc que ces arbres furent conſommez par le feu, les pluyes qui tomberent deſſus, en calcinerent ſi-bien la cendre, que ce ſuc congelé ſe petrifia de la même façon que l'humeur de la fou-gere brûlée ſe metamorphoſe en verre; de ſorte qu'il ſe forma, par tous les cli-mats de la terre, des cendres de ces ar-bres jumeaux, deux pierres metaliques, qu'on appelle aujourd'huy le fer & l'ai-mant, qui à cauſe de la ſympathie des fruits de Pilade & d'Oreſte, dont ils ont toûjours conſervé la vertu, aſpirent en-core tous les jours de s'embraſſer. Et remarquez que ſi le morceau d'aimant eſt plus gros, il attire le fer ; ou ſi la piece de fer excede en quantité, c'eſt elle qui attire l'aimant ; comme il arri-va jadis, dans le miraculeux effet des

pommes de Pilade & d'Oreste, de l'une
defquelles quiconque avoit mangé davantage, étoit le plus aimé par celuy qui
avoit mangé de l'autre.

Or le fer fe nourrit d'aimant, & l'aimant fe nourrit de fer fi vifiblement, que
celuy-là s'enroüille, & celui-cy perd fa
force ; à moins qu'on ne les produife l'un
à l'autre pour reparer ce qui fe perd de
leur fubftance.

N'avez-vous jamais confideré un morceau d'aimant appuyé fur de la limaille
de fer ? Vous voyez l'aimant fe couvrir
en un tourne-main de ces atômes metaliques ; & l'amoureufe ardeur avec laquelle ils s'accrochent, eft fi fubite & fi im-
patiente, qu'après s'être embraffez par-
tout, vous diriez qu'il n'y a pas un grain
d'aimant qui ne veuille baifer un grain de
fer, & pas un grain de fer qui ne veüille
s'unir avec un grain d'aimant ; car le fer
ou l'aimant feparez, envoyent continuellement de leur maffe les petits corps les
plus mobiles à la quête de ce qu'ils aiment : mais quand ils l'ont trouvé, n'ayant
plus rien à defirer, chacun termine fes
voyages, & l'aimant occupe fon repos à
poffeder le fer, comme le fer ramaffe
tout fon être à joüir de l'aimant. C'eft
donc de la feve de ces deux arbres qu'a
découlé l'humeur dont ces deux metaux
ont pris naiffance. Devant cela ils étoient
inconnus ; & fi vous voulez fçavoir de
quelle matiere on fabriquoit des armes
pour la guerre, Samfon s'armoit d'une

guerriers d'Asie contre les Philistins;
Jupiter Roy de Crete, de feux artificiels,
par lesquels il imitoit la foudre pour
subjuguer ses ennemis; Hercule enfin a-
vec une massuë vainquit des Tyrans, &
dompta des Monstres. Mais ces deux metaux ont encore une relation bien plus
specifique avec nos deux arbres ; Vous
sçaurez qu'encore que ce couple d'amoureux sans vie inclinent vers le Pôle, ils ne
s'y portent jamais qu'en compagnie l'un
de l'autre ; & je vous en vais découvrir la
raison, aprés que je vous auray un peu entretenu des Pôles.

Les Pôles sont les bouches du Ciel, par
lesquelles il reprend la lumiere, la chaleur,
& les influences qu'il a répanduës sur la
terre : autrement si tous les tresors du Soleil ne remontoient à leur source, il y
auroit long-temps (toute sa clarté n'étant
qu'une poussiere d'atômes enflez qui se
détachent de son globe) qu'elle seroit é-
teinte, & qu'il ne luiroit plus ; ou que
cette abondance de petits corps ignées
qui s'amoncelent sur la terre pour n'en
plus sortir, l'auroient déja consommé.
Il faut donc, comme je vous ay dit, qu'il
y ait au Ciel des soûpiraux par où se dégorgent les replenions de la terre, & d'autres par où le Ciel puisse reparer ses pertes, afin que l'éternelle circulation de ces
petits corps de vie penetre successive-
ment tous les globes de ce grand Uni-
vers.Or les soûpiraux du Ciel sont les Pôles par où il se repaist des ames de tout ce

qui meurt dans les Mondes de chez luy,
& tous les Aftres font fes bouches, & les
pores par où s'exhalent derechef fes efprits. Mais pour vous montrer que ceci
n'eft pas une imagination fi nouvelle;
quand vos Poëtes anciens à qui la Philofophie avoit découvert les plus cachez
fecrets de la Nature, parloient d'un Héros dont ils vouloient dire que l'ame étoit
allée habiter avec les Dieux, ils s'expri-
moient ainfi. Il eft monté au Pôle, il eft
affis fur le Pôle, il a traversé le Pôle, parce qu'ils fçavoient que les Pôles étoient
les feules entrées par où le Ciel reçoit
tout ce qui eft forti de chez luy. Si l'autorité de ces grands hommes ne vous fatisfait pleinement, l'experience de vos
modernes qui ont voyagé vers le Nort,
vous contentera peut-être. Ils ont trouvé
que plus ils approchoient de l'Ourfe,
pendant les fix mois de nuit dont on a crû
que ce climat étoit tout noir, une grande lumiere éclairoit l'horifon, qui ne
pouvoit partir que du Pôle, parce qu'à
mefure qu'on s'en approchoit, & qu'on
s'éloignoit par confequent du Soleil, cette lumiere devenoit plus grande. Il eft
donc bien vray-femblable qu'elle procede des rayons du jour, & d'un grand
monceau d'ames, lefquelles comme vous
fçavez ne font faites que d'atômes lumineux qui s'en retournent au Ciel par leurs
portes accoûtumées.

Il n'eft pas difficile aprés cela de comprendre pourquoy le fer froté d'aimant,

ou l'aimant froté de fer, se tourne vers le
Pôle : car étant un extrait du corps de Pilade & d'Oreste, & ayant toujours con-
servé les inclinations des deux arbres,
comme les deux arbres celle des deux
Amans, ils doivent aspirer de se rejoindre à leur ame; c'est pourquoy il se guin-
de vers le Pôle par où il sent qu'elle est
montée; avec cette retenuë pourtant, que
le fer ne s'y tourne point, s'il n'est froté
d'aimant; ni l'aimant s'il n'est froté de
fer, à cause que le fer ne veut point abandonner un Monde, privé de son ami l'aimant, ni l'aimant privé de son amy le
fer, & qu'ils ne peuvent se resoudre à faire ce voyage l'un sans l'autre.

Cette voix alloit je pense entamer un
autre discours ; mais le bruit d'une grande allarme qui survint l'en empêcha :
toute la Forest en rumeur ne retentissoit
que de ces mots, gare la peste, & passe
parole.

Je conjuray l'arbre qui m'avoit si long-
temps entretenu, de m'apprendre d'où
procedoit un si grand desordre. Mon amy,
me dit-il, nous ne sommes pas en ces
quartiers-cy encore bien informez des
particularitez du mal : je vous diray seulement en trois mots, que cette peste
dont nous sommes menacez, est ce qu'-
entre les hommes on appelle embrase-
ment ; nous pouvons bien le nommer
ainsi, puisque parmi nous il n'y a point
de maladie plus contagieuse. Le remede
que nous y allons apporter, c'est de roi-

dit nos haleines, & de souffler tous ensemble vers l'endroit d'où part l'inflammation, afin de repousser ce mauvais air.
Je croy que ce qui nous aura apporté cette fièvre ardente, est une bête à feu qui
rode depuis quelques jours à l'entour de
nos Bois ; car comme elles ne vont jamais
sans feu, & ne s'en peuvent passer, celle-
cy sera sans doute venuë le mettre à quelqu'un de nos arbres.

Nous avions mandé l'animal Glaçon
pour venir à notre secours ; cependant il
n'est pas encore arrivé. Mais adieu, je
n'ay pas le temps de vous entretenir, il
faut songer au salut commun ; & vous-
même, prenez la fuite, autrement vous
courez risque d'être envelopé dans notre
ruine.

Je suivis son conseil, sans toutefois me
beaucoup presser, parce que je connoissois mes jambes. Cependant je sçavois si
peu la Carte du Païs, que je me trouvay
au bout de dix-huit heures de chemin au
derriere de la Forest dont je pensois fuir,
& pour surcroist d'apprehension, cent é-
clats épouvantables de tonnerre m'ébran-
loient le cerveau, tandis que la funeste &
blême lueur de mille éclairs venoit éteindre mes prunelles.

De moment en moment les coups re-
doubloient avec tant de furie, que l'on
eût dit que les fondemens du Monde alloient s'écrouler ; & malgré tout cela, le
Ciel ne parut jamais plus serain. Comme
je me vis au bout de mes raisons, enfin le

defir de connoître la caufe d'un évenement fi extraordinaire, m'invita de marcher vers le lieu d'où le bruit fembloit
s'épandre.

Je cheminay environ l'efpace de quatre cent ftades, à la fin defquelles j'apperçus au milieu d'une fort grande campagne, comme deux boules, qui après avoir
en broüiffant tourné long-temps à l'entour l'une de l'autre, s'approchoient, &
puis fe reculoient : Et j'obfervay que
quand le heurt fe faifoit, c'etoit alors
qu'on entendoit ces grands coups ; mais
à force de marcher plus avant, je reconnus que ce qui de loin m'avoit paru deux
boules, étoient deux animaux ; l'un defquels, quoy que rond par en bas, formoit
un triangle par le milieu ; & fa tête fort
élevée, avec fa rouffe chevelure qui flo-
toit contremont, s'éguifoit en pyramide.
Son corps étoit troüé comme un crible,
& à travers ces pertuis déliez qui luy fer-
voient de pores, on appercevoit glifler de
petites flâmes qui fembloient le couvrir
d'un plumage de feu.

En cheminant là autour, je rencontray
un Vieillard fort venerable, qui regardoit ce fameux combat avec autant de
curiofité que moy. Il me fit figne de m'approcher, j'obéïs, & nous nous affifmes
l'un auprés de l'autre.

J'avois deffein de luy demander le motif qui l'avoit amené en cette contrée,
mais il me ferma la bouche par ces paroles: Hé bien, vous fçaurez le motif qui

m'amene en cette contrée. Et là-deſſus il
me raconta fort au long toutes les particularitez de ſon voyage. Je vous laiſſe à
penſer ſi je demeuray interdit. Cependant pour accroître ma conſternation,
comme déja je brûlois de luy demander
quel Demon luy réveloit mes penſées :
Non, non s'écria-t-il, ce n'eſt point un
Démon qui me révele vos penſées... Ce
nouveau tour de Devin me le fit obſerver
avec plus d'attention qu'auparavant, & je
remarquay qu'il contrefaiſoit mon port,
mes geſtes, ma mine, ſituoit tous ſes
membres, & figuroit toutes les parties de
ſon viſage ſur le patron des miennes ; enfin mon Ombre en relief ne m'eſt pas
mieux repreſenté. Je voy, continua-
t-il, que vous êtes en peine de ſçavoir
pourquoy je vous contrefais, & je veux
bien vous l'apprendre. Sçachez donc qu'a-
fin de connoître votre intérieur, j'arran-
ge toutes les parties de mon corps dans
un ordre ſemblable au vôtre, car étant de
toutes parts ſitué comme vous, j'excite
en moy par cette diſpoſition de matiere,
la même penſée que produit en vous cette même diſpoſition de matiere.

Vous jugerez cet effet-là poſſible, ſi autrefois vous avez obſervé que les ge-
meaux qui ſe reſſemblent, ont ordinairement l'eſprit, les paſſions, & la volonté
ſemblables : juſques-là qu'il s'eſt rencontré à Paris deux Beſſons qui n'ont jamais
eu que les mêmes maladies & la même
ſanté ; ſe ſont mariez, ſans ſçavoir le deſ-

Z 4

sein l'un de l'autre, à même heure & à
même jour; se sont reciproquement é-
crit des lettres, dont le sens, les mots,
& la construction étoient de même; & qui
enfin ont composé sur un même sujet,
une même sorte de Vers, avec les mêmes
pointes, le même tour, & le même ordre.
Mais ne voyez-vous pas qu'il étoit impossible que la composition des organes
de leurs corps étant pareille dans toutes
ses circonstances, ils n'operassent d'une
façon pareille, puisque deux instrumens
égaux touchez également, doivent rendre
une harmonie égale; & qu'ainsi confor-
mant tout-à-fait mon corps au vôtre, &
devenant pour ainsi dire votre jumeau,
il est impossible qu'un même branle de
matiere ne nous cause à tous deux un même branle d'esprit?

Après cela il se remit encore à me contrefaire, & poursuivit ainsi. Vous êtes
maintenant fort en peine de l'origine du
combat de ces deux Monstres, mais je
veux vous l'apprendre. Sçachez donc que
les arbres de la Forest que nous avons à
dos, n'ayant pû repousser avec leurs souf-
fles les violens efforts de la Bête à feu,
ont eu recours à l'animal Glaçon.

Je n'ay encore, luy dis-je, entendu parler de ces animaux-là qu'à un Chêne de
cette contrée, mais fort à la hâte, car il
ne songeoit qu'à se garentir; c'est pourquoy je vous supplie de m'en faire sçavant.

Voicy comme il me parla. On verroit

en ce globe où nous sommes, les Bois fort
clair femez, à cause du grand nombre de
Bêtes à feu qui les defolent, fans les animaux Glaçons qui tous les jours, à la prié-
re des Forefts leurs amies, viennent guerir les arbres malades; je dis guerir, car à
peine de leur bouche gelée ont-ils fouf-
flé fur les charbons de cette pefte, qu'ils
l'eteignent.

Au Monde de la Terre d'où vous êtes,
& d'où je fuis, la Bête à feu s'app-lle Salemandre, & l'animal Glaçon y eft connu
par celuy de Remore. Or vous fçaurez
que les Remores habitent vers l'extremité du Pôle, au plus profond de la Mer gla-
ciale; & c'eft la froideur évaporée de ces
Poiffons à travers leurs écailles, qui fait
geler en ces quartiers-là l'eau de la Mer,
quoy que falée.

La plufpart des Pilotes qui ont voyagé
pour la découverte du Groenland, ont enfin experimenté qu'en certaine faifon les
glaces qui d'autres fois les avoient arrêtez, ne fe rencontroient plus : mais encore que cette Mer fût libre dans le temps
où l'Hyver y eft le plus âpre, ils n'ont
pas laiffé d'en attribuer la caufe à quelque
chaleur fecrette qui les avoit fonduës;
mais il eft bien plus vray-femblable que
les Remores qui ne fe nourriffent que de
glaces, les avoient pour lors abforbées.
Or vous devez fçavoir que quelque mois
après qu'elles fe font repuës, cette effroyable digeftion leur rend l'eftomach fi mor-
fondu, que la feule haleine qu'ils expi-

rent, reglace derechef toute la Mer du Pôle. Quand elles sortent sur la Terre (car elles vivent dans l'un & dans l'autre element,) elles ne se rassasient que de Ciguë, d'Aconit, d'Opium, & de Mandragore.

On s'étonne en nostre Monde d'où procedent ces frileux vents du Nort qui traînent toûjours la gelée ; mais si nos Compatriotes sçavoient comme nous, que les Remores habitent en ce climat : ils conhoîtroient, comme nous, qu'ils proviennent du souffle avec lequel ils essayent de repousser la chaleur du Soleil qui les approche.

Cette eau stigiale, de laquelle on empoisonna le grand Alexandre, & dont la froideur petrisia ses entrailles, étoit du pissat d'un de ces animaux. Enfin le Remore contient si éminemment tous les principes de froidure, que passant par dessous un Vaisseau, le Vaisseau se trouve saisi du froid, en sorte qu'il en demeure tout engourdi jusqu'à ne pouvoir démarer de sa place. C'est pour cela que la moitié de ceux qui ont cinglé vers le Nort, à la découverte du Pôle, n'en sont point revenus, parce que c'est un miracle si les Remores, dont le nombre est si grand dans cette Mer, n'arrêtent leurs Vaisseaux. Voila pour ce qui est des animaux glaçons.

Mais quant aux Bêtes à feu, elles logent dans terre sous des montagnes de Bitume allumé, comme l'Etna, le Vesuve,

& le Cap rouge. Ces boutons que vous voyez à la gorge de celui-cy, qui procedent de l'inflammation de son foye, ce sont...

Nous restâmes aprés cela sans parler, pour nous rendre attentifs à ce fameux duel.

La Salemandre attaquoit avec beaucoup d'ardeur ; mais le Remore soutenoit impénetrablement. Chaque heurt qu'ils se donnoient, engendroit un coup de tonnerre ; comme il arrive dans les Mondes d'icy autour, où la rencontre d'une nuë chaude avec une froide, excite le même bruit.

Des yeux de la Salemandre il sortoit à chaque œillade de colere qu'elle dardoit contre son ennemi, une rouge lumiere, dont l'air paroissoit allumé en volant ; elle suoit de l'huile boüillante, & pissoit de l'eau forte.

Le Remore de son côté gros, pesant, & quarré, montroit un corps tout ecaillé de glaçons. Ses larges yeux paroissoient deux assiettes de cristal, dont les regards chatioient une lumiere si morfondante, que je sentois frissonner l'Hyver sur chaque membre de mon corps où elle les attachoit. Si je pensois mettre ma main au devant, ma main en prenoit l'onglée ; l'air même autour d'elle, atteint de sa rigueur, s'epaississoit en neige, la terre durcissoit sous ses pas ; & je pouvois compter les traces de la Bête par le nombre des engelures qui m'accueilloient quand je marchois dessus.

Au commencement du combat, la Salemandre, à cause de la vigoureuse contention de sa premiere ardeur, avoit fait suer le Remore ; mais à la longue cette sueur s'étant refroidie, émailla toute la plaine d'un verglas si glissant, que la Salemandre ne pouvoit joindre le Remore sans tomber. Nous connûmes bien, le Philosophe & moy, qu'à force de cheoir & se relever tant de fois, elle s'étoit fatiguée ; car ces éclats de tonnerre auparavant si effroyables, qu'enfantoit le choc dont elle heurtoit son ennemie, n'étoient plus que le bruit sourd de ces petits coups qui marquent la fin d'une tempête ; & ce bruit sourd amorti peu à peu, dégenera en un fremissement semblable à celuy d'un fer rouge plongé dans de l'eau froide.

Quand le Remore connut que le combat tiroit aux abois, par l'affoiblissement du choc dont il se sentoit à peine ébranlé, il se dressà sur un angle de son cube, & se laissà cheoir de toute sa pesanteur sur l'estomach de la Salemandre, avec un tel succés, que le cœur de la pauvre Salemandre, où tout le reste de son ardeur s'étoit concentrée, en se crevant, fit un éclat si épouvantable, que je ne sçay rien dans la Nature pour le comparer.

Ainsi mourut la Bête à feu sous la paresseuse resistance de l'animal Glaçon.

Quelque temps aprés que le Remore se fut retiré, nous nous approchâmes du

champ de bataille ; & le Vieillard s'étant
enduit les mains de la terre sur laquelle
elle avoit marché , comme d'un preser-
vatif contre la brûlure , il empoigna le
cadavre de la Salemandre. Avec le corps
de cet animal , me dit-il , je n'ay que faire de feu dans ma cuisine ; car pourvû
qu'il soit pendu à la cremillée , il fera
boüillir & rotir tout ce que j'auray mis à
l'âtre. Quant aux yeux , je les garde soi-
gneusement ; s'ils étoient nettoyez des
ombres de la mort , vous les prendriez
pour deux petits Soleils. Les anciens de
notre Monde les sçavoient bien mettre
en œuvre ; c'est ce qu'ils nommoient des
Lampes ardentes, & l'on ne les appendoit
qu'aux sepultures pompeuses des personnes illustres.

Nos Modernes en ont rencontré , en
foüillant quelques-uns de ces fameux
tombeaux ; mais leur ignorante curiosité
les a crevez , en pensant trouver , derriere
les membranes rompuës , ce feu qu'ils y
voyoient reluire.

Le Vieillard marchoit toujours, & moy
je le suivois, attentif aux merveilles qu'il
me débitoit. Or à propos du combat , il
ne faut pas que j'oublie l'entretien que
nous eûmes touchant l'animal Glaçon.

Je ne crois pas , me dit-il , que vous
ayez jamais vû de Remores ; car ces Poissons ne s'élevent guere à fleur d'eau ,
encore n'abandonnent-ils quasi point
l'Ocean Septentrional. Mais sans doute

vous aurez vu de certains animaux qui en quelque façon se peuvent dire de leur espece. Je vous ai tantôt dit que cette Mer, en tirant vers le Pôle, est toute pleine de Remores, qui jettent leur fray sur la vase, comme les autres Poissons. Vous sçaurez donc que cette semence extraite de toute leur masse, en contient si éminemment toute la froideur, que si un Navire est poussé par dessus, le Navire en contracte un ou plusieurs Vers, qui deviennent Oiseaux, dont le sang privé de chaleur fait qu'on les range, quoy qu'ils aïent des aîles, au nombre des Poissons : aussi le Souverain Pontife, lequel connoît leur origine, ne défend pas d'en manger en Carême. C'est ce que vous appellez des Macreuses.

Je cheminois toûjours sans autre dessein que de le suivre, mais tellement ravi d'avoir trouvé un homme, que je n'osois détourner les yeux de dessus luy, tant j'avois peur de le perdre. Jeune mortel, me dit il, (car je voy bien que vous n'avez pas encore comme moy satisfait au tribut que nous devons à la Nature,) aussi-tôt que je vous ai vu, j'ai rencontré sur votre visage ce je ne sçai quoy qui donne envie de connoître les gens. Si je ne me trompe aux circonstances de la conformation de votre corps, vous devez être François, & natif de Paris. Cette Ville est le lieu, où après avoir promené mes disgraces par toute l'Europe, je les ai terminées.

Je me nomme Companella, & suis Ca-

labrois de nation. Depuis ma venuë au Soleil , j'ai employé mon temps à viſiter les
climats de ce grand globe, pour en decou-
vrir les merveilles. Il eſt diviſé en Royaumes, Republiques , Etats , & Principau-
tez , comme la Terre. Ainſi les quadru-
pedes , les volatiles , les plantes , les pierres, chacun y a le ſien ; & quoy que quelques-uns de ceux là n'en permettent point
l'entrée aux animaux d'eſpece etrangere,
particulierement aux hommes, que les
Oiſeaux par deſſus tous haïſſent à mort,
je puis voyager par-tout ſans courre de
riſque, à cauſe qu'une ame de Philoſophe eſt tiſſuë de parties bien plus deliees,
que les inſtrumens dont on ſe ſerviroit
à la tourmenter. Je me ſuis trouvé heu-
reuſement dans la Province des Arbres,
quand les deſordres de la Salemandre ont
commencé: ces grands éclats de tonnerre,
que vous devez avoir entendus auſſi bien
que moy, m'ont conduit à leur champ de
bataille , où vous êtes venu un moment
aprés. Au reſte je m'en retourne à la Province des Philoſophes.... Quoy, luy dis-
je, il y a donc ainſi des Philoſophes dans
le Soleil ? S'il y en a, repliqua le bon homme ! Ouy , certes, & ce ſont les principaux habitans du Soleil , & ceux-là mêmes dont la renommée de votre Monde
a la bouche ſi pleine. Vous pourrez bien-
tôt converſer avec eux , pourvu que vous
ayez le courage de me ſuivre ; car j'eſpere
mettre le pied dans leur Ville , avant qu'il
ſoit trois jours. Je ne croy pas que vous

puiffiez concevoir de quelle façon ces grands Génies fe font tranfportez ici. Non certes, m'écriai-je; car tant d'autres perfonnes auroient-elles eu jufqu'à prefent les yeux bouchez, pour n'en pas trouver le chemin? Ou bien, eft-ce qu'aprés la mort, nous tombons entre les mains d'un Examinateur des Efprits, lequel, felon notre capacité, nous accorde ou nous refufe le droit de Bourgeoifie au Soleil?

Ce n'eft rien de tout cela, repartit le Vieillard. Les ames viennent, par un principe de reffemblance, fe joindre à cette maffe de lumiere; car ce Monde-cy n'eft formé d'autre chofe que des efprits de tout ce qui meurt dans les orbes d'autour, comme font Mercure, Vénus, la Terre, Mars, Jupiter, & Saturne.

Ainfi dès qu'une Plante, une Bête, ou un Homme expirent, leurs ames montent, fans s'éteindre, à fa fphere; de même que vous voyez la flâme d'une chandelle y voler en pointe, malgré le fuif qui la retient par les pieds. Or toutes ces ames, unies qu'elles font à la fource du jour, & purgées de la groffe matiere qui les empêchoit, elles exercent des fonctions bien plus nobles que celles de croître, de fentir, & de raifonner; car elles font employées à former le fang & les efprits vitaux du Soleil, ce grand & parfait animal: Et c'eft auffi pourquoy vous ne devez point douter que le Soleil n'opere de l'efprit bien plus parfaitement que vous, puis que c'eft par la chaleur d'un million de

ces

ces ames rectifiées, dont la sienne est un élixir, qu'il connoît le secret de la vie, qu'il influë à la matiere de vos Mondes la puissance d'engendrer, qu'il rend des corps capables de se sentir être, & enfin qu'il se fait voir & fait voir toutes choses.

Il me reste maintenant à vous expliquer pourquoy les ames des Philosophes ne se joignent pas essentiellement à la masse du Soleil, comme celle des autres hommes.

Il y a trois sortes d'esprits dans toutes les Planettes, c'est-à-dire dans les petits Mondes qui se meuvent à l'entour de celui-ci.

Les plus grossiers servent simplement à reparer l'embonpoint du Soleil. Les subtils s'insinuent à la place de ses rayons; mais ceux des Philosophes, sans avoir rien contracté d'impur dans leur exil, arrivent tous entiers à la sphere du jour, pour en être habitans. Or elles ne deviennent pas, comme les autres, une partie integrante de sa masse, parce que la matiere qui les compose, au point de leur generation, se mêle si exactement, que rien ne la peut plus déprendre : semblable à celle qui forme l'or, les diamans, & les astres, dont toutes les parties sont mêlées par tant d'enlacemens, que le plus fort dissolvant n'en sçauroit relâcher l'étrainte.

Or ces ames de Philosophes sont tellement à l'égard des autres ames, ce que l'or, les diamans, & les astres, sont à l'égard des autres corps, qu'Epicure dans le Soleil est le même Epicure qui vivoit jadis sur la terre.

Le plaisir que je recevois en écoutant ce grand homme, m'accourcissoit le chemin, & j'entamois souvent tout exprès des matieres sçavantes & curieuses, sur lesquelles je sollicitois sa pensée, afin de m'instruire: Et certes je n'ay jamais vû de bonté si grande que la sienne ; car quoy qu'il pût, à cause de l'agilité de sa substance, arriver tout seul en fort peu de journées au Royaume des Philosophes, il aima mieux s'ennuyer long-temps avec moy, que de m'abandonner parmi ces vastes solitudes.

Cependant il étoit pressé ; car je me souviens que m'étant avisé de luy demander pourquoy il s'en retournoit auparavant que d'avoir reconnu toutes les regions de ce grand Monde, il me répondit que l'impatience de voir un de ses amis, lequel étoit nouvellement arrivé, l'obligeoit à rompre son voyage. Je reconnus, par la suite de son discours, que cet Amy étoit ce fameux Philosophe de notre temps, Monsieur Descartes, & qu'il ne se hâtoit que pour le joindre.

Il me répondit encore, sur ce que je luy demanday en quelle estime il avoit sa Physique, qu'on ne la devoit lire qu'avec le même respect qu'on écoute prononcer des Oracles. Ce n'est pas, ajoûta-t-il, que la science des choses naturelles n'ait besoin, comme les autres sciences, de préoccuper notre jugement d'axiômes qu'elle ne prouve point: mais les principes de la sienne étant suppofez, il n'y en a aucune qui satisfaffe plus neceffairement à toutes les apparences.

Je ne pus en cet endroit m'empêcher de l'interrompre: Mais, luy dis-je, il me femble que ce Philofophe a toujours impugné le vuide; & cependant, quoy qu'il fût Epicurien, afin d'avoir l'honneur de donner un principe aux principes d'Epicure, c'eft-à-dire aux atômes, il a établi pour commencement des chofes, un cahos de matiere tout-à-fait folide, que Dieu divifa en un nombre innombrable de petits carreaux, à chacun defquels il imprima des mouvemens oppofez. Or il veut que ces cubes en fe froiffant l'un contre l'autre, fe foient égrugez en parcelles de toutes fortes de figures: mais comment peut-il concevoir que ces pieces quarrées ayent commencé de tourner feparément, fans avoüer qu'il s'eft fait du vuide entre les deux angles? Ne s'en rencontroit-il pas neceffairement dans les efpaces que les angles de ces quarreaux étoient contraints d'abandonner pour fe mouvoir? Et puis, ces quarreaux qui n'occupoient qu'une certaine étenduë, avant que de tourner, peuvent-ils s'être meus en cercle, qu'ils n'en ayent occupé dans leur circonference encore une fois autant? La Geometrie nous enfeigne que cela ne fe peut: Donc la moitié de cet efpace a dû neceffairement demeurer vuide,

puis qu'il n'y avoit point encore d'atômes pour la remplir.

Mon Philofophe me répondit, que
Monfieur Defcartes nous rendoit raifon
de cela luy-même, & qu'étant né aufli
obligeant que Philofophe, il feroit affû-
rément ravi de trouver en ce Monde un
homme mortel, pour l'éclaircir de cent
doutes que la furprife de la mort l'avoit
contraint de laiffer à la terre qu'il venoit
de quitter ; qu'il ne croyoit pas qu'il eût
grande difficulté à y répondre, fuivant
fes principes, que je n'avois examinez
qu'autant que la foibleffe de mon efprit
me le pouvoit permettre ; parce, difoit-
il, que les ouvrages de ce grand homme font fi pleins & fi fubtils, qu'il faut
une attention pour les entendre qui demande l'ame d'un vray & confomméPhi-
lofophe : ce qui fait qu'il n'y a pas un
Philofophe dans le Soleil, qui n'ait de la
veneration pour luy ; jufques-là que l'on
ne veut pas luy contefter le premier rang,
fi la modeftie ne l'en éloigne.

Pour tromper la peine que la longueur
du chemin pourroit vous apporter, nous
en difcourrons fuivant fes principes, qui
font afsûrement fi clairs, & femblent fi
bien fatisfaire à tout par l'admirable lumiere de ce grand Génie, qu'on diroit
qu'il a concouru à la belle & magnifique
ftructure de cet Univers.

Vous vous fouvenez bien qu'il dit que
notre entendement eft fini : ainfi la matiere étant divifible à l'infini, il ne faut

pas douter que c'est une de ces choses qu'il ne peut comprendre ni imaginer, & qu'il est bien au-dessus de luy d'en rendre raison : mais, dit-il, quoy que cela ne puisse tomber sous les sens, nous ne laissons pas de concevoir que cela se fait, par la connoissance que nous avons de la matiere ; & nous ne devons pas, dit-il, hesiter à déterminer notre jugement sur les choses que nous concevons. En effet, pouvons-nous imaginer la maniere dont l'ame agit sur le corps ? Cependant on ne peut nier cette verité, ni la revoquer en doute ; au lieu que c'est une absurdité bien plus grande d'attribuer au vuide un espace qui est une propriété qui appartient au corps de l'étenduë, vû que l'on confondroit l'idée du rien avec celle de l'être, & que l'on luy donneroit des qualitez à luy qui ne peut rien produire, & ne peut être auteur de quoy que ce soit. Mais, dit-il, pauvre mortel, je sens que ces speculations te fatiguent, parce que, comme dit cet excellent homme, tu n'as jamais pris peine à bien épurer ton esprit d'avec la masse de ton corps, & parce que tu l'as rendu si paresseux, qu'il ne veut plus faire aucunes fonctions sans le secours des sens.

Je luy allois repartir, lors qu'il me tira par le bras pour me montrer un Vallon de merveilleuse beauté. Appercevez-vous, me dit-il, cette enfonçure de terrain où nous allons descendre ? On diroit que le coupeau des collines qui la bornent, se soit exprés couronné d'arbres, pour inviter par la fraîcheur de son ombre les passans au repos.

C'est au pied de l'un de ces Costeaux que le Lac du Sommeil prend sa source; il n'est formé que de la liqueur des cinq Fontaines. Au reste, s'il ne se mêloit aux trois Fleuves, & par sa pesanteur n'engourdissoit leurs eaux, aucun animal de nôtre Monde ne dormiroit. Je ne puis exprimer l'impatience qui me pressoit de le questionner sur ces trois Fleuves dont je n'avois point encore oüi parler ? Mais je restay content, quand il m'eut promis que je verrois tout.

Nous arrivâmes bien-tôt aprés dans le Vallon, & quasi au même temps, sur le tapis qui borde ce grand Lac.

En verité, me dit Campanella, vous êtes bien heureux de voir avant mourir toutes les merveilles de ce Monde ; c'est un bien pour les habitans de votre globe, d'avoir porté un homme qui luy puisse apprendre les merveilles du Soleil, puisque sans vous ils étoient en danger de vivre dans une grossiere ignorance, & de goûter cent douceurs, sans sçavoir d'où elles viennent ; car on ne sçauroit imaginer les liberalitez que le Soleil fait à tous vos petits globes; & ce Vallon seul répand une infinité de biens par tout l'Univers, sans lesquels vous ne pourriez vivre, & ne pourriez pas seulement voir le jour : Il me semble que c'est assez d'avoir vû cette Contrée, pour vous faire

avoüer que le Soleil est votre pere, &
qu'il est l'auteur de toutes choses. Pource
que ces cinq ruisseaux viennent se dégor-
ger dedans, ils ne courent que quinze ou
seize heures; & cependant ils paroissent
si fatiguez quand ils arrivent, qu'à peine
se peuvent-ils remuer : mais ils témoignent leur lassitude par des effets bien
differens ; car celuy de la vûë s'étressit à
mesure qu'il s'approche de l'Etang du
Sommeil. L'oüye, à son embouchure, se
confond, s'égare, & se perd dans la vase ;
l'odorat excite un murmure semblable à
celuy d'un homme qui ronfle; le goût, af-
fadi du chemin, devient tout à fait insi-
pide ; & le toucher, n'agueres si puissant,
qu'il logeoit tous ses compagnons, est ré-
duit à cacher sa demeure. De son côté la
Nymphe de la Paix qui fait sa demeure
au milieu du Lac, reçoit ses hôtes à bras
ouverts, les couche dans son lit, & les
dorlotte avec tant de délicatesse, que pour
les endormir, elle prend elle-même le soin
de les bercer. Quelque temps aprés, s'é-
tant ainsi confondus dans ce vaste rond
d'eau, on le voit à l'autre bout se parta-
ger derechef en cinq ruisseaux, qui re-
prennent les mêmes noms en sortant,
qu'ils avoient laissez en entrant : mais les
plus hâtez de partir, & qui tiraillent leurs
compagnons pour se mettre en chemin,
c'est l'oüye & le toucher; car pour les
trois autres, ils attendent que ceux-cy les
éveillent, & le goût specialement demeure toujours derriere les autres.

Le noir concave d'une Grote se voute par dessus le Lac du Sommeil. Quantité de Tortuës se promenent à pas lents sur les rivages ; mille fleurs de Pavot communiquent à l'eau en s'y mirant, la vertu d'endormir ; on voit jusqu'à des Marmotes arriver de cinquante lieües pour y boire ; & le gazoüillis de l'onde est si charmant, qu'il semble qu'elle se froisse contre les cailloux avec mesure , & tâche de composer une musique assoupissante.

Le sage Campanella prévit sans doute que j'en allois sentir quelque atteinte , c'est pourquoy il me conseilla de doubler le pas. Je luy eusse obéi , mais les charmes de cette eau m'avoient tellement envelopé la raison, qu'il ne m'en resta presque pas assez pour entendre ces dernieres paroles. Dormez donc , dormez , je vous laisse ; aussi-bien, les songes qu'on fait icy sont tellement parfaits , que vous serez quelque jour bien-aise de vous ressouvenir de celuy que vous allez faire. Je me divertiray cependant à visiter les raretez du lieu ; & puis , je vous viendray rejoindre. Je croy qu'il ne discourut pas davantage, ou bien la vapeur du sommeil m'avoit déja mis hors d'état de pouvoir l'écouter.

J'étois au milieu d'un songe le plus sçavant & le mieux conçu du monde, quand mon Philosophe me vint éveiller : Je vous en feray le recit lors que cela n'interrompra point le fil de mon discours ;

car

car il est tout à fait important que vous
le sçachiez, pour vous faire connoître
avec quelle liberté l'esprit des habitans du
Soleil agit pendant que le sommeil capti-
ve ses sens. Pour moy, je pense que ce Lac
évapore un air, qui a la proprieté d'épurer entiérement l'esprit de l'embarras des
sens; car il ne se presente rien à votre pensée qui ne semble vous perfectionner &
vous instruire : c'est ce qui fait que j'ai le
plus grand respect du monde pour ces
Philosophes qu'on nomme rêveurs, dont
nos ignorans se moquent.

J'ouvris donc les yeux comme en sursaut : il me semble que j'oüis qu'il disoit ;
Mortel, c'est assez dormir, levez-vous,
si vous desirez voir une rareté qu'on n'i-
magineroit jamais dans votre Monde. Depuis une heure environ que je vous ai
quitté, pour ne point troubler votre repos, je me suis toujours promené le long
des cinq Fontaines qui sortent de l'Estang
du Sommeil. Vous pouvez croire avec
combien d'attention je les ai toutes con-
siderées ; elles portent le nom des cinq
sens, & coulent fort prés l'une de l'autre :
Celle de la vuë semble un tuyau fourchu,
plein de diamans en poudre, & de petits
miroirs, qui dérobent & restituent les
images de tout ce qui se presente ; elle environne de son cours le Royaume des
Lynx. Celle de l'oüye est pareillement
double ; il tourne en s'insinuant comme
un dédale, & l'on oit retentir au plus
creux des concavitez de sa couche, un

echo de tout le bruit qui raisonne à l'entour ; je suis fort trompé si ce ne sont des
Renards que j'ai vu s'y curer les oreilles.
Celle de l'odorat paroît comme les pre-
cedentes, qui se divise en deux petits ca-
naux cachez sous une seule voûte ; elle
extrait de tout ce qu'elle rencontre je ne
sçai quoy d'invisible, dont elle compose
mille sortes d'odeurs qui lui tiennent lieu
d'eau ; on trouve aux bords de cette source force Chiens qui s'affinent le nez. Celle du goût coule par saillies, lesquelles
n'arrivent ordinairement que trois ou
quatre fois le jour, encore faut-il qu'une
grande vanne de corail soit levée, & par
dessous celle-là, quantité d'autres fort
petites qui sont d'ivoire ; sa liqueur ressemble à de la salive. Mais quant à la cin-
quiéme, celle du toucher, elle est si vaste
& si profonde, qu'elle environne toutes
ses sœurs, jusqu'à coucher de son long
dans leur lit, & son humeur épaisse se répand au large sur des gazons tout verts de
plantes sensitives.

    Or vous sçaurez que j'admirois, glacé
de veneration, les mysterieux détours de
toutes ces Fontaines, quand à force de
cheminer je me suis trouvé à l'embouchure où elles se dégorgent dans les trois
Rivieres : Mais suivez-moy, vous com-
prendrez beaucoup mieux la disposition
de toutes ces choses en les voyant. Une
promesse si forte, selon moy, acheva de
m'éveiller, je luy tendis le bras, & nous
marchâmes par le même chemin qu'il a-

voit tenu le long des levées qui compriment les cinq ruiſſeaux, chacun dans ſon canal.

Au bout environ d'une ſtade, quelque choſe d'auſſi luiſant qu'un Lac parvint à nos yeux. Le ſage Campanella ne l'eut pas plutôt apperçu, qu'il me dit : Enfin, mon Fils, nous touchons au port, je voi diſtinctement les trois Rivieres.

A cette nouvelle je me ſentis tranſporté d'une telle ardeur, que je penſois être devenu Aigle. Je volai plutôt que je ne marchai, & courus tout autour, d'une curioſité ſi avide, qu'en moins d'une heure mon Conducteur & moy nous remarquâmes ce que vous allez entendre.

Trois grands Fleuves arrouſent les campagnes brillantes de ce Monde embraſé : Le premier & le plus large, ſe nomme la Memoire ; le ſecond, plus étroit, mais plus creux, l'Imagination ; le troiſiéme, plus petit que les autres, s'appelle Jugement.

Sur les rives de la Memoire, on entend jour & nuit un ramage importun de Geays, de Perroquets, de Pies, d'Etourneaux, de Linotes, de Pinçons, & de toutes les eſpeces qui gazoüillent ce qu'elles ont appris. La nuit ils ne diſent mot, car ils ſont pour lors occupez à s'abreuver de la vapeur épaiſſe qu'exhalent ces lieux aquatiques ; mais leur eſtomach cacochine la digere ſi mal, qu'au matin quand ils penſent l'avoir convertie en leur ſubſtance, on la voit tomber auſſi pure qu'-

elle étoit, dans la Riviere. L'eau de ce
Fleuve paroît gluante, & roule avec beaucoup de bruit ; les échos qui se forment
dans ses cavernes, repetent la parole jusqu'à plus de mille fois. Elle engendre de
certains Monstres, dont le visage approche
du visage de Femme ; il s'y en voit d'autres plus furieux, qui ont la tête cornuë
& quarrée, & à peu prés semblable à celle
de nos Pedans. Ceux-là ne s'occupent
qu'à crier, & ne disent pourtant que ce
qu'ils se sont entendu dire les uns aux autres.

Le Fleuve de l'Imagination coule plus
doucement ; sa liqueur legere & brillante
étincelle de tous côtez. Il semble, à re-arder
der cette eau, d'un torrent de bluettes hu-
mides, qui n'observent en voltigeant aucun ordre certain. Aprés l'avoir consideré
plus attentivement, je pris garde que
l'humeur qu'elle rouloit dans sa couche,
étoit de pur or potable, & son écume de
l'huile de Talc. Le Poisson qu'elle nourrit, ce sont des Remores, des Syrenes,
& des Salemandres. On y trouve au lieu
de gravier, de ces cailloux dont parle
Pline, avec lesquels on devient pesant
quand on les touche par l'envers, & leger quand on se les applique par l'endroit.
J'y en remarquai de ces autres encore
dont Gigés avoit un anneau, qui rendent
invisibles ; mais sur-tout, un grand nombre de pierres philosophales éclatent parmi son sable. Il y avoit sur les rivages force arbres fruitiers, principalement de

ceux que trouva Mahomet en Paradis; les
branches fourmilloient de Phénix , & j'y
remarquai des fauvageons de ce Fruitier ,
où la Difcorde cueillit la pomme qu'elle
jetta aux pieds des trois Déeffes; on avoit
anté deffus des gréfes du jardin des Hef-
perides. Chacun de ces deux larges Fleuves fe divife en une infinité de bras qui
s'entrelaffent ; & j'obfervai que quand un
grand ruiffeau de la Memoire en approchoit un plus petit de l'Imagination , il
éteignoit auffi-tôt celui-là ; mais qu'au
contraire fi le ruiffeau de l'Imagination
étoit plus vafte , il tariffoit celui de la Memoire. Or comme ces trois Fleuves , foit
dans leur canal, foit dans leurs bras, che-
minent toujours à côté l'un de l'autre ;
par-tout où la Memoire eft forte , l'Imagination diminuë , & celle-cy groffit , à
mefure que l'autre s'abaiffe.

Proche de là coule d'une lenteur incroyable la riviere du Jugement ; fon canal eft profond , fon humeur femble froide ; & lorfqu'on en répand fur quelque
chofe , elle feche au lieu de moüiller. Il
croît parmi la vafe de fon lit des plantes
d'Ellebore , dont la racine qui s'étend en
longs filamens , nettoye l'eau de fa bouche : Elle nourrit des Serpens , & deffus
l'herbe molle qui tapiffe fes rivages , un
million d'Elephans fe repofent: Elle fe
diftribuë , comme fes deux germaines ,
en une infinité de petits rameaux ; elle
groffit en cheminant ; & quoy qu'elle gagne toujours païs , elle va & revient éternellement fur foy-même.   B b 3

De l'humeur de ces trois Rivieres tout le Soleil est arrousé ; elle sert à détremper les atômes brûlans de ceux qui meurent dans ce grand Monde ; mais cela merite bien d'être traitté plus au long.

La vie des animaux du Soleil est fort longue, ils ne finissent que de mort natu-relle qui n'arrive qu'au bout de sept à huit mille ans, quand pour les continus excés d'esprit où leur temperament de feu les incline, l'ordre de la matiere se broüille ; car aussi-tôt que dans un corps la Nature sent qu'il faudroit plus de temps à reparer les ruines de son être, qu'à en composer un nouveau, elle aspire à se dissoudre ; si bien que de jour en jour on voit non pas pourrir, mais tomber l'animal en parti-cules semblables à de la cendre rouge.

Le trépas n'arrive gueres que de cette sorte. Expiré donc qu'il est, ou pour mieux dire, éteint, les petits corps ignées qui composoient sa substance, entrent dans la grosse matiere de ce Monde allumé, jus-qu'à ce que le hazard les ait abreuvez de l'humeur des trois Rivieres ; car alors devenus mobiles par leur fluidité, afin d'exercer vîtement les facultez dont cette eau leur vient d'imprimer l'obscure con-noissance, ils s'attachent en longs filets, & par un flux de points lumineux, s'é-guisent en rayons, & se répandent aux spheres d'alentour, où ils ne sont pas plu-tôt envelopez, qu'ils arrangent eux-mê-mes la matiere autant qu'ils peuvent, de-dans la forme propre à exercer toutes les

fonctions dont ils ont contracté l'inſtinct
dans l'eau des trois Rivieres, des cinq
Fontaines, & de l'Etang ; c'eſt pourquoy
ils ſe laiſſent attirer aux plantes pour vegeter ; les Plantes ſe laiſſent brouter aux
animaux pour ſentir ; & les animaux ſe
laiſſent manger aux Hommes, afin qu'é-
tant paſſez en leur ſubſtance, ils viennent
à reparer ces trois facultez, de la Memoire, de l'Imagination, & du Jugement,
dont les Rivieres du Soleil leur avoient
fait preſſentir la puiſſance.

Or ſelon que les atômes ont ou plus ou
moins trempé dedans l'humeur de ces
trois Fleuves, ils apportent aux animaux
plus ou moins de Memoire, d'Imagination, ou de Jugement ; & ſelon que dans
les trois fleuves ils ont plus ou moins contracté de la liqueur des cinq Fontaines, &
de celle du petit Lac, ils leur élaborent
des ſens plus ou moins parfaits, & produiſent des ames plus ou moins endor-
mies.

Voici à peu prés ce que nous obſervâ-
mes touchant la nature de ces trois fleuves. On en rencontre par-tout de petites
veines écartées çà & là ; mais pour les
bras principaux, ils vont droit aboutir à
la Province des Philoſophes : auſſi nous
rentrâmes dans le grand chemin, ſans nous
éloigner du courant, que ce qu'il faut
pour monter ſur la chauſſée. Nous vîmes
toujours les trois grandes rivieres qui flo-
toient à côté de nous ; mais pour les cinq
Fontaines, nous les regardions de haut en

bas ſerpenter dans la Prairie. Cette route eſt fort agreable, quoy que ſolitaire; on y reſpire un air libre & ſubtil, qui nourrit l'ame, & la fait regner ſur les paſſions.

Au bout de cir.q ou ſix journées de chemin, comme nous divertiſſions nos yeux à conſiderer le different & riche aſpect des païſages, une voix languiſſante comme d'un malade qui gemiroit, parvint à nos oreilles. Nous nous approchâmes du lieu d'où nous jugions qu'elle pouvoit venir, & nous trouvâmes ſur la rive du fleuve Imagination, un Vieillard tombé à la renverſe, qui pouſſoit de grands cris. Les larmes de compaſſion m'en vinrent aux yeux; & la pitié que j'eus du mal de ce miſerable, me convia d'en demander la cauſe. Cet homme, me répondit Campanella, ſe tournant vers moy, eſt un Philoſophe reduit à l'agonie: car nous mourons plus d'une fois; & comme nous ne ſommes que des parties de cet Univers, nous changeons de forme pour aller reprendre vie ailleurs; ce qui n'eſt point un mal, puiſque c'eſt un chemin pour perfectionner ſon être, & pour arriver à un nombre infini de connoiſſances. Son infirmité eſt celle qui fait mourir preſque tous les grands Hommes.

Son diſcours m'obligea de conſiderer le malade plus attentivement; & dés la premiere œillade, j'apperçus qu'il avoit la tête groſſe comme un tonneau, & ouverte par pluſieurs endroits. Or ſus, me dit Campanella, me tirât par le bras, toute l'aſſiſtance

que nous croirions donner à ce moribond
feroit inutile, & ne feroit que l'inquiéter.
Paſſons outre, auſſi-bien ſon mal eſt in-
curable : l'enflure de ſa tête provient d'a-
voir trop exercé ſon eſprit; car encore que
les eſpeces dont il a rempli les trois organes ou les trois ventricules de ſon cerveau, ſoient des images fort petites, elles ſont corporelles, & capables par conſequent de remplir un grand lieu, quand
elles ſont fort nombreuſes. Or vous ſçaurez que ce Philoſophe a tellement groſſi
ſa cervelle, à force d'entaſſer image ſur
image, que ne les pouvant plus contenir,
elle s'eſt éclatée : Cette façon de mourir
eſt celle des grands Génies, & cela s'appelle crever d'eſprit.

Nous marchions toujours en parlant ;
& les premieres choſes qui ſe preſentoient à nous, nous fourniſſoient matiere
d'entretien. J'euſſe pourtant bien voulu
ſortir des regions opaques du Soleil pour
rentrer dans les lumineuſes; car le Lecteur
ſçaura que toutes les Contrées n'en ſont
pas diafanes, il y en a qui ſont obſcures,
comme celles de notre Monde, & qui
ſans la lumiere d'un Soleil qu'on apperçoit de-là, feroient couvertes de tenebres.
Or à meſure qu'on entre dans les opaques, on le devient inſenſiblement ; & de
même, lors qu'on approche des tranſpa-
rentes, on ſe ſent dépoüiller de cette noire obſcurité, par la vigoureuſe irradiation
du climat.

Je me ſouviens qu'à propos de cette envie dont je brûlois, je demanday à Campanella ſi la Province des Philoſophes é-toit brillante ou tenebreuſe : Elle eſt plus tenebreuſe que brillante, me répondit-il; car comme nous ſympatiſons encore beaucoup avec la terre notre pays natal, qui eſt opaque de ſa nature, nous n'avons pas pû nous accommoder dans les regions de ce globe les plus éclairées. Nous pouvons toutefois, par une vigoureuſe contention de la volonté, nous rendre diafa-nes lors qu'il nous en prend envie ; & mê-me la plus grande partie des Philoſophes ne parlent pas avec la langue ; mais quand ils veulent communiquer leur penſée, ils ſe purgent, par les élans de leur fantaiſie, d'une ſombre vapeur, ſous laquelle ordi-nairement ils tiennent leurs conceptions à couvert ; & ſi-tôt qu'ils ont fait redeſ-cendre en ſon ſiege cette obſcurité de rate qui les noirciſſoit ; comme leur corps eſt alors diafane, on apperçoit à travers leur cerveau, ce dont ils ſe ſouviennent, ce qu'ils imaginent, ce qu'ils jugent ; & dans leur foye & leur cœur, ce qu'ils deſirent & ce qu'ils reſolvent : car quoy que ces petits portraits ſoient plus impercepti-bles qu'aucune choſe que nous puiſſions figurer, nous avons en ce Monde-cy les yeux aſſez clairs pour diſtinguer facile-ment juſqu'aux moindres idées.

Ainſi quand quelqu'un de nous veut dé-couvrir à ſon amy l'affection qu'il luy porte, on apperçoit ſon cœur élancer des rayons juſques dans ſa memoire, ſur l'i-

mage de celuy qu'il aime ; & quand au
contraire il veut témoigner son aversion,
on voit son cœur darder contre l'image
de celuy qu'il hait, des tourbillons d'é-
tincelles brûlantes, & se retirer tant qu'il
peut en arriere : De même quand il parle
en soy-même, on remarque clairement
les especes, c'est-à-dire les caracteres de
chaque chose qu'il médite, qui s'imprimant ou se soulevant, viennent presenter
aux yeux de celuy qui regarde, non pas
un discours articulé, mais une histoire
en tableaux de toutes ses pensées.

Mon Guide vouloit continuer, mais il
en fut détourné par un accident jusqu'à
cette heure inoüy : Et ce fut que tout à
coup nous apperçûmes la terre se noircir
sous nos pas, & le Ciel allumé de rayons
s'éteindre sur nos têtes, comme si on eût
développé entre nous & le Soleil un daix
large de quatre lieuës.

Il me feroit mal-aisé de vous dire ce
que nous nous imaginâmes dans cette
conjoncture : toutes sortes de terreurs
nous vinrent assaillir, jusqu'à celle de la
fin du monde, & nulle de ces terreurs ne
nous sembla hors d'apparence; car de voir
la nuit au Soleil, ou l'air obscurci de nuages, c'est un miracle qui n'y arrive point.
Ce ne fut pas toutefois encore tout ; incontinent aprés un bruit aigre & criard,
semblable au son d'une poulie qui tour-
neroit avec rapidité, vint fraper nos oreilles, & tout au même temps nous vîmes
cheoir à nos pieds une cage. A peine eut-

elle joint le fable, qu'elle s'ouvrit pour accoucher d'un homme & d'une femme. Ils traînoient un anchre, qu'ils acrocherent aux racines d'un Roc : Enfuite de quoy nous les apperçûmes venir à nous. La femme conduifoit l'homme, & le tirailloit en le menaçant. Quand elle en fut fort prés : Meffieurs, dit-elle d'une voix un peu émuë, n'eft-ce pas icy la Province des Philofophes? Je répondis que non, mais que dans vingt-quatre heures nous efperions y arriver; que ce Vieillard qui me fouffroit en fa compagnie étoit un des principaux Officiers de cette Monarchie. Puis que vous êtes Philofophe, répondit cette femme, adreffant fa parolę à Campanella, il faut que fans aller plus loin je vous décharge icy mon cœur.

Pour vous raconter donc en peu de mots le fujet qui m'amene, vous fçaurez que je viens me plaindre d'un affaffinat commis en la perfonne du plus jeune de mes enfans. Ce barbare que je tiens, l'a tué deux fois, encore qu'il fût fon pere. Nous reftâmes fort embaraffez de ce difcours; c'eft pourquoi je voulus fçavoir ce qu'elle entendoit par un enfant tué deux fois. Sçachez, répondit cette femme, qu'en notre pays il y a parmi les autres ftatuts d'Amour, une loy qui regle le nombre des baifers aufquels un mari eft obligé à fa femme : c'eft pourquoi tous les foirs chaque Medecin dans fon quartier, va par toutes les maifons, où aprés avoir vifité le mari & la femme, il les taxe pour

cette nuit-là , selon leur santé , forte ou
foible, à tant ou tant d'embrassemens. Or
le mien que voila avoit été mis à sept :
Cependant piqué de quelques paroles un
peu fieres que je luy avois dites en nous
touchant , il ne m'approcha point tant
que nous demeurâmes au lit : Mais Dieu
qui venge la cause des affligez , permit
qu'en songe ce miserable chatouillé par le
ressouvenir des baisers qu'il me retenoit
injustement , laissa perdre un homme. Je
vous ay dit que son pere l'a tué deux fois,
parce que l'empêchant d'être , il a fait
qu'il n'est point, voila son premier assassi-
nat ; & a fait qu'il n'a point été, voila son
second : au lieu qu'un meurtrier ordinaire sçait bien que celuy qu'il prive du jour,
n'est plus, mais il ne sçauroit faire qu'il
n'ait point été. Nos Magistrats en auroient
fait bonne justice ; mais l'artificieux a dit
pour excuse , qu'il auroit satisfait au de-
voir conjugal , s'il n'eût apprehendé (me
baisant au fort de la colere où je l'avois
mis) d'engendrer un homme furieux.

Le Senat embarassé de cette justification,
nous a ordonné de nous venir presenter
aux Philosophes , & plaider devant eux
notre cause. Aussi-tôt que nous eûmes reçû l'ordre de partir , nous nous mîmes
dans une cage penduë au col de ce grand
Oiseau que vous voïez, d'où par le moyen
d'une poulie que nous y attachâmes, nous
dévalons à terre, & nous nous guindons
en l'air. Il y a des personnes dans notre
Province établies exprés pour les appri-

voifer jeunes, & les inftruire aux travaux qui nous font utiles. Ce qui les attrait principalement, contre leur nature feroce, à fe rendre difciplinables, c'eft qu'à leur faim, qui ne fe peut prefque affouvir, nous abandonnons les cadavres de toutes les Bêtes qui meurent. Au refte quand nous voulons dormir (car à caufe des excés d'amour trop continus qui nous affoibliffent, nous avons befoin de repos) nous lâchons à la campagne d'efpace en efpace vingt ou trente de ces Oifeaux attachez chacun à une corde, qui prenant l'effor avec leurs grandes aîles, déployent dans le Ciel une nuit plus large que l'horifon. J'étois fort attentif & à fon difcours, & à confiderer tout extafié l'énorme taille de cet Oifeau geant : mais fi-tôt que Campanella l'eut un peu regardé:Ah! vrayment,s'écria-t-il,c'eft un de ces monftres à plume, appellez Condurs, qu'on voit dans l'Ifle de Mandragore à notre Monde, & par toute la Zone Torride; ils y couvrent de leurs aîles un arpent de terre : mais comme ces animaux deviennent plus démefurez, à proportion que le Soleil qui les a vû naître eft plus échauffé, il ne fe peut qu'ils ne foient au Monde du Soleil d'une épouvantable grandeur.

Toutefois, ajoûta-t-il, fe tournant vers la femme,il faut neceffairement que vous acheviez votre voyage; car c'eft à Socrate, auquel on a donné la Surintendance des mœurs, qu'il apartient de vous juger. Je vous conjure cependant de nous ap-

prendre de quelle Contrée vous êtes, parce que comme il n'y a que trois ou quatre ans que je suis arrivé en ce Monde-
cy, je n'en connois encore gueres la
Carte.

Nous sommes, répondit-elle, du Royaume des Amoureux: Ce grand État confine
d'un côté à la Republique de Paix; & de
l'autre, à celles des Justes.

Au Païs d'où je viens, à l'âge de seize
ans, on met les garçons au Noviciat d'A-
mour; c'est un Palais fort somptueux, qui
contient presque le quart de la Cité. Pour
les filles, elles n'y entrent qu'à treize. Ils
font là les uns & les autres leur année de
probation, pendant laquelle les garçons
ne s'occupent qu'à meriter l'affection des
filles, & les filles à se rendre dignes de l'a-
mitié des garçons. Les douze mois expi-
rez, la Faculté de Medecine va visiter en
corps ce Seminaire d'Amans: Elle les tâte
tous l'un après l'autre, jusqu'aux parties
de leurs personnes les plus secrettes; les
fait coupler à ses yeux; & puis, selon que
le mâle se rencontre, à l'épreuve, vigoureux & bien formé, on luy donne pour
femmes dix, vingt, trente, ou quarante
filles de celles qui le cherissoient, pourvû
qu'ils s'aiment reciproquement. Le Marié
cependant ne peut coucher qn'avec deux
à la fois, & il ne luy est pas permis d'en
embrasser aucune, tandis qu'elle est grosse. Celles qu'on reconnoit steriles, ne sont
employées qu'à servir; & les hommes
impuissans se font esclaves, qui se peu-

vent mêler charnellement avec les bray-
hames. Au reſte quand une famille a plus
d'enfans qu'elle n'en peut nourrir , la Republique les entretient: mais c'eſt un malheur qui n'arrive gueres , parce qu'auſſi-
tôt qu'une femme accouche dans la Cité,
l'Epargne fournit une ſomme annuelle
pour l'education de l'enfant, ſelon ſa qualité, que les Treſoriers d'Etat portent eux-
mêmes à certain jour à la maiſon du pere.
Mais ſi vous voulez en ſçavoir davantage, entrez dans mon Mannequin, il eſt aſſez grand pour quatre. Puiſque nous allons même route, nous tromperons en
cauſant, la longueur du voyage.

Campanella fut d'avis que nous accen-
taſſions l'offre: J'en fus pareillement fort
joyeux, pour éviter la laſſitude; mais
quand je vins pour leur aider à lever l'anchre, je fus bien étonné d'appercevoir
qu'au lieu d'un gros cable qui la devoit
ſoutenir, elle n'étoit penduë qu'à un brin
de ſoye auſſi délié qu'un cheveu. Je demanday à Campanella comment il ſe
pouvoit faire qu'une maſſe lourde comme étoit cette anchre , ne fiſt point rompre par ſa peſanteur une choſe ſi frêle : &
le bon homme me répondit,que cette corde ne ſe rompoit point, parce qu'ayant
été filée trés-égale par-tout, il n'y avoit
point de raiſon pourquoy elle dût ſe rompre plûtôt à un endroit qu'à l'autre. Nous
nous entaſſâmes tous dans le panier, &
nous nous pouliâmes juſqu'au ſaîte du go-
zier de l'Oiſeau, où nous ne paroiſſions
qu'un

qu'un grelot qui pendoit à son col.
Quand nous fûmes tout contre la poulie,
nous arrêtâmes le cable, où notre cage
étoit penduë, à une des plus legeres plumes de son duvet, qui pourtant étoit
grosse comme le poulce; & dés que cette
femme eut fait signe à l'Oiseau de partir,
nous nous sentîmes fendre le Ciel d'une
rapide violence. Le Condur moderoit ou
forçoit son vol, haussoit ou baissoit selon
les volontez de sa Maîtresse, dont la voix
luy servoit de bride. Nous n'eumes pas
volé deux cent lieuës, que nous apperçûmes sur la Terre à main gauche une
nuit semblable à celle que produisoit dessous luy notre vivant Parassol. Nous de-
mandâmes à l'étrangere ce qu'elle pen-
soit que ce fût : C'est un autre coupable
qui va aussi pour être jugé à la Province
où nous allons; son Oiseau sans doute
est plus fort que le nôtre; ou bien nous
nous sommes beaucoup amusez, car il
n'est parti que depuis moy. Je luy demandai de quel crime ce malheureux
étoit accusé. Il n'est pas simplement accusé, nous répondit-elle; il est condamné à mourir, parce qu'il est déja convaincu de ne pas craindre la mort. Comment
donc, luy dit Campanella, les Loix de
votre Païs ordonnent de craindre la mort?
Ouy, repliqua cette Femme, elles l'ordonnent à tous, horsmis à ceux qui sont
reçus au College des Sages; car nos Magistrats ont éprouvé par de funestes experiences, que qui ne craint pas de perdre

la vie, est capable de l'ôter à tout le monde.

Aprés quelques autres discours qu'attirerent ceux cy, Campanella voulut s'enquerir plus au long des mœurs de son Païs : Il lui demanda donc quelles étoient les Loix & les Coûtumes du Royaume des Amans ; mais elle s'excusa d'en parler, à cause que n'y étant pas née, & ne le connoissant qu'à demy, elle craignoit d'en dire plus ou moins. J'arrive à la verité de cette Province, continua cette Femme : mais nous sommes, moy, & tous mes predecesseurs, originaires du Royaume de Verité. Ma Mere y accoucha de moy, & n'a point eu d'autre enfant. Elle m'eleva dans le Pays jusqu'à l'âge de treize ans, que le Roy, par avis des Medecins, luy commanda de me conduire au Royaume des Amans d'où je viens, afin qu'étant élevée dans le Palais d'Amour, une education plus joyeuse & plus molle que celle de notre Païs, me rendît plus feconde qu'elle. Ma Mere m'y transporta, & me mit dans cette Maison de Plaisance.

J'eus bien de la peine avant que de m'aprivoiser à leurs coûtumes : d'abord elles me semblerent fort rudes ; car, comme vous sçavez, les opinions que nous avons sucées avec le lait, nous paroissent toujours les plus raisonnables, & je ne faisois encore que d'arriver du Royaume de Verité, mon païs natal.

Ce n'est pas que je ne connusse bien que cette Nation des Amans vivoit avec beaucoup plus de douceur & d'indulgence que la nôtre ; car encore que chacun publiât que ma vûë bleſſoit dangereuſement, que mes regards faiſoient mourir, & qu'il ſortoit de mes yeux de la flâme qui conſommoit les cœurs, la bonté cependant de tout le monde, & principalement des jeunes Hommes, étoit ſi grande, qu'ils me careſſoient, me baiſoient, & m'embraſſoient, au lieu de ſe vanger du mal que je leur avois fait. J'entrai même en colere contre moy, pour les deſordres dont j'étois cauſe ; & cela fit qu'émeuë de compaſſion, je leur découvris un jour la reſolution que j'avois priſe de m'enfuir. Mais helas ! comment vous ſauver s'écrierent-ils tous, ſe jettant à mon col, & me baiſant les mains : Votre maiſon de toutes parts eſt aſſiegée d'eau ; & le danger paroît ſi grand, qu'indubitablement ſans un miracle, vous & nous ſerions déja noyez.

Quoy donc, interrompis-je notre Hiſtorienne, la Contrée des Amans eſt-elle ſujette aux inondations ? Il le faut bien dire, me repliqua-t-elle ; car l'un de mes Amoureux (& cet homme ne m'auroit pas voulu tromper, puiſqu'il m'aimoit) m'écrivit que du regret de mon départ il venoit de répandre un ocean de pleurs. J'en vis un autre qui m'aſſura que ſes prunelles, depuis trois jours, avoient diſtilé une ſource de larmes ; & comme je maudiſſois pour l'amour d'eux l'heure fatale où ils m'avoient vûë, un de ceux qui ſe

comptoient du nombre de mes efclaves,
m'envoya dire que la nuit precedente fes
yeux débordez avoient fait un déluge. Je
m'allois ôter du Monde, afin de n'être
plus la caufe de tant de malheurs, fi le
Courier n'eût ajoûté enfuite, que fon
Maître luy avoit donné charge de m'affu-
rer qu'il n'y avoit rien à craindre, parce
que la fournaife de fa poitrine avoit deffé-
ché ce deluge. Enfin vous pouvez conjecturer que le Royaume des Amans doit
être bien aquatique, puis qu'entr'eux ce
n'eft pleurer qu'à demi, quand il ne fort
de deffous leurs paupieres, que des ruif-
feaux, des fontaines, & des torrens.

J'étois fort en peine de quelle maniere
je me fauverois de toutes ces eaux qui
m'alloient gagner: mais un de mes Amans
qu'on appelloit le Jaloux, me confeilla
de m'arracher le cœur, & puis, que je
m'embarquaffe dedans; qu'au refte je ne
devois pas apprehender de n'y pouvoir
tenir, puifqu'il y en tenoit tant d'autres;
ny d'aller à fond, parce qu'il étoit trop leger; que tout ce que j'aurois à craindre,
feroit l'embrafement, d'autant que la matiere d'un tel Vaiffeau étoit fort fujette
au feu: Que je partiffe donc fur la mer
de fes larmes, que le bandeau de fon a-
mour me ferviroit de voile, & que le
vent favorable de fes foûpirs, malgré la
tempête de fes rivaux, me pouffèroit à bon
port.

Je fus long-temps à rêver comment je
pourrois mettre cette entreprife à execu-

tion. La timidité naturelle à mon ſexe
m'empêchoit de l'oſer : mais enfin l'opinion que j'eus que ſi la choſe n'étoit poſſible , un homme ne ſeroit pas ſi fou de la
conſeiller , & encore moins un Amoureux à ſon Amante , me donna de la hardieſſe.

J'empoignai un couteau , me fendis la
poitrine: déja même avec mes deux mains
je fouillois dans la playe , & d'un regard
intrépide je choiſiſſois mon cœur pour
l'arracher , quand un jeune homme qui
m'aimoit , ſurvint. Il m'ôta le fer malgré
moy , & puis me demanda le motif de
cette action qu'il appelloit deſeſperée. Je
luy en fis le conte ; mais je reſtai bien ſur-
priſe , quand un quart-d'heure aprés , je
ſçus qu'il avoit deferé le Jaloux en Juſtice. Les Magiſtrats neanmoins qui peut-
être craignirent de donner trop à l'exemple , ou à la nouveauté de l'accident , en-
voyerent cette cauſe au Parlement du
Royaume des Juſtes. Là il fut condamné
outre le banniſſement perpetuel , d'aller
finir ſes jours en qualité d'eſclave , ſur les
Terres de la Republique de Verité ; avec
défenſes à tous ceux qui deſcendront de
luy auparavant la quatriéme generation,
de remettre le pied dans la Province des
Amans ; même il luy fut enjoint de n'u-
ſer jamais d'hyperbole , ſur peine de la
vie.

Je conçus depuis ce temps-là beaucoup
d'affection pour le jeune homme qui m'a-
voit conſervée ; & ſoit à cauſe de ce bon

office, soit à cause de la passion avec laquelle il m'a servie, je ne le refusai point, son novitiat & le mien étant achevez, quand il me demanda pour être l'une de ses Femmes.

Nous avons toûjours bien vêcu ensemble, & nous vivrions bien encore, sans qu'il a tué, comme je vous ai dit, un de mes enfans par deux fois, dont je m'en vas implorer vengeance au Royaume des Philosophes.

Nous étions Campanella & moy fort étonnez du grand silence de cet homme; c'est pourquoy je tâchai de le consoler, jugeant bien qu'une si profonde taciturnité étoit fille d'une douleur tres-profonde; mais sa Femme m'en empêcha. Ce n'est pas, dit-elle, l'excés de sa tristesse qui luy ferme la bouche, ce sont nos Loix qui defendent à tout criminel cité en Justice de parler que devant les Juges.

Pendant cet entretien, l'Oiseau avançoit toûjours païs, comme je fus tout étonné que j'entendis Campanella d'un visage plein de joye & de transport s'écrier: Soyez le tres-bien venu, le plus cher de tous mes Amis: Allons, Messieurs, allons, continua ce bon homme, au devant de Monsieur Descartes; descendons, le voila qui arrive, il n'est qu'à trois lieuës d'icy. Pour moy, je demeurai fort surpris de cette saillie; car je ne pouvois comprendre comment il avoit pû sçavoir l'arrivée d'une personne de qui nous n'avions point reçu de nouvelle. Assurément, luy dis-je, vous venez de le voir en songe. Si vous appellez songe, dit-il, ce que votre ame peut voir avec autant de certitude, que vos yeux le jour quand il luit, je le confesse. Mais, m'écriai-je, n'est-ce pas une rêverie, de croire que M. Descartes que vous n'avez point vû depuis votre sortie du Monde de la Terre, est à trois lieuës d'icy, parce que vous vous l'êtes imaginé?

Je proferois la derniere syllabe, quand nous vîmes arriver Descartes. Aussi-tôt Campanella courut l'embrasser : Ils se parlerent long-temps ; mais je ne pûs être attentif à ce qu'ils se dirent reciproquement d'obligeant, tant je brûlois d'apprendre de Campanella son secret pour d viner. Ce Philosophe qui lut ma passion sur mon visage, en fit le conte à son Amy, & le pria de trouver bon qu'il me contentât. M. Descartes riposta d'un soûris, & mon sçavant Precepteur discourut de cette sorte. Il s'exhale de tous les corps des espces, c'est à dire des images corporelles qui voltigent en l'air. Or ces images corporelles qui voltigent en l'air, conservent toujours malgré leur agitation, la figure, la couleur, & toutes les autres proportions de l'objet dont elles parlent : mais comme elles sont tres-subtiles & tres-deliées, elles passent à travers nos organes sans y causer aucune sensation : elles vont jusqu'à l'ame, où elles s'impriment a cause de la délicatesse de sa substance, & luy font ainsi voir des choses tres-éloignées

que les sens ne peuvent apercevoir : ce
qui arrive ici ordinairement, où l'esprit
n'est point engagé dans un corps formé
de matiere grossiere comme dans ton
Monde. Nous te dirons comment cela se
fait, lors que nous aurons eu le loisir de
satisfaire pleinement l'ardeur que nous
avons mutuellement de nous entretenir;
car assurément tu merites bien qu'on ait
pour toy la derniere complaisance.

LES NOUVELLES
ŒUVRES
DE MONSIEUR
DE CYRANO
BERGERAC.

A MONSIEUR***

Sur le faux bruit qui courut de la mort d'un grand Guerrier.

ONSIEUR,

Et puis, tous les Royaumes ont des intelligences qui les gouvernent? Non, non, le hazard joüe nos entreprifes, le fort entraîne aveuglément tout ce qui vit fous les Etoiles ; & les Monarques qui comptent leurs Efclaves, en comptant leurs

Sujets, sont eux-mêmes les plus gour-
mandez Esclaves de la fortune. Donc ce
grand Guerrier, de qui les victoires ont
marché plus vîte que les desseins ; qui en
un même jour a fait croître les Lys sur le
Rhin & sur le Danube ; qui dans les combats tenoit à sa solde la Parque des Alle-
mans ; & qui sentant penduë à son épée la
liberté du Genre Humain, en a pû dedai-
gner la côquête; auroit été la victime d'un
grain de plomp, échapé des mains d'un
Soldat si timide, que l'amorce peut-être
l'a fait tressaillir en le tirant ? Donc tant
d'Astres qui se nourrissent de feu pour
venger les Bourbons, n'auroient pas fait
de ce jour-là, celuy de la fin du Monde ?
Non, Monsieur, dis-je encore un coup, la
Nature agonisante nous l'eût fait ou voir,
ou sentir : C'est un Soleil qui ne peut é-
clipser qu'aux yeux de toute la terre ; car
qu'il ait reçû,comme recitent les envieux
du nom François,une playe entre les deux
aînes, je ne puis croire que les Parques,
qui sont filles vierges, ayent osé prendre
un jeune homme aux parties honteuses.
Mais j'ay tort de l'appeller homme, c'est
notre Alcide, comme aux Grecs le fameux Hercule. N'a-t-il pas dompté les
Monstres aussi-bien que cet antique demi-
Dieu ? Encore l'année passée il défit un
Aigle à deux têtes ; & l'Univers entier
surpris extraordinairement de la témérité
prudente d'un si vieil Enfant,se plaignoit
déja que la Nature manquoit de promesse
aux Nations, permettant qu'on vît le So-

leil se lever en Occident. Ainsi nous pouvons protester, sans mensonge, que s'il n'est plus homme depuis un jour, il est Dieu depuis vingt-quatre heures; quoyque ce soit une pauvre consolation, de dire qu'il soit allé prendre place auprés d'Hercule, d'Achille, ou de Cesar. Helas! nous avons plus besoin de Héros que de Dieux; les Dieux ne s'étudient qu'à persecuter la conscience de nos Héros, & nos Héros à sauver les Dieux de la moquerie des Sçavans. Admirez un peu cependant la malicieuse injustice du Ciel. Ce Phénix des Batailles étoit allé foüetter le Lion d'Ibere, pour avoir autrefois trepigné sur nos Fleurs, à la tête de quatre mille Gentilshommes; faire en dépit des hyperboles Castillanes, confesser à toute l'Europe, qu'il vaut mieux mener des Lions armez, que de porter des armes Lionnées. Lorsque le Démon d'Espagne au garant des prémices qu'il nous donne, que si cet autre Démon continuoit, il feroit vomir au Roy de Castille tout ce qu'il avoit mal avalé chez nous, il l'alloit bien-tôt reduire à se faire Moine ou Gentilhomme Verrier: Il vint se mêler furieusement, comme les Sorciers font à la foudre, à la balle homicide qui le frapa. C'est en vain petit Démon, que tu prétens échaper à la domination du grand Pan; il est d'un étage où ta tête fait son marchepied, & d'une Race qui tant de fois a fait rougir sur nos frontieres les basanez Rodomons, que le sang à force de leur monter souvent au visage, leur a tout fait noircir le teint. Déja par le bras du fils, & la tête du Pere, le Portugal est échoüé, le Roussillon englouti, la Catalogne arrachée, la Navarre recousse, la Galice mâchonnée, l'Arragon égratigné, les Indes disparuës, la Flandre à l'agonie : Enfin la gangrene des Armes Françoises a tant rongé leur Ecusson, qu'il ne leur restera bien-tôt que l'Ecu, j'entens la Castille seule; si ce n'est que ce genereux Capitaine laisse encore la Grenade, pour subvenir aux maux de cœur que leur doit vray-semblablement engendrer une si longue maladie. Pardonnez-moy, Monsieur, si je me suis si fort éloigné des legitimes mesures d'une Lettre. Je loüois cet Invincible ; on a de la peine à se lever, quand on est couché dessus des fleurs ; & d'ailleurs, je pleurois sa mort : Il est malaisé de se plaindre quand on a tout perdu. En verité, ce desastre a si bien desordonné l'harmonie de mon temperament, que je meurs aujourd'huy de ce qui me faisoit vivre hier : Je vais tomber malade, si l'on ne me donne du poison : Ouy, Monsieur, si vous ne m'envoyez tout-à-l'heure assûrer que le voyage de ce vaillant Homme en l'autre monde, est aussi faux que celuy de Mahomet en Paradis, je m'en vais prophaner un Temple, trahir mon amy, violer ma sœur, étrangler mon pere ; & même, ce qui ne tombera jamais en aucune pensée, je m'en vais n'être plus, Monsieur,   Votre Serviteur.

LETTRE D'AMOUR.

MADAME,

Le souvenir que j'ay de vous, au lieu de vous réjoüir, devroit vous faire pitié. Imaginez-vous un feu composé de glace embrasée, qui brûle à force de trembler; que la douleur fait tressaillir de joye, & qui craint autant que la mort la guerison de ses blessures : Voila ce que je suis lors que parle à vous. Je m'enquête aux plus habiles de ma connoissance, d'où vient cette maladie; ils disent que c'est Amour: mais je ne le puis croire, à cause que ceux de mon âge ne sont gueres travaillez de cette infirmité. Ils répondent que l'Amour est un enfant, & qu'il s'arrête à ses pareils; qu'il est mal-aisé à des enfans de se joüer long-temps avec du feu sans se brûler, & que leur poitrine est plus tendre que non pas celle des hommes. O Dieux ! s'il est vray, que deviendray-je? Je n'ay point d'experience, je hais les remedes, j'aime la main qui me frape, & enfin je suis attaqué d'un mal où je ne puis appeller le Medecin, qu'on ne se moque de moy. Encore si vous n'aviez mon cœur, j'aurois le cœur de me defendre; mais j'ay fait par ce present, que je n'oserois pas même me fier à vous, à cause que vous avez le cœur double. Songez

donc à me donner le vôtre ; car je suis
d'une profession à être montré au doigt,
si l'on vient à sçavoir que je n'ay point de
cœur ; & puis, voudriez - vous avoüer
une personne sans cœur pour votre passionné Serviteur ?

AUTRE.

M

Je ne te vois qu'à demi, parce que je
t'aime trop ; & tu penses me voir trop,
parce que tu ne m'aimes qu'à demi. Viens
chez moy tout à l'heure, si tu veux convaincre de mensonge l'apprehension que
j'ay de ne te voir jamais. Il y a déja un
jour que nous ne nous sommes vus. Un
jour, bons Dieux ! Ah ! je ne le veux pas
croire, ou bien il faut me resoudre à mourir. Penses-tu donc m'avoir laissé dans le
cœur ton image assez achevée, pour se reposer sur elle de tout ce qu'elle me doit
promettre de ta part ? Il est vray qu'elle y
est peinte fort bien : mais je n'oserois la
presenter à mes yeux, parce que je m'i-
magine qu'il la faudroit tirer de mon
cœur, & je ne sçay si je l'y pourrois remettre sans toy. Je voy bien maintenant
que je ne suis pas un Soleil, comme tu
m'as tres - souvent appellé ; car les Ca-
drans ne s'accordent pas au compte que
je fais des heures ; j'en compte plus de

mille depuis ta cruelle abſence de chez
nous. Cependant tu ne regardes l'Horloge que pour y apprendre l'heure de ton
dîner, ſans te ſoucier ſi celle que tu ſou-
haites ne ſera point peut-être ma derniè-
re ; ou quand tu viendras faire de belles
excuſes, ſi tu me trouveras en vie pour les
écouter.

AUTRE.

*Pour Soucidas, contre un Partiſan qui avoit
refuſé de luy preſter de l'argent.*

MONSIEUR,

Vous me le deviez, l'argent que je vous
demandois ; car ne penſez pas, qu'à moins
de quarante piſtoles, j'euſſe voulu ſalir
ma réputation, en proſtituant ma compagnie à vos promenades ; & que je me fuſſe tant de fois donné la peine de proteſter
contre ma conſcience, que vous étiez le
plus honneſte homme du monde. Enfin
je n'euſſe pas riſqué ſans cela, comme j'ay
fait, les avives, ou le farcin : Je voy
bien maintenant que le ſymptome de
toutes les fievres n'eſt pas ſemblable,
puis que devant ni aprés celle de Saint
Mathurin, on ne baaille pas : Mais ce
que je trouve le plus pernicieux en vos
émotions, c'eſt que pour un homme qui
n'eſt pas fort en garde, vous êtes un peu

trop bilieux. Si le jour que je reçus votre Lêttre, je n'eussé pris de la Rubarbe,
possible aurois-je fait ma plume d'un bâton ; mais la Republique est trop interes-
sée à votre conservation, car on ne sçauroit vous entamer, sans répandre le sang
du Peuple, dont vous étes plein. Observez
toutefois dorênavant un procedé moins
furieux : Je me figurois jadis, parce que
votre pere & vous, aviez fait dégenerer
la chaudepisse de nos bourses en gono-
rhée) que chaque coffre de votre maison
fût un aposthume d'or ; mais je connois
aujourd'huy, que de vos pieces, la plus
pesante est votre tête. Volez donc mieux
desormais, si vous me croyez ; car si
vous ne prenez l'essor un peu plus haut,
vous courez hazard d'être arrêté à quatre pieds de terre ; & à votre phisiono-
mie, je connois que la filasse est plus
antipatique à votre temperament que
l'arsenic. Si donc vous avez peur d'être
leger, évitez au moins de vous faire peser en Greve : C'est l'avis seul que peut
donner à vos maux de rate, Votre Medecin.

AUTRE.

Regret d'un éloignement.

MADAME,

Dois-je pleurer, dois-je écrire, dois-je mourir ? Il vaut mieux que j'écrive, mon cornet me prêtera plus d'encre, que mes yeux ne me fourniront de larmes ; & quand je penserois guerir de la tristesse de votre absence par ma mort, ce ne seroit pas me rapprocher de vous, puisque Paris est plus près de Saumur, que Saumur des Champs Elisées. Mais que vous écrirai-je, bons Dieux ? Rien, sinon que j'espere bien-tôt faire voyage pour le Poitou, ou pour l'Enfer ; que je vous prie de consoler mes Amis de la perte qu'ils font, à cause de vous ; & que si vous souhaitez me mander quelque chose, vous adressiez vos Lettres au Cimetiere de S. Jacques ; c'est là que votre Messager aura de mes nouvelles : Le Fossoyeur, ou mon E-pitaphe luy apprendront mon logis, & luy feront lire, que ne sçachant où vous rencontrer en ce monde, je suis parti pour l'autre, étant bien assûré que vous y viendrez. Ce ne sera pas peu de consolation, quand vous trouverez pour vous garantir des insolences du Diable, ce Diable, Madame,   Votre Serviteur, D. B.

LETTRE D'AMOUR.

Madame,

Bien loin d'avoir perdu le cœur en vous voyant, comme prêchent les Passionnez du Siecle, je me trouve depuis ce jour-là beaucoup plus honnête homme : Mais comment aussi l'aurois-je perdu ? Que comme s'il eût apprehendé de n'être pas assez d'un pour tous vos coups, je le sentis palpiter à cet abord en tous mes arteres, & c'etoit ce petit jaloux qui se reproduisoit indivisiblement en chaque atôme de ma chair, afin qu'occupant tout seul mon corps tout entier, rien que luy ne participât à l'honneur d'être blessé de vous. Je ne dirai point non plus, comme le vulgaire, de même que si vous etiez un Basilic, que ce furent vos yeux qui me firent mourir : Comme toutes vos armes ne sortirent pas de votre vûë, toutes vos armes n'entrerent pas par la mienne. Quand votre bouche me charmoit, c'etoit mon oreille qui m'en apportoit le poison : Quand j'etois excité par l'aimable douceur de votre peau bien unie, c'etoit sur la déposition de mes mains, que je me condamnois au feu : Votre beauté même ne faisoit pas grand effort contre moy, parce que votre visage qui fut jadis son Trône, étoit alors son cimetiere ; &

tant de petits trous qu'on y discerne, me
sembloient être les fosses où la verole a-
voit mis vos attraits en sepulture. Cependant la franchise pour qui Rome autrefois a risqué l'Empire du Monde, cette divine liberté, vous me l'avez ravie, &
rien de ce qui chez l'ame se glisse par le
sens n'en a fait la conquête: votre esprit
seul meritoit cette gloire; sa vivacité, sa
douceur, son courage, valoient bien que
je me donnasse à de si beaux fers. Je ne
croy pas pourtant que vous soyez un Ange, car vous êtes palpable; je n'ai garde
aussi de penser que vous soyez comme
moy, puisque vous êtes insensible : Cela
me fait imaginer que vous êtes quelque
chose au milieu du raisonnable & de l'intelligible; j'aurois dit même que vous tenez de la nature humaine & divine, si de
tous les attributs qui sont necessaires à la
perfection du premier être, & qui vous
sont essentiels, celui de misericordieuse
ne vous manquoit. Ouy, si l'on peut imaginer en une Divinité quelque défaut, je
vous accuse de celuy-là. Ce iour même
que vous me blessâtes, vous me promîtes
l'appareil dans trois autres, outre que
c'eût été donner remede trop tard à un
mal qui gagne le cœur: encore n'y vin-
ftes-vous pas, mais vous fîtes bien; car
on doit se tenir caché quand on a tué un
homme: sortez toutefois sans rien craindre, sortez, c'est une loy pour le vulgaire, qui ne vous regarde point; Il seroit
fort nouveau qu'on recherchât un Tyran

de la mort de son Esclave. Vous vous étonnez possible, que moy-même j'escrime : je le fais pourtant sans miracle ; mais aussi l'homme a deux trépas à souffrir sur la terre, celuy d'Amour & celuy de Nature. Je puis donc croire que quand je commençai de vous aimer, je commençai de mourir, puisque la mort est définie la separation de l'esprit & du corps, & que je perdis l'esprit au moment que je vous aimai ; mais quand avec la peine d'amour j'aurai encore subi celle où la condition d'Animal nous astraint (quoy que je ne sente plus les douleurs de la premiere) je ne laisserai pas de m'en souvenir éternellement là-bas ; & si on differe de qualitez en l'autre monde, comme en celuy-cy ; vous serez toûjours ma Souveraine ; & moy (fût-ce entre les flâmes qui devoreront ma substance,) je serai toujours,

Votre Serviteur tres-ardent.

AUTRE.

Madame,

Le mal que je souffre pour vous n'est point la mort assûrément, & toutefois je me meurs depuis que je vous ai vûë. Je brûle, je tremble, mon poux est déreglé ; c'est donc la fiévre. Helas ! ce ne l'est

point, car on la définit, une disproportion
querelleuse des qualitez de l'animal ; &
c'est la parfaite harmonie de nos tempe-
ramens qui m'a rendu malade. Quand je
vous apperçus, il me sembla trouver ce
beau, à la recherche duquel la Nature
pousse tous les hommes. Quand vous par-
lâtes, je m'écriai : Voila ce que j'ai voulu
dire tant de fois. Mon cœur souffloit
dans mes entrailles, frappoit contre les
murs de sa prison, & maudissoit le Ciel,
qui luy donnant l'envie & les moyens de
reconnoître sa moitié, lui refusoit le pouvoir de la joindre aprés l'avoir trouvée ;
Cependant il s'est depité de telle sorte, ce
petit Souverain, de n'être pas absolu dans
son Empire, qu'il me refuse ses fonctions;
Il ne prend rien de mon foye, qui ne soit
combustible ; il arrête le mouvement de
mes poulmons, de peur d'en être rafraî-
chi ; Par-tout il envoye du fiel ; & si je dure encore trois jours en cet état, on verra
peut-être mon corps s'allumer au milieu
des ruës, Je suis déja si sec, que la moindre
étincelle qui me touchera, c'est fait de
moy. Prévenez cet accident, Madame ;
Venez à lui, puisqu'il ne peut aller à vous.
Helas ! c'est un temeraire, c'est un Samson,
qui ne se souciera pas de mourir étouffé
sous les ruines de son Palais, pourvû qu'il
accable en tombant ceux qui l'empêchent
de vous embrasser. Songez que la Nature
vous ayant fait capable de me blesser, vous
a lié une jambe, de peur que vous ne pus-
siez emporter en fuyant le remede que

vous me devez ; & ces blessures ne sont point imaginaires : car enseignez-moy, je vous prie, un endroit de votre corps où je puisse attacher ma vûë, dont il ne soit sorti une flèche invisible qui m'a frappé ? Y a-t-il sur vous un atôme de chair, qui ne soit coupable de ma mort ? Autant de fois que je le trouve beau, vous me semblez un agreable Herisson, qui ne souffriez jamais qu'on se détache d'une épine, que pour faire tomber sur d'autres. Votre front me flate, vos yeux me promettent, votre bouche me rit ; mais il survient à la traverse ma mauvaise fortune, qui me défend d'esperer. Opprimez, pour l'amour de moy, cette barbare ; ne souffriez pas qu'une aveugle malicieuse triomphe de votre bonté. Votre visage me dit, Ouy ; cette cruelle me dit, Non ; Vous feroit-elle mentir, la maraude ? Elle ne sçauroit, ou bien vous le voudrez. Ah ! qu'elle seroit bravée, & que je serois heureux, si ce bien, qu'une personne disgraciée de la Nature ne sçauroit esperer que du caprice de cette fole, je le recevois de votre propre main ! car j'aimerois bien mieux vous être obligé, qu'à mon ennemie. Je suis cependant entre les deux, occupé à regarder, tantôt vous, tantôt elle, & je demande en pleurant, qui me fera meilleur visage. Je l'espere de vous ; & qui m'en demanderoit la raison, je ne sçai, sinon que vous êtes belle. Je l'attens d'elle, à cause qu'elle ne peut se reconcilier avec moy, sinon par un plaisir dont la grandeur

foit proportionnée à la grandeur des dé-
plaifirs qu'elle m'a faits. O Dieux ! que
notre bien eft mal affuré, lorfqu'il eft entre les mains d'un jeune Fille & de la Fortune ! Mais fi l'un & l'autre negligent de
me guerir, j'aurai recours au Medecin de
tous les grands maux ; C'eft la Mort. Ouy
je mourrai; poffible qu'alors mon defa-
ftre vous attendrira, que vous refifterez
plus douloureufement aux traits de la
mort que de l'amour;& qu'un jour,quand
on demandera qui j'étois, vous ajoûterez
aux larmes que l'humanité forcera vos
yeux de donner, un petit foûlevement
d'eftomach aux mânes d'une perfonne qui
vous a tant aimé. Ah ! fi ce bonheur accompagne mes cendres, que les pierres
de mon tombeau feront legeres deffus elles ! qu'elles attendront bien paifiblement
le dernier jour du monde ! qu'elles fe le-
veront de bon cœur pour aller au Tribunal rendre compte de ma vie ! J'irai toutefois, je me plaindrai de votre barbarie,
je demanderai à Dieu qu'il m'en faffe juftice, il vous condamnera de brûler fous
la terre,car j'ay brûlé deffus.Prevenez par
là cependant, Madame, un fi rigoureux
Arreft. Brûlons d'amour, cette flâme eft fi
douce, perfonne n'en eft jamais mort;
l'aimez-vous mieux par la main d'un autre que par moy, qui n'ay garde de vous
faire du mal, puifque je fuis,

Votre Serviteur, D. C.

AUTRE.

Reproche à une Cruelle.

MADEMOISELLE,

Je vous écris avec du sang, barbare, afin que vous baigniez vos yeux dedans la source de ma vie. Que ne pouvez-vous le boire en le regardant ! J'aurois plus obtenu de votre cruauté en une heure, que je n'ay fait en dix ans de votre affection, puisque par elle je verrois unir mon ame à la vôtre. Figurez-vous donc, non-seulement mes idées peintes avec mon sang, mais mon sang comme il fumoit dans mes veines, encore imprimé des idées qu'il a reçuës de la douleur. Ouy, je sentois en vous écrivant, mon cœur distiler par ma plume; car au défaut des larmes, que mes infortunes ont épuisées, je n'ay trouvé chez moy que cet Esclave qui vous pût entretenir. Le Soleil plus bilieux que vous, est pourtant plus pitoyable : Il ne consume aucune chose., tant qu'il y trouve une larme ; mais vous êtes sans doute un Soleil heterolite ; & ce qui me le fait croire, c'est que celuy de là-haut ne loge qu'un mois dans une maison, & votre Hôte se plaint qu'il y en a trois que vous êtes au Gemini; c'est peut-être la raison qui m'a si long-temps empêché de vous voir, ou bien

bien pour paſſer des ſuperſtitions de jadis à celles d'apreſent, & m'accommoder aux bruits qui courent de votre converſion. Je ne puis maintenant vous voir, à cauſe que les Saints ſont cachez en Carême: Ma foy pourtant faites arriver Pâques avant la Semaine Sainte, ou bien je ſuis, Mademoiſelle,

Votre Serviteur.

AUTRE.

Madame,

Vous ſçavez que je n'avois encore aucune connoiſſance des fers où le Ciel m'avoit condamné, lorſqu'à la pêche je vous vis la premiere fois. Certes le hazard eût été bien grand, que ſi proche des filets je n'euſſe pas été pris ; & quand j'euſſe même échapé les filets, votre charmante Lettre m'a fait aſſez connoître que je ne me fuſſe pas ſauvé de vos lignes ; elles me preſentoient autant d'hameçons que de paroles, & chaque parole n'étoit compoſée de pluſieurs Caracteres que pour m'enſorceler. Je reçus cette belle Miſſive avec des reſpects dont je ferois l'expreſſion en diſant que je l'adore, ſi j'étois capable d'adorer quelqu'autre choſe que vous. Je la baiſai au moins, & je m'imaginois en la baiſant, baiſer votre eſprit même, duquel elle étoit l'ouvrage. Mes yeux pre-

noient plaisir à refaire nuisiblement les
mêmes Lettres que votre plume avoit
marquées ; insolens de leur fortune, ils
attiroient chez eux toute mon ame, & par
de beaux regards s'attachoient à ce beau
crayon de la vôtre, pour s'unir à leur ido-
le ; mais se sentans emprisonnez, ils pleu-
roient, afin que ces larmes, comme d'autres petits yeux qu'ils envoyent à leur place, s'esquivassent à la file, puisqu'ils ne
pouvoient sortir en corps : Vous fussiez-
vous imaginée qu'une feüille de papier
eût fait un si grand feu ? Il ne s'éteindra
jamais pourtant, que le jour ne soit éteint
pour moy. Si mon esprit & ma passion se
partagent en deux soûpirs ; quand je mou-
rai, celuy de mon amour partira le dernier. Je conjurerai, à l'agonie, le plus fidele
de mes Amis, de me reciter cette chere
Lettre ; & lorsqu'en lisant il sera parvenu
à l'endroit où vous protestez d'être ......
je m'écrierai jusqu'à la mort : Cela n'est
pas possible, Madame, car moy-même
j'ai toujours été,

Votre Esclave.

AUTRE.

Sur le Blocus d'une Ville.

Monsieur,

Le Blocus de notre Ville est si étroit, que

le paſſage n'y eſt ouvert qu'aux Gardes
ſeulement. Le menu Peuple qui vit encore, quoy qu'on l'ait déja mangé depuis
long-temps, n'a plus lieu de faire entendre ſes plaintes, puiſqu'on a mis entre
deux l'Allemagne & la Pologne. Nous
ſommes la proye de ces Nations barbares;
& ſans doute on les employe, afin que
nous ôtant le moyen de nous faire entendre, nous ne puiſſions émouvoir leur
compaſſion. Nous n'avons pas lieu toutefois de nous plaindre, puiſque nous
ſommes en un autre Ciel, car on n'y boit
ni on n'y mange, on veut que nous empor-
tions le Paradis par famine; & de peur
que nous ne prenions même quelque
nourriture par les oreilles, on nous défend
juſqu'aux paroles graſſes; les mal-aviſés
qu'ils ſont, ne prévoyant pas qu'en nous
demeurant dans le corps, elles nous pourroient faire vivre. O qu'il eſt fâcheux de
jeûner ! choſe ſans doute que vous n'avez
jamais connuë, puiſque vous êtes ſi gras.
Le Carême eſt un rude ſuplice, & particulierement lorſqu'il ceſſe d'être volontaire ; car vous ſçavez que le ſiege de notre Ville en eſt un que l'on ne peut rompre : Nous n'avons plus rien de gras ; & ſi
nous étions en Automne, je vous pourrois bien dire ce qu'on diſoit de cet Empe-
reur : Il n'y a pas même une mouche,

ENTRETIENS
POINTUS.
PREFACE.

LA Pointe n'est pas d'accord avec la raison, c'est l'agreable jeu de l'esprit, & merveilleux en ce point, qu'il reduit toutes choses sur le pied necessaire à ses agrémens, sans avoir égard à leur propre substance. S'il faut que pour la Pointe l'on fasse d'une belle chose une laide, cette étrange & prompte metamorphose se peut faire sans scrupule, & toûjours on a bien fait pourvû qu'on ait bien dit; on ne pese pas les choses; pourvû qu'elles brillent il n'importe; & s'il s'y trouve d'ailleurs quelques defauts, ils sont purifiez par le feu qui les accompagne. C'est pourquoy, Lecteur, ne blâme point ces contrarietez & faussetez manifestes qui se trouveront par fois en ces Entretiens, on n'a voulu que se divertir; & tant de beaux Esprits qui tiennent icy leur rang, se traitans icy par fois les uns les autres, & souvent eux-mêmes, de stupides & d'insensez, témoignent assez qu'ils ne

veulent pas être crûs ; mais seulement admirez, & que ce plaisir est leur seul objet. Suy
donc leurs intentions, mon cher Lecteur, &
sans éplucher les choses, prens part à leurs
Divertissemens, qui te seront agreables ou
dégoûtans, selon que tu leur seras semblable
ou dissemblable. Au reste j'ay déguisé leurs
noms, afin que la liberté qu'ils se sont donnée
ne leur puisse être nuisible, & que sous le
masque se joüant de tous également, ils puissent descendre du Theatre parmi le Peuple,
sans courir les dangers où les pourroit mettre
les ressentimens d'un brutal.

I.

TImandre parlant d'une Arcade que
l'on vouloit élever à un troisiéme étage pour joindre deux bâtimens opposez,
fut averti par Socrate, que c'étoit des desseins en l'air.

I I.

Le même Socrate dit fort bien sur la
mort inopinée d'un jeune homme, qui
tombant de foiblesse, étoit tombé sur la
pointe d'un couteau qu'il tenoit en main ;
qu'il mouroit desesperé, puisqu'il se tuoit
luy-même ; & partant qu'il ne faloit s'é-
tonner de sa mort, toutes actions de de-
sespoir étant actions de foiblesse.

III.

Platon prenant un siege, comme en
voulant exiger par force de Simarandre ce

qu'il luy demandoit, fut sollicité par Socrate de s'en servir plûtôt comme d'un
placet pour le fléchir.

IV.

Socrate parlant d'un Amoureux transi,
qui pour coucher avec une jeune fille a-
voit veillé en vain toute une nuit, & baail-
loit le lendemain avec assoupissement; dit
qu'il en viendroit à bout, puisqu'il s'avi-
soit de baailler.

V.

D'un autre qui sortant du grand chemin
pavé, aprés avoir long-temps exercé son
esprit, s'étonnoit de sa vivacité; il luy en
découvrit la raison, alleguant que son esprit s'étoit éguisé sur les grés.

V I.

Le même assura contre Epaminondas,
qui tenoit le Capuchon des Capucins
pour une bonne pointe, que c'en étoit une
tres-pauvre.

VII.

Et sollicité de payer un obligeant Amy
de plusieurs pointes, il refusa de le faire,
de peur qu'il ne s'en piquât.

VIII.

Le Frere aîné de Socrate ne rencontra
pas moins bien, lorsque parlant d'une personne avancée par une Dame stupide &
lubrique, il assura qu'il devoit encore aller
plus loin, étant monté sur une si bonne
bête.

I X.

Cette pointe fut suivie d'une autre que
fit Socrate, lorsque rendant raison de l'a-

mour que les Dames ont pour les Bêtes,
au préjudice des gens d'esprit ; il dit que
les Chevaux étoient de plus grand travail
que les Hommes.

X.

Epaminondas disoit d'un Fripon d'Eco-
lier qui vouloit excroquer son Maître à é-
crire, & se vantoit d'avoir du papier tres-
fin ; qu'il avoit raison, puisque son papier
devoit attraper l'Ecrivain.

XI.

Phocion jeune Frere de Socrate, parlant
d'un autre qui mangeoit par les ruës continuellement ; il dit que c'étoit dîner en
Ville.

XII.

Et Socrate sur quelques discours avan-
cez ensuite, s'étonna de ce que les Chré-
tiens étoient si faciles à corrompre, vu
qu'ils étoient salez dés leur naissance.

XIII.

Et poursuivit sa Pointe contre un Sot
bien reblanchi & magnifique du tout en
Canons, disant qu'il vouloit prendre les
Hommes comme les Loups, c'est à dire
dans les toilles.

XIV.

Philogias parlant d'un Homme vêtu de
vert, l'appelloit Vert-Galand.

XV.

Socrate dans le même Entretien, ayant
bû un grand verre d'eau pour se refaire,
dit qu'il s'étoit r'habillé avec une piece de
verrerie.

XVI.

Et voyant un Cheval qui courant la bague fiantoit dans sa carriere, dit qu'il chioit sur le métier.

XVII.

Pareillement de Monsieur l'Enfant mal peint & sans bordure ; il dit que c'étoit l'Enfant gâté & débordé.

XVIII.

D'un autre qui marchoit beaucoup, bien qu'il eût un trou à la tête ; il dit qu'il couroit les ruës, comme ayant la tête fêlée.

XIX.

Il assuroit aussi d'une Femme parée de fleurs, qu'elle avoit ses fleurs.

XX.

Et qu'il faisoit bon offenser le Pape, vu qu'il avoit beaucoup d'indulgence.

XXI.

Et parlant d'une Montre qu'on avoit volée & qui ne pouvoit être retrouvée ; il dit qu'elle ne reviendroit pas, étant assûrément fort mal montée.

FRAG.

FRAGMENT
DE PHYSIQUE,
O U
LA SCIENCE
D E S
CHOSES NATURELLES.

PAR M. DE CYRANO BERGERAC.

PREFACE.

LEcteur, comme on étoit encore aprés
les épreuves des Etats du Soleil, un
Génie obligeant, qui peut-être est celuy-
là même avec lequel notre Auteur a tant
eu de conversations dans ses voyages, a
suscité une personne de qualité de nous
donner ce commencement de Physique,
que nous te presentons encore. Je ne doute point qu'il n'y ait de l'indiscretion de
t'engager si souvent avec des Ouvrages
qui ne sont pas achevez : mais d'un autre
côté il y a de la justice de faire voir que
le Sieur de Bergerac étoit Philosophe. Je
n'aurois pas tant eu de peine à te le prouver ; & je t'aurois moins ennuyé dans la
Préface que j'ay faite aux Etats du Soleil,
si j'eusse vû ce petit Traité, qui seul a plus
de force que tous les raisonnemens du
monde. Pour peu que tu sois juste, tu me
pardonneras une faute dont je me repens
fort volontiers ; & pour peu que tu sois
reconnoissant des divertissemens que sa
belle humeur t'a donnez jusqu'à present,
non-seulement tu n'auras point de peine
à le voir aujourd'huy plus serieux qu'à
l'ordinaire, puis qu'il y va de sa gloire ;
mais tu ne m'accuseras point, quand tu
le verras prendre congé de toy en même

temps qu'il entrera en matiere, & tu ne déchargeras ton chagrin que sur la mort qui nous l'a enlevé comme il commençoit à paroître. Il y a beaucoup de grands Auteurs que nous n'avons point, dont nous supportons la perte, & dont le nom nous seroit inconnu, sans le secours de ceux qui en ont écrit. Je mets le Sieur de Bergerac au nombre de ces malheureux, puis qu'étant privez de sa doctrine, nous pouvons dire que nous ne l'avons point: Car enfin bien loin de voir son nom dans les travaux d'un Philosophe, nous ne le voyons que dans ceux d'un Poëte & d'un Auteur Comique. Il est vray qu'il excelle en ce genre d'écrire, & qu'il n'est rien de si surprenant que de voir le feu de son esprit prendre l'essor dans des sujets de recreation; temoin son Pedant Joüé, qui met à bout les plus serieux; & son Agrippine, qui a les sentimens d'une Romaine aussi fiere, & dont les termes sont aussi pompeux qu'il en ait paru sur le Theatre. Mais tu n'as qu'à lire ce Fragment, pour juger de ce qu'il eût fait, s'il eût eu le temps de répandre ce beau feu tout entier dans des matieres plus riches & plus élevées.

✠✠✠✠✠✠✠✠:✠:✠✠✠✠✠✠✠✠

IDE'E GENERALE
de la Physique.

PREMIERE PARTIE.

L'Explication du nom de Physique, &
le but qu'on s'y propose en y étudiant.

Que nous l'acquerons à l'aide des facultez connoiſſantes qui ſont en nous.

Examen de nos connoiſſances premieres
& immediates, ou bien ſecondes & réflé-
chies.

Que les premieres connoiſſances ne ſont
autre choſe que les ſenſations.

Qu'elles ſont cauſées pour l'ordinaire (c'eſt
à dire nos ſenſations) par les objets exterieurs, au moyen de quelque ſorte de corres-
pondance qu'ils ont avec les parties de notre corps.

Réflexion ſur ce que ces ſenſations ſont
en nous, & qu'il ſe faut bien garder de les
confondre avec leur cauſe qui eſt exterieure.

Induction du toucher, du gouſt & de l'o-
dorat, par laquelle on découvre qu'en con-
noiſſant les qualitez tactiles, comme les ſa-
veurs, les odeurs, &c. nous ne connoiſſons
que nos ſenſations.

Qu'il y a de la difficulté à concevoir la

même chofè des fons, de la lumiere & des couleurs.

Raifon tirée des experiences convaincantes, par lefquelles l'entendement reconnoiſt que les fons, la lumiere & les couleurs, font auſſi-bien que la douleur, l'odeur & la faveur, des fenſations qui font en nous les effets de quelque chofe d'exterieur.

Conclusion générale, que horſmis nous-mêmes, nous ne connoiſſons rien fans raiſonnement.

Doute fi notre vie n'eſt pas un fonge continuel, entrecoupé de pluſieurs fonges particuliers.

La folution de ce doute abſolument parlant impoſſible, encore que nous ne puiſſions nous perſuader d'eſtre toujours trompez.

Que la Foy diſſipe entiérement ce doute.

Que fans elle nous n'aurions qu'une certitude morale qu'il y a quelque chofe hors de nous.

Qu'il n'y a que l'ame qui puiſſe deviner quelles font les chofes exterieures.

La voye pour les connoiſtre eſt de faire certaines fuppoſitions, & voir fi elles s'accordent avec nos experiences.

Que d'une diſconvenance manifeſte, s'enſuit la fauſſeté abſoluë de notre fuppoſition, & que de la convenance générale à toutes les apparences, il ne s'enfuit que la simple vray-semblance.

Que la Physique ne peut estre qu'une Science conjecturale.

Que son incertitude est augmentée par l'ignorance dans laquelle nous sommes des secrets de Dieu.

Avis de peser la valeur des raisons, & d'être juste imitateur de nos raisonnemens.

Vice des Pedans, d'expliquer une chose obscure par des moyens qu'on n'entend pas.

Avis second, de ne rien admettre sans necessité, & que c'est une licence d'expliquer par le plus, ce qui se peut aussi-bien expliquer par le moins.

Etablissement de la matiere pour principe des choses sensibles.

Que la matiere n'est pas couleur, chaleur, saveur, dureté, pesanteur, &c.

Que par la matiere nous ne connoissons qu'une chose étenduë.

Qu'il resulte de là l'impossibilité du vuide.

Ce que c'est que la rarefaction & la condensation.

Que le monde est indéfini.

Que le plomb ne contient pas plus de matiere, qu'une masse de cire égale en grosseur.

Qu'il ne peut y avoir qu'un seul Monde.

Les propriétez de la matiere, sont d'avoir des parties au moyen desquelles elle est divisible à l'infini.

Les proprietez des parties sont d'être figurées, & capables du mouvement & du repos.

Que la Geometrie enseigne les differentes divisions & les figures.

Du mouvement & du repos.

Que le mouvement dit rapport aux corps environnans, desquels le corps qu'on conçoit mobile se détache.

Que ce détachement est reciproque.

Quel motif on doit avoir pour nommer un corps mobile ou immobile.

Du ralentissement du mouvement.

De la composition du mouvement.

De la diversion du mouvement.

Des refractions.

L'ordre & la disposition des corps durs mis dans des liqueurs.

Que jusques-là sont expliquez en général les proprietez absoluës de la matiere.

Que les autres proprietez disent rapport à nos organes.

Abregé de l'explication vulgaire des autres proprietez, supposant dans les sujets des accidens tout semblables aux sensations que que nous en avons.

Défaut & contradiction de cette explication.

l'établissement d'une matiere autrement figurée que la terre, l'eau & l'air.

De la lumiere en général.

Explication de celle dont éclaire le bois pourri, les écailles, ou la peau fort lissée du poisson qui se corrompt, & les vers luisans.

Des couleurs.

Explication des miroirs.

Qu'est-ce que diafane & opaque.

Du passage de la lumiere & des couleurs au travers des corps diafanes, à cause des pertuis arrangez & figurez de certaine façon.

Des miroirs ardens.

Qu'on en taille de glace.

Histoire de l'œil, & de ses parties.

De l'apulsement de la lumiere & des couleurs, sur les parties de l'œil.

Experiences confirmantes cette doctrine.

Comment nous connoissons les objets, avec leur figure, leur ordre & leur situation.

Pourquoy les lunettes plus épaisses au milieu qu'au bord, font voir les objets renversez.

Conjecture pourquoy on ne voit pas l'objet renversé, puisque l'image qui s'en fait dans notre cerveau doit être renversée.

Autre conjecture pourquoy nous ne voyons pas les objets doubles, s'imprimant de cha-

que objet une image dans chacun de nos yeux, & pourquoy pourtant cela arrive quelquefois.

Explication de lunettes qui multiplient.

Pourquoy les lunettes plus épaisses au milieu qu'au bord, font voir plus gros; & celles qui sont plus minces au milieu qu'au bord, font voir plus petit.

Pourquoy un tison allumé agité en rond, fait voir un cercle de feu.

Des rayons qui paroissent autour d'une chandelle en clignant les yeux.

Explication de toutes les particularitez de cette experience.

Du brillement des Etoiles, & le moyen de les appercevoir sans brillement.

Pourquoy les lunettes d'approche nous font voir les Etoiles fixes d'autant plus petites qu'elles grossissent l'apparence des autres objets.

Pourquoy une chandelle regardée au soir de loin, nous paroît si grande.

Pourquoy la tête d'un camion mis fort prés de notre œil, nous paroit celle d'une fort grosse épingle, & comme transparente.

De la distinction & de la netteté de la vision.

Pourquoy l'on se peine à regarder de trop prés.

Pourquoy un pré tout vestu d'herbe verte,

où il n'y aura que bien peu de fleurettes blanches semées par ci par là, regardé de loin, paroît tout blanc.

De la diſtance.

De certains vices des yeux.

Du moyen de les corriger à l'aide de differentes lunettes.

DE LA PHYSIQUE.

SECONDE PARTIE.

De la Coſmographie.

DU nom de Coſmographie, & qu'eſt-ce qu'elle ſe propoſe à expliquer.

Qu'elle eſt née des obſervations, des ſuppoſitions & des réflexions phyſiques.

Prénotions Geométriques.

Obſervations générales qu'on peut faire en un jour.

Qu'on ſatisfait à ces obſervations en ſuppoſant que les parties du Ciel correſpondent ſucceſſivement ſur differentes parties de la maſſe compoſée de la terre, de l'eau & de l'air.

Que le détachement de la maſſe élementaire d'avec le reſte du monde, eſt reciproque.

Qu'il n'y a que cette masse qu'on puisse concevoir distinctement se mouvoir.

Qu'on ne peut s'empêcher d'attribuer du mouvement à cette masse, quand on le luy veut nier.

Qu'encore qu'on fasse la masse élementaire, la terre pourtant est absolument immobile.

Incommoditez qui suivent le mouvement qu'on attribuë aux Cieux.

Que dans cette hypothese on n'a point encore connu qu'est-ce que pesanteur, ou cet effort que font les corps terrestres pour aller vers le centre de la terre, non plus que la cause du flux & reflux de la mer, ni des Cometes, & de leur mouvement.

La necessité de la pesanteur, supposé que ce soit la masse élementaire qui se meuve.

Que de cette suposition s'ensuivent les mêmes experiences sur la terre, que de son immobilité.

En quel sens le monde peut être appellé une Sphere.

Des points, lignes & cercles qu'on conçoit dans la Sphere du monde.

Comment il se faut figurer ces cercles si on suppose la masse élementaire mobile.

Apparences du Soleil & des Etoiles fixes.

Hypothese particuliere pour satisfaire à

ces apparences, tout le mouvement étant attribué aux Cieux.

Des jours & des nuits, & de leur differrence en divers endroits de la terre.

Réflexion physique.

Hypothese qui satisfait aux apparences du Soleil, aprés avoir supposé la masse élementaire mobile.

Autre réflexion physique.

Comment le Soleil éclaire & échauffe.

Du temperament des Saisons.

La cause de l'apogée du Soleil, ou de la phelie de la terre.

Observations particulieres des Etoiles fixes.

Hypothese pour satisfaire à leurs apparences, faisant la masse élementaire immobile.

Hypothese pour la même fin, la supposant mobile.

Réflexion physique à propos de leur lumiere.

Apparences de la Lune.

Explication de ses apparences, supposant la masse élementaire immobile.

Réflexion physique.

La cause de ses apogées.

Des diverses faces de la Lune, de ses Eclypses, & de cette lumiere débile qui pa-

roît dans la partie qui n'est pas tournée vers
le Soleil.

Explication des apparences de la Lune,
suposant la masse elementaire immobile.

Réflexion physique.

Du flux & reflux de la mer.

De l'heure à laquelle il doit arriver.

Sa diversité pendant un mois.

Sa diversité en diverses parties du monde.

Apparences de Mercure & de Vénus, &
des taches du Soleil.

Hypothese Geometrique satisfaisante à
toutes ses apparences, soit que le mouvement
soit entierement du côté des Cieux, soit en
partie dans les Elemens.

Erreur des anciens touchant les Cieux de
ces deux Planetes.

Experience & raison convaincante de l'hypothese moderne.

Apparences de Mars, Jupiter & Saturne.

Hypothese pour y satisfaire en suite de
l'immobilité des Elemens.

Retrogradations de ces Planetes merveil-
leuses.

Hypothese pour satisfaire aux apparences des mêmes Planettes, suposant la masse
elementaire mobile.

Necessité des retrogradations, de leur
quantité, & du temps auquel elles nous paroissent ariver.

Des compagnons de Jupiter & de Saturne.

De la lumiere des cinq Planetes, & pourquoy ils ne brillent pas tant que les Etoiles fixes.

Des Cometes & Etoiles nouvelles.

Que posant la masse élementair' immobile, le monde total est un monstre composé de pieces rapportées sans aucune liaison.

Liaison & simplicité du monde, attribuant du mouvement à la masse élementaire.

Tables des Mineraux, où il est traité,

De l'Aimant.
Des Meteores.
Des Planetes.
Et du Corps animé.

FRAGMENT

FRAGMENT
DE PHYSIQUE.

CHAPITRE I.

De la Physique, & de son origine.

CE mot Physique est originaire de Grece ; il signifie seulement Naturel-le , mais il sous-entend Science, comme qui diroit Science naturelle , c'est-à-dire une connoissance de tout ce qui est dans la Nature.

Quiconque y aspire, se propose pour but de sçavoir l'état de toutes les choses, & la cause des changemens qu'on y remarque. Or pour connoître la cause de ces changemens , cela dépend des premieres connoissances que nous avons des objets , ou de leurs simples apprehensions , sur lesquelles ensuite se forment tous nos raisonnemens ; car si cette dépendance n'étoit point necessaire , comment seroit-il possible de penetrer dans les proprietez des choses qui n'auroient fait aucune impression sur nous ? C'est donc une necessité d'observer ce que les objets causent en nous , auparavant de rechercher ce qu'ils font en eux-mêmes. Mais afin de ne nous pas laisser emporter à quantité de préjugez que nous acquerons avec l'âge, mettons-nous en un état de pure ignorance : c'est pourquoi ne supposons rien du tout, dépouillons-nous de toute Science, & considerons-nous seulement capables de sentir, sans pourtant que nous ayons encore jamais rien senti. N'est-il pas vray que si dans cet état une épingle nous pique, nous nous trouvons un peu mal, & dans un état plus incommode que celuy auquel nous étions avant que d'être piquez (c'est ce que l'on appelle état ou sentiment de douleur.) Ainsi encore que l'épingle soit quelque chose differente de nous-mêmes, elle cause pourtant en nous cette douleur : Mais afin que vous ne vous trompiez pas par l'équivoque des termes que le vulgaire ignorant a mis en usage pour expliquer son préjugé, c'est-à-dire les choses comme il les entendoit ; gardez-vous bien de separer la sensation d'avec la douleur ; car quoy que vous disiez ces mots : *J'ay senti de la douleur*, vous jugez bien que la douleur ne peut pas être dans l'épingle, puisque l'épingle ne vit pas, qu'elle n'est pas aussi hors de vous, inferez de là qu'elle est en vous. Il faut pourtant de cette regle-ci excepter de certains rencontres, comme par exemple celuy-cy, *Je sens quelqu'un qui me touche*, car il differe du premier, en ce que dans le premier ce que vous appellez douleur n'est qu'une façon de sentir. On pourroit à la verité se servir de ces termes au pied de la lettre, *J'ay senti de la douleur*, separant le sentiment d'avec la douleur même, & alors ils signifieroient une connoissance refléchie dont les paroles voudroiét dire, J'ay reconnu que je sentois, ou j'ay raisonné à propos de ce que je sentois: mais parce que ce ne sera pas dans ces sortes de connoissances que vous serez si sujets à manquer, & que ce sera dans les premieres, il est important que vous soïez attentifs, & que vous consideriez plûtôt la chose signifiée, que la façon avec laquelle on l'exprime. Revenant donc à cette douleur, ou cette sensation causée par l'épingle, je me doute bien que vous l'admettrez tout à fait du côté de la personne sentante, sans concevoir rien de semblable dans l'épingle; mais cette difficulté se rencontre à divers degrez dans d'autres exemples, & en voici un. Si vous appliquez votre main devant le feu, il naîtra en vous un certain chatoüillement, qui étant médiocre s'appellera chaleur, & qui allant à l'excés s'appellera brûlure; ce sont deux façons de sentir qu'il faut concevoir être en vous, comme vous concevez en vous la douleur causée par la piqueure d'une épingle. Je ne suis pourtant pas si severe de vous défendre d'admettre quelque chose dans le feu, tel que vous voudrez vous le figurer, qui cause cette chaleur, ou cette brûlure; mais je me contente pour cette heure de vous faire établir de la difference entre le sentiment qui

est entre vous , & ce que vous vous figurez d'exterieur pour vous faire sentir. Cor-
rigez donc cette façon d'imaginer & de
parler : J'ai senti le feu ; & pensez à la place : Le feu a été appliqué à ma main, d'où
s'est ensuivi en moy une certaine façon
de sentir , qu'on nomme chaleur ou brûlure. Ainsi quelque chose que vous vous
persuadiez être dans les viandes , dans
les parfums & dans un tambour frappé,
ces saveurs , ces odeurs, & ce bruit
desquels vous vous ressouvenez , aprés
même que les objets sont éloignez de
vous , ne peuvent de toute possibilité
être autre chose que des chatoüillemens
divers & des façons de sentir differentes
qui sont en vous, causées par quelque
chose d'exterieur. Ainsi vous entendrez
que cette façon de parler, le feu est chaud,
la perdrix est savoureuse, le musc est odo-
rant , & le tambour est sonore , ne veulent dire autre chose , sinon que le feu
peut exciter en nous cette sensation de
chaleur , la perdrix celle de la saveur , le
musc de l'odeur , & le tambour du son.
Tout cela se conçoit assez facilement ;
mais il n'en est pas de même de l'impression des objets sur l'œil, & du sentiment
qui en resulte, lequel est-ce qu'on nomme
lumiere ou couleur, parce que nous les
rapportons au dehors & loin de nous , &
cependant la faute vient de ce que nous
ne reconnoissons aucune application des
objets à l'œil, comme on sçait que le feu
s'applique à la main, la viande à la langue.

les parfums au nez, & peut-être l'air meu
à l'oreille. Si toutefois on est attentif au
ressouvenir des couleurs & à leur idée qui
est en nous, principalement dans les songes, durant lesquels on voit des couleurs
aussi distinctes que si l'on veilloit, & toutes semblables à celles que l'on voit en
veillant ; de même que les couleurs qu'on
voit en songe sont en nous, ou à tout le
moins sont des sensations qui sont en
nous, il faudra juger le même des couleurs que l'on voit en veillant, avec cette
différence, que les dernieres couleurs sont
excitées en nous par quelque chose d'exterieur qui est dans les objets, ou bien
que celles des songes ont leurs causes en
nous : De cette sorte, ce que voyent les
phrenetiques n'étant pas hors d'eux, il est
necessaire que ces idées que les phrenetiques se forment si fortement & qu'ils rap-
portent au dehors, soit quelque chose en
eux : mais si vous n'osez pas vous fier au
jugement de ces malades, non plus qu'à
vos songes, afin de vous faire connoître
que c'est mal raisonner de rapporter les
couleurs au dehors, parce qu'elles vous
paroissent au dehors, considerez qu'agitant en rond un tison allumé, vous voyez
un cercle de feu, que vous rapportez aussi
opiniâtrement au dehors que le tison même. Sçachant donc qu'il n'y a rien de
semblable au lieu où vous vous le figurez,
& encore moins ailleurs hors de vous,
pourquoy ne conclurez-vous pas que
cette apparence est seulement en vous?

De même quand à quatre pieds vous re-
garderez dedans une glace , & qu'alors
vous verrez votre image quatre pieds au
delà de la glace , qui sera possible adossée
contre un mur opaque , puisque cette figure & ces couleurs ne peuvent pas être
au lieu où vous les rapportez , vous les
devez conclure en vous-mêmes : Regardant un seul objet à travers d'un cristal
taillé à plusieurs faces on le voit multi-
plié ; regardant au travers d'un verre plus
épais au milieu qu'au bord , pourvu qu'-
on ne l'approche pas trop près de l'œil ,
l'objet éloigné paroît renversé ; regardant
au travers d'un verre moins épais au milieu qu'au bord , l'objet paroît plus petit :
Or cette multiplication, ce renversement,
& ce rapetissement, ne sont pas dans l'objet, donc ils sont en nous. Je finis par cette
experience, qui vous semblera sans doute
plus convaincante , parce qu'elle est
moins connuë avec ses circonstances. Si
vous regardez au soir d'un bout à l'autre
d'une chambre une chandelle allumée,
vous remarquez en clignant les yeux, partir des rayons de la chandelle vers le haut
& vers le bas, que vous rapportez aussi
opiniâtrement au dehors , que vous rapportez au dehors la lumiere de la flâme.
Vous sçavez neanmoins que les rayons ne
sont pas en ce lieu-là, où vous ne les ver-
riez pas si vous ne cligniez les yeux , &
où un autre que vous ne les apperçoit ni
au même lieu, ni au même temps, ni de
la même grandeur & figure. Inferez donc

avec certitude , puifque ces rayons ou
cette lumiere rayonnante ne font pas autour de la chandelle , ni encore moins ailleurs hors de vous , qu'ils font en vous.
Mais pour découvrir davantage votre
tromperie , tandis que vous clignez les
yeux, effayez avec quelque corps opaque,
comme un Livre ou autre chofe, de cacher
les rayons de la chandelle qui vous femblent aller vers le bas,ce que vous ferez é-
levant petit à petit ce corps opaque , jufqu'à ce qu'il vous cache une partie de
la chandelle ; alors contre votre attente
vous verrez évanoüir les rayons d'enhaut ; & quant à ceux d'en bas, parce
que vous êtes certain que vous ne les
fçauriez voir au travers d'un corps opaque , vous ne les rapporterez plus au
lieu où vous les rapportiez auparavant :
neanmoins à caufe de la coûtume que
vous avez de rapporter cette fenfation au
dehors , vous vous imaginerez les rayons
le plus loin de vous qu'il vous fera poffible , & vous les jugerez fur la furface du
corps opaque ; mais enfin , parce que fi
vous approchez ce corps opaque encore
plus prés de votre œil, vous les remarque-
rez plus prés, & ainfi de plus prés en plus
prés à force de l'approcher , vous argu-
menterez que ces rayons ne pouvans pas
être en tous ces lieux differens ils font
infailliblement dans votre œil. Ainfi quoi
que l'habitude de voir que vous avez ac-
quife de long-temps, vous faffe trouver
de la difficulté à concevoir que la lumiere

& les couleurs que vous connoiſſez ſoient en vous à la preſence des objets, il ne faut pas pour cela que vous faſſiez difficulté de les y établir ; mais vous devez enſuite employer votre curioſité à rechercher comment cela arrive.

De tout ce que je viens de dire, puiſque la douleur, la chaleur, la ſaveur, l'odeur, le ſon, la lumiere, ou les couleurs, ne ſont que des façons de ſentir toutes differentes, cauſées par divers objets des organes qui ont auſſi de differentes facultez de ſentir ; puiſque l'épingle ou le feu étant appliquez à la main, nous ne connoiſſons immediatement & diſtinctement que ce qu'ils y excitent, & non pas l'épingle ni le feu ; de même les viandes, les parfums, l'air pouſſé par un canon, & la flâme, étant appliquez chacun à ſon organe, nous ne ſçaurions connoître ſans raiſonnement que les ſeules ſenſations, & non pas ce qui les cauſe. Il reſulte de là cette conſequence univerſelle, que tout ce que nous connoiſſons clairement, certainement, diſtinctement, & ſans détours, ſont les ſenſations qui ſont en nous, & que nous ne connoiſſons rien du tout du côté des objets, ſi ce n'eſt par conjectures & par raiſonnemens.

CHAPITRE II.

Du progrés de la Physique, & avis pour la conduite de celuy qui y étudie.

LA verité de cette conséquence reconnuë, & nous reffouvenant auffi que
nous avons eu quelquefois des fonges,
pendant lefquels nous penfions toucher,
gofter, flairer, oüir & voir clairement,
diftinctement, & certainement des chofes que nous raportions au dehors, bien
que du depuis nous ayons été convaincus qu'il n'y avoit rien de femblable, &
que toutes ces fenfations naiffoient & fe
confervoient en nous feulement; nous
pourrions entrer en défiance que notre
vie feroit un fonge continuel, & qu'il n'y
auroit rien du tout hors de nous : mais
parce que de femblables fenfations fe ref-
fufcitent en nous avec de certaines circonftances, & que nous confiderons que d'autres témoignent avoir les mêmes fenti-
mens, nous concluons qu'il y a quelque
chofe d'exterieur qui en eft la caufe. C'eft
pourquoy aprés avoir bien remarqué les
effets, nous devons rechercher quels peuvent être les fujets, afin de les produire.
Pour cela nous fommes obligez de faire
quelque fuppofition, & enfuite examiner
fi elle s'accorde avec les apparences ; car
fi nous y trouvons une feule repugnance
qui foit évidente, nous devons conclure

que toute invention n'est qu'une pure
chimere ; & quand même on n'en remar-
queroit aucune, il ne faut pas toutefois
être si vain, que de croire certainement
avoir trouvé le vray, parce que nous pourrions bien soupçonner qu'un autre possible quelque jour donnera une explication
differente de celle - cy, laquelle satisfera
& s'accordera de même à toutes les experiences dont la nôtre rend raison : c'est
pourquoy tout ce que nous pouvons juger en faveur de notre hypothese, c'est
de la faire passer pour vray-semblable, &
non pas pour vraye. Donc encore que par
Physique on puisse se proposer (comme
nos superbes & ridicules Pedans) une
connoissance certaine & évidente, de
choses dans leurs causes, qui est à la verité ce qu'on pourroit souhaiter, nous ne
le devons pas attendre de la foiblesse de
nos raisonnemens, à moins que nous fussions aidez des révélations d'un Dieu qui
ne peut manquer, & dont la conduite est
à l'avanture toute autre que ce que nous
nous figurons. C'est ce qui doit encore
augmenter notre incertitude, & nous empêcher de parler avec bravade. Aprés cela
si nous nous confessons inferieurs à ceux
qui se vantent d'avoir trouvé la verité,
nous obtiendrons au moins par dessus eux
l'avantage d'être justes estimateurs de la
valeur des choses, & nous éviterons ce
vice que tous les jeunes Ecoliers appren-
nent de leurs Maîtres, qui défendent a-
vec opiniâtreté ce qui n'est pour le plus

que vray-semblable, & même bien souvent ce qu'ils n'entendent pas : mais quand
ils l'ont une fois proposé, s'imaginant
qu'il leur seroit honteux de se dédire, a-
prés avoir reconnu leur faute, ils la soûtiennent opiniâtrément, comme si c'étoit
une loy necessaire, que tout ce qu'ils disent fût la verité, seulement parce qu'ils
le disent. Tout homme sage n'est pas obligé à trouver toutes les veritez : mais si on
luy demande son jugement sur quelque
proposition du crû d'un autre, ou il n'est
pas amy de la verité, ou il doit dire que
cela est véritable qu'il reconnoît pour tel,
& traiter de vray-semblable seulement
ce qui ne fait pas assez de poids sur son
esprit pour le convaincre, agissant toujours de bonne foy, sans malice, sans fi-
nesse, & toujours selon la verité des choses ; & à plus forte raison le doit-il faire,
s'il s'agit de son invention, dont la mo-
destie ne luy permet pas de parler avanta-
geusement.

Cette conduite est de tres-grande importance à ceux qui s'adonnent à la recherche des Sciences, & principalement
de la Physique, laquelle demande qu'en
l'abordant vous suiviez encore les con-
seils que vous allez entendre. Premierement, de tenir plûtôt votre jugement en
balance, que de le déterminer à aucune
opinion dans des choses qui ne se font
pas comprendre, & dire plûtôt, je n'en sçai
rien, je n'y comprens rien, que de faire
de vains efforts pour expliquer une cho-

se obscure par une plus obscure.

Aprés cet avis, vous vous devez encore proposer cette maxime, d'éviter toujours les grands détours, & d'expliquer les choses le plus briévement, & avec le moins d'embarras qu'il vous sera possible, suivant les preceptes de l'Ecole (quoy qu'elle ne l'observe gueres) qui défend de faire par le plus, ce qui se peut faire par le moins.

Tout ce que j'ay dit jusqu'à cette heure, servira pour la methode; & pour vous faire discerner ce qui est en vous, d'avec ce qui est hors de vous : Ensuite de quoy nous pouvons maintenant rechercher quels doivent être les Etres exterieurs, pour se faire sentir, & encore auparavant de quoy ils sont composez, qui est ce qu'on nomme leurs Principes.

CHAPITRE III.

Des principes des Etres sensibles, ou de la Matiere.

ETablissant quelque chose dont les Etres sensibles soient composez, il importe tout-à-fait d'en sçavoir la nature, & non pas de quel nom on la doive appeller. C'est pourquoy nous tenans à la façon de parler des autres, nous la nommerons matiere ou corps : Mais puisque nous avons dessein de rechercher quelle est cette matiere qui constituë tout ce qu'il y a au monde, & quelle est son essence, afin de ne pas tomber dans quelques erreurs fort préjudiciables, il faut se ressouvenir qu'elle ne nous peut pas être connuë immediatement, puis qu'en cette façon nous ne connoissons que les sensations qui sont de notre côté : Ainsi il n'y aura que l'esprit qui la pourra observer en raisonnant. Or par le raisonnement nous apprendrons en premier lieu, qu'être materiel, ce n'est pas être dur, puis que l'eau n'est pas dure, & ne laisse pas d'être matiere ; joint aussi que le plomb & les autres metaux peuvent se fondre & se rendre liquides, sans cesser d'être materiels : De même nous conclurons, qu'être coloré n'est pas être materiel, puis que l'eau, l'air & le verre, sont des êtres materiels sans couleur. Aprés cette remarque, nous sçaurons encore, qu'être materiel n'est pas être chaud, froid, savoureux, &c. Puis que nous concevons bien la matiere sans chaleur, froideur, saveur, &c. Mais parce que nous ne la sçaurions comprendre sans y concevoir de l'extension, vous infererez, qu'être matiere est être étendu ; tellement que pour vous proposer le corps, ou la matiere hors de vous, il ne faut qu'établir une chose étenduë. Par ce mot de chose je n'entends pas une parole ou une pensée chimerique, mais une realité, c'est-à-dire quelque chose qui soit en effet hors du neant, laquelle pour la faire differer de quelque chose spirituelle, nous concevons étenduë.

Si donc ayant médité férieufement cette propofition, Dieu ne peut-il pas ôter tout l'air qui eft dans une chambre, fans y en fubftituer d'autre, & faire que les murailles demeurent en leur lieu, gardant feulement entr'elles un efpace fans corps ou matiere? D'abord tout ce que vous pourrez faire pour concevoir cet efpace, fera de ne plus imaginer de dureté, de réfiftance à fe mouvoir, plus de lumiere ou de couleur, en quoy ne confifte pas la matiere ; mais vous ne pourrez pas vous empêcher de concevoir par cet efpace quelque chofe qui eft véritablement étendu, laquelle eft toute la notion claire & diftincte que nous pouvons avoir de la matiere. C'eft pourquoy fi vos paroles expriment vos penfées, vous prononcerez que cette propofition envelope contradiction, & qu'elle eft de la nature de ces autres, faire une montagne fans valée, un bâton fans deux bouts, une boule qui ne foit pas ronde, puis qu'il s'agit en celle-là d'ôter la matiere de la matiere même que l'on fuppofe.

La chofe eft donc impoffible dans la condition fous laquelle elle eft avancée : car fi Dieu ôtoit l'air qui eft entre les murailles, & n'y laiffoit plus rien, vous devriez entendre que les murailles fe toucheroient. Le vuide tel qu'on le propofe ordinairement, eft donc une chimere, puis que fi un corps a plus d'étenduë qu'il n'en avoit auparavant, ce n'eft pas qu'il contienne du vuide, mais bien d'autres corps qu'il a peut-être receus, sans que vous les ayez pû discerner parmi cette matiere, dans laquelle ils sont entrez. De même si un corps n'est plus sous une si grande masse qu'auparavant, vous devez juger que certaines parties en sont sorties, & que les restantes se touchent plus immediatement : ce que vous estimerez faisable, si vous considerez qu'il n'est pas necessaire que tout ce qu'il y a au monde, & même auprés de vous, soit sensible, vû qu'il est asseuré que certaines personnes peuvent sentir quelque odeur, ou voir quelque couleur, lors que vous ne flairez ni ne voyez rien du tout. De là vous entendrez aussi une consequence de juger le monde sans bornes, qui est ce qu'on nomme infini, ou plûtôt indéfini, parce que de le concevoir avec des bornes, c'est ne rien concevoir au delà ; mais c'est ce qu'on ne sçauroit faire, puis qu'on ne sçauroit empêcher d'admettre encore de l'étenduë au dehors? c'est-à-dire qu'on ne sçauroit tellement limiter la matiere du monde, que je n'en conçoive encore d'autres au de-là des limites. C'est pourquoy à moins que la revelation Divine ne nous apprenne que le monde est borné, qui pour lors nous obligeroit de le croire sans le comprendre, étant obligez de captiver notre esprit sous le joug de la Foy, nous devons concevoir que le monde est indéfini.

Or vous devez sçavoir que c'est encore une consequence de notre doctrine, que de deux corps de pareille étenduë, com-

me du plomb & du bois, l'un ne contient
pas plus de matiere que l'autre, encore
que vous ayez plus de difficulté à empêcher l'un d'être meû vers la terre que
l'autre, parce que cette forte de mouvement n'eſt pas en quoy conſiſte la matiere.

CHAPITRE IV.

Du Progrés de la Matiere en général.

MEditant ſur cette étenduë, & nous
la repreſentant à l'eſprit diſtinctement, nous connoiſſons quelque choſe
d'extrême, quelque choſe qui fait le milieu, & encore quelque choſ qui fait
l'autre extremité que nous diſtinguons
clairement : ainſi nous reconnoiſſons des
parties dans la matiere ; mais parce que
quelqu'une de ces parties étant derechef
examinées, on y fait encore une ſemblable diviſion, nous jugeons qu'une des premieres parties eſt diviſible dans d'autres,
& celle-cy encore dans de moindres, parce qu'une de ces parties ſi petites qu'on ſe
les voudra peindre, étant miſe ſur une
ſurface unie, nous concevons toujours
qu'elle ne la touche que d'un côté, quelque effort que nous faſſions du contraire.
Quand donc nous aurons fait réflexion
ſur toutes ces penſées, nous ne ſçaurions
empêcher de reconnoître la matiere diviſible à l'infini. Qye ſi nous avons du ſcru-

pule à le dire, c'est à cause de la difficulté
que nous sentons de notre côté pour faire
cette division. Mais appliquant encore
notre esprit sur ces parties de la matiere,
& observant l'ordre qu'elles tiennent,
parce que nous pouvons placer par pensée la premiere ensuite de la derniere, ce
que nous concevons la faisant passer par
le milieu, ou bien les laissant toutes comme elles sont, de là nous concluons en
nous - mêmes que la matiere est capable
de mouvement, & par consequent capable
d'être en tel ordre & en telle posture que
nous nous la pourrions imaginer.

Ainsi les proprietez plus immediates
de la matiere, sont d'être divisible, mobile, immobile & figurée.

Il faudroit être Geometre, pour entendre distinctement toutes les figures &
toutes les divisions de la matiere : toutefois parce que toutes ne font pas à notre
sujet, je ne suppose pas en vous cette
science ; car il me suffira de vous faire
concevoir aux occasions, ce qu'il y aura
d'utile dans les divisions & dans les figures : c'est pourquoy j'éplucheray icy avec
curiosité le seul mouvement.

CHAPITRE V.
Du Mouvement & du Repos.

AYant ferieufement médité fur la nature du mouvement, il me femble
que tout ce que nous pouvons dire pour
expliquer la connoiffance que nous en a-
vons, confifte à dire qu'il eft le paffage
d'un corps du voifinage de certains êtres
dans le voifinage d'autres êtres. Et en cela
je m'éloigne un peu du fentiment du vulgaire qui le définit, le paffage d'un corps
d'un lieu en un autre ; car il conçoit tous
les corps logez dans une étenduë ou efpace de laquelle ils different réellement ;
de forte qu'attribuant des parties à cette
étenduë, il conçoit le corps mobile appliqué fucceffivement au lieu dont il eft
contenu. Cette penfée feroit raifonnable,
fi ce qu'il fuppofe étoit vray : mais comme nous avons rejetté cette prétenduë extenfion, parce qu'elle eft la matiere même, nous fommes obligez de confiderer
cette mobilité à l'égard des parties de la
matiere, & non pas de ce lieu imaginaire
qui n'a point de parties, puis qu'il n'a pas
d'extenfion. Se mouvoir donc, c'eft fe détacher de certaines parties d'un corps,
pour s'appliquer à d'autres : & parce que
tout détachement eft reciproque, c'eft-à-
dire qu'un corps ne fe fçauroit détacher
d'un autre, que cet autre ne fe détache
en même temps de luy ; il s'enfuit que l'on
ne fçauroit concevoir qu'un corps fe meu-

ve au respect d'un autre, que cet autre
ne se meuve au respect de celui-cy; & par
conséquent si je fais une piroüette dans le
monde à l'entour de mon propre centre,
ou bien si je demeure sans bouger dans le
même lieu (ce qui est encore la même
chose) il s'ensuit à cause que les parties
du monde qui m'environnent se détachent de certaines parties de la surface de
mon corps pour s'appliquer à d'autres ; il
s'ensuit, dis-je, la même chose, si je me
suis meu dans le monde autour de mon
centre, que si toutes les parties du monde se sont meuës à l'entour de moy. Vous
ne sçauriez donc prononcer que l'un se
meuve plûtôt que l'autre, si ce n'est sous
certaines considerations, dont la meilleu-
re que vous puissiez avoir, c'est d'attribuer le mouvement au corps, dans lequel
est la cause du détachement, & le repos à
l'autre. C'est pourquoy lors que dans le
monde quelqu'un fera une piroüette,
vous direz que c'est cet homme-là qui se
meut, & non pas le monde, parce que
c'est luy qui est la cause du détachement:
Nonobstant cette regle, toutefois pour
discerner le corps mobile d'avec l'immobile, si un homme dans un bateau étoit
emporté au courant de l'onde & de l'air,
encore qu'il ne se détache pas des parties
du corps voisin qui l'environne ; ou si un
autre dans un fleuve fait autant d'effort
pour monter contre le fil de l'eau, comme le fleuve en employe à l'entraîner
vers le bas ; car quoy qu'il demeurât tou-

jours vis-à-vis le même endroit du rivage, il ne laifferoit pas de fe remuer, puis
qu'il fe détacheroit continuellement de
certaines parties d'eau pour s'appliquer
à d'autres, & que la caufe de ce détachement feroit en luy. Cependant on peut
dire que ce nageur feroit immobile, fi
l'on le compare avec les parties du rivage vis-à-vis defquels il correfpond toujours; & mobile ce navigeur, confiderant
qu'il s'éloigne d'un certain endroit du
bord : Mais de fçavoir fi on a raifon d'attribuer du mouvement ou du repos à un
corps, le comparant avec quelque chofe
éloignée, plûtôt qu'à ce qui l'environne
immediatement, je m'en raporte. En tout
cas ce n'eft qu'une queftion de nom, &
c'eft pendantefquement difputer d'une façon de parler, de laquelle quand quelqu'-
un fe fert fans s'expliquer davantage, on
n'eft pas obligé de luy donner une inter-
pretation plûtôt qu'une autre.

CHAPITRE VI.

Des caufes du Mouvement & du Repos.

LA Foy nous enfeigne que Dieu a créé
toutes chofes dans le temps, donnant
certains mouvemens à quelques parties
du Monde, qu'il a dénié à d'autres parties. Elle nous apprend en fecond lieu,
que comme il n'y auroit rien fans luy que
luy-même, s'il ne continuoit toujours

a'ction par laquelle il nous a tirez du
neant pour nous conferver, que nous cef-
ferions d'être tout à coup.Ce que connoiffant, nous ne fommes plus en peine de la
caufe premiere de tout ce que nous remarquons dans la machine de l'Univers,
parce que nous croyons qu'il fuit la regle
des volontez de Dieu. Toutefois quand
nous confiderons les êtres hors de luy , &
feulement felon notre façon de raifonner, parce que nous nous appercevons
comment le Monde auroit pû être auparavant notre naiffance , nous penchons à
croire qu'il étoit comme il eft aujour-
d'hui ; & lors qu'en remontant vers nos
premiers Peres , nous recherchons encore quel il auroit été , nous le figurons encore le même : car ne pouvant jamais faire le faut de l'être au non-être , nous ne
fçaurions établir le Monde fi ancien, que
nous ne le puiffions concevoir encore plus
vieux , c'eft-à-dire éternel , d'un éternité
pour le moins anterieure. Enfuite de cela
fi nous raifonnons fur fa future deftinée,
nous nous perfuaderons qu'il doit toujours durer, pour deux caufes; la premiere , parce qu'il ne nous eft pas intelligible que ce qui n'a pû fortir du neant y
puiffe entrer ; & la feconde, parce que
nous ne fçaurions imaginer ce rien auquel il faudroit qu'il fût reduit ; tant il eft
vray que nous fommes enclins à concevoir qu'une chofe étant en certaine façon,
elle y doit demeurer.Or cette propenfion
naturelle, puis qu'on ne la fçauroit con-

vaincre d'erreur, nous doit faire penſer que ſi une choſe eſt immobile, elle le doit toujours être, & qu'étant quarrée elle doit durer quarrée ; car il eſt certain que cette choſe peut demeurer de la ſorte à l'avenir, puis qu'elle y a demeuré juſqu'à preſent : Nous devons bien plûtôt nous étonner des nouveautez, & rechercher la cauſe du changement, que de la durée des choſes qui devoient perſiſter dans l'état où elles étoient, à cauſe qu'elles y étoient. Ce que ſi nous obſervons, ſuppoſé qu'un corps ait autrefois été avec le mouvement, nous devons juger qu'il doit toujours continuer de ſe mouvoir : De même s'il avoit autrefois été en repos, nous devrions juger qu'il y a donc perſeveré, & conclure par là le mouvement perpetuel de ſa nature. L'experience même des choſes que nous mouvons, nous rend cette verité trop claire ; Par exemple, une pierre laquelle continuë de ſe mouvoir, pour cela ſeulement qu'à l'aide de notre main, elle a déja commencé, & continuë toujours de ſon agitation prompte ou lente, ſelon qu'elle a commencé avec vîteſſe ou lenteur. C'eſt pourquoy quand nous voyons qu'un corps s'arrête, c'eſt alors ſeulement que nous devons en rechercher la cauſe.

CHAPITRE VII.

Du ralentissement du mouvement.

NOus reconnoiſſons divers degrez de vîteſſe dans le mouvement, & en même temps divers degrez de force, avec laquelle un corps peut tendre vers un certain endroit lequel s'appelle peſanteur, lorſqu'il eſt porté vers la terre ; quoy qu'on ne ſe ſerve pas de ce nom pour expliquer l'action de toutes ſortes de mouvemens, cela dépend toutefois de notre liberté, car nous ne reconnoiſſons pas de différence entre l'effort d'un boulet pouſſé par un Canon contre la muraille d'une Ville, & celuy qu'il fait tombant de haut en bas, puiſqu'en ces deux rencontres l'action du boulet eſt de preſſer le corps qu'il trouve à ſon paſſage. Nous nous ſervirons donc de ce mot pour expliquer generalement l'effort par lequel un corps tend d'un lieu en un autre, & du mot de lieu ſemblablement, par lequel toutefois je n'entens pas cet eſpace dans lequel le vulgaire croit que le corps ſoit logé, mais ſeulement la ſurface du corps environnant. De plus pour prevenir certains ſcrupules que vous pourriez avoir dans ce que je vais dire, je vous avertis que je ne traitte ici du mouvement qu'en general, reſervant de parler en un autre lieu de cet effort de la matiere pour tendre vers la terre. C'est pourquoy à présent je souhaite que vous ne le consideriez point du tout, & que vous laissiez aux corps une indifference à toutes sortes de mouvemens.

Donc dans cette supposition, si nous jugeons de la pesanteur d'un corps comme de la force que nous avons de nous mouvoir, & de celle par laquelle un corps est porté vers la terre, ce corps étant meu, & rencontrant dans son chemin quelque autre corps immobile, & qui par consequent resiste plus ou moins, pourvu que sa resistance n'excede pas la pesanteur, ou si vous l'aimez mieux, la force du mobile, il en sera emporté, & sa pesanteur sera diminuée de la quantité de la resistance qu'elle aura rencontré dans l'obstacle à qui elle aura communiqué ce qu'elle a perdu de mouvement par ce choc; de même qu'un poids allant vers le bas comme quatre livres, & traînant après soy un contrepoids qui resiste comme une livre, il n'ira plus que comme trois livres, ne sera plus capable de traîner pour le plus que trois livres, & continuëra de se mouvoir de même qu'il a commencé, aussi-tôt qu'il a cessé d'avoir en la donnant la pesanteur de l'une des quatre livres contre le corps qui au même temps a commencé de se mouvoir comme une; ce corps donc qui vient d'acquerir du mouvement, continuëra de se mouvoir avec la même force qu'il a commencé, & enfin persevereront tous deux, jusques à ce que rencontrant d'autres

d'autres corps, ils leur communiquent
encore du mouvement au préjudice du
leur, qu'on concevra diminuer à mesure,
& se perdre ensuite tout à fait, quand a-
vec le peu de mouvement qu'il leur restera, ils viendront à rencontrer des corps de
telle resistance, qu'ils leur départiront à
la fin tout le mouvement qu'ils avoient.
Ainsi l'on entendra comment le mouvement se doit rallentir dans un corps, à
proportion qu'il le communiquera à d'autres, lesquels de leur côté continuëront
de se mouvoir, jusqu'à ce qu'ils ayent encore donné tout leur mouvement. De
cette explication il est facile à juger que
dans le Monde le mouvement n'augmen-
te ni ne diminuë, puisque ce qu'un corps
em002era, se conçoit possedé par un autre.

Pour confirmation de cette doctrine,
& pour vous faire entendre qu'un corps
ne cesse de se mouvoir que parce qu'il a
donné son mouvement à un autre, vous
n'avez qu'à remarquer que disposant un
mobile en sorte seulement qu'il ait à dé-
placer moins de parties du milieu, deslors
il se meut beaucoup plus long-temps que
s'il étoit continuellement appliqué à de
nouvelles parties. Ainsi ayant employé
moins de force pour faire tourner une
roüe de dix pieds de circonference, que
je n'en aurois employé pour jetter une
pierre peut-être à quarante pas de moy ;
j'ay vu la roüe faire plus de deux cens
tours à l'entour de son essieu ; d'où s'ensuit
qu'une partie de la circonference s'étoit

meuë dans l'étenduë de plus de deux mille pieds. Cette roüe étoit de bois de Chêne, conſtruite par un Menuiſier, à la façon des autres, fuſelée de rayons, & la
plus ronde que ſon Art avoit pû : elle étoit
ſoûtenuë d'un eſſieu de fer qui la traver-
ſoit, dont les pivots arrondis à la Lune
avoient un demi-poulce de diametre,
& s'appuyoient ſur deux pieces de bois de
trois poulces. Au lieu de cette ſtructure,
ſi l'on avoit ſuppoſé.......

F I N.

TABLE

Du second Tomé des Oeuvres de M. de Cyrano Bergerac.

TABLE.

Fin de la Table.

www.ingramcontent.com/pod-product-compliance
Lightning Source LLC
Chambersburg PA
CBHW050314030726
47505CB00003B/704